French Kids Eat Everything

法國餐桌上的10堂食育課

教出愛吃、懂吃、不挑食的健康孩子

Karen Le Billon
凱倫・勒比永——著　廖婉如——譯

好評迴響

這本書喚起我年輕時在法國留學，第一次認識他們在幼兒園、小學與中學教育裡每年秋天安排「味覺週」獨特課程設計的驚喜回憶。也許台灣最需要的並非日本在二〇〇五年立法實施的《飲食教育基本法》，而是法國家庭、學校，以及整個社會都真心誠意將飲食視為一種珍貴文化資產的態度與實踐。

——文化部政務次長／前台灣駐法代表　楊子葆

加拿大籍的作者和法國籍的老公帶著兩個女兒回到法國，習慣速食的母女如何面對喜歡在地好食材、講究自家製、以慢食聞名、重視餐桌社交的法國美食文化？全書以幽默的筆調，描述作者和小孩闖蕩於法國婆婆、學校，和一個社交圈的指點之下，終於漸入佳境的甘苦趣事。就算不是為人父母或老師，也能從本書發現飲食文化是多麼重要、多麼值得重新學習的一件事！

——科普作家／小兒科醫生　林正焜

一看到原文書名「法國小孩不挑食」，心裡馬上就冒出許多問號，這是真的假的？如果是真的，那我們家小孩怎麼差那麼多？他們和作者那雙女兒一樣，只吃愛吃的特定幾樣東西，對陌生食物戒慎提防，肚子餓不是猛吃零食就是吵著要吃速食，特愛加番茄醬的薯條和義大利麵，百般利誘哄騙才願意

吃青菜。在我周遭，這樣的孩子並不少見。

作者從她一家子搬到法國定居的一年裡，看見法國小孩什麼都願意吃，而且開開心心地吃，她好奇法國爸媽是怎麼辦到的，於是仔細觀察法國人的飲食生活，分析原因，將北美和法國的飲食文化加以比較，歸納出十個大原則，並且從她親手改造家庭飲食習慣的實戰經驗裡，列出許多實用的訣竅。書中提出的許多觀點和做法都相當受用，譬如說，孩子至少要嘗試過七次之後才會接納陌生食物；孩子跟爸媽吃一樣的東西，不提供替代食物；讓孩子習慣微微的飢餓感反而能夠培養好胃口；法國人吃飯吃得久反而吃得少的「弔詭」；避免無聊時就吃零食打發時間；不要用美食來獎勵或安撫孩子。

在落實這些原則的背後，我們看到更重要的教養問題，做爸媽的如何發現自己的盲點，如何以身作則，如何亦嚴亦慈地教孩子，如何不心軟地把持立場，這些對當爸媽的來說，始終是最難的挑戰。我們從作者這一路有笑有淚、有掙扎有頓悟的歷程獲得一種信心：我們也教得出不挑食的超完美小孩。

——譯者　廖婉如

法國人對「食物」及「吃」的堅持，是大家普遍知道的事實，在本書中，作者透過「北美式」觀點和具體而微的生動描述，讓我們更能體現法國人如何將「美食文化」落實生活，並運用在對孩子的教養中：「教養的目標是教育孩子成為自信的吃食者，樂於食用形形色色各類食物，樂於自在地嘗新，懂得如何在自制和愉快之間取得平衡。換句話說，教養的目標不是控制孩子吃什麼，而是教孩子如何吃得好。」、「在他們的觀念裡，小孩子要學習生活所需的基本能力：閱讀、基本的算術、如何吃食。

因此，教孩子學會吃形形色色的食物，以開放的態度嘗試陌生食物，是父母最重要的職責之一。」

我們曾見識過法國小孩在餐桌上的功力（連未滿一歲的孩子都能在自己的餐椅上「陪」大人吃完一頓將近四小時的晚餐），也感受過法國父母挑選孩子食物的堅持，更領教過給錯零食時間所換來的責難眼神，所以讀起此書特別「心有戚戚焉」，而書末所附的食譜簡單易做也讓人心動，這不只是一本教養書，更是激發大家對飲食文化的反思及落實於生活的借鏡。身為台灣父母，我們有幸享受許多在地的美妙食材，而持續在孩子身上試驗的「餐桌計畫」也確實收到成效——孩子一歲前就已嘗試過苦瓜、青椒、甜菜根等食物，也能在餐桌上陪大人吃完一餐飯，不敢說這是不是歸功於法國文化洗腦的「餘毒」，但我們相信，帶著孩子體驗飲食的美好，是送給全家最棒的禮物！

——中山醫學大學附設醫院神經內科主治醫師　孔勝琳與法文兼職譯者　段韻靈

看完這本書，你就會了解為什麼「法國女人不會胖」！法國的孩子從小就學會對食物慎重且用心的態度，所以不會無心吃下過多不必要的食物，也避免了飲食失調的問題。

從這本書中可以看到法國人如何欣賞每天吃進嘴裡的食物，如何讓孩子多方嘗試各種食物並建立良好飲食習慣。在每個家庭的用餐環境中，都可窺見法國悠久的飲食傳統。

而且本書不只是幫助父母為孩子建立飲食習慣的工具書，作者敘述自己如何融入法國飲食文化的過程，也是妙趣橫生，讓人讀來津津有味。

——小米媽媽

新手媽媽當了一年的我，在孩子成長的每個階段，真的只能照書養，無論是網路爬文，或是拜讀各領域專家的專著，對我而言都是如獲甘霖。

我的女兒才一歲多，對許多事情卻早有主見，尤其提及她最愛的活動——吃東西，更是如此。最近她完全不碰蔬菜、不喝水，著實讓我想破頭，不知如何改善。聽朋友介紹，好好拜讀了這本書。

其實在閱讀之前，早已聽聞法國人對小孩的教養方式：嬰兒可以一覺睡到天亮、小孩到餐廳不會大哭大鬧……，原以為生性浪漫的法國人，會主張一切尊重孩子的意見，但這麼想就錯了！本書作者一家人搬到法國，發現法國的小孩為何都像小大人般有禮、不挑食，在歷經法國文化的洗禮、觀察周遭婆婆媽媽的行為之後，歸結出幾條準則，而每一條都足以打破我們原本的信念，而這些準則正是法國小孩不挑食的祕訣！

成長中孩子的健康，取決於所吃的食物，而孩子的飲食習慣，父母們要負完全的責任。若要孩子吃得健康，自己也要先以身作則。或許我們無法像作者一樣幸運搬到法國，但從書中歸結出的重點，我們可一探究竟法國人的教養方式，如法炮製在自己的孩子身上。關於不碰蔬菜、不喝水的「難題」，我知道該怎麼解決了！

——CC媽

好好吃飯，對法國人來說是向下扎根的運動吧，這點我直到身邊友人生了法國娃娃才真的見識了。

前兩個月，有個嫁到法國的女友帶著剛滿一歲的女兒回台灣探親，我選了一間親子餐廳敘舊（就是跟麥當勞一樣有個遊戲區讓小孩瘋狂跑跳然後爸媽可以專心吃頓飯那種）。桌邊環繞著五六七八歲精力旺盛不停燃燒小宇宙的歡樂小童，菜單上是香脆炸薯金黃炸雞起司漢堡等所有討好孩子胃口的餐點，而鄰桌爸媽還是得不時殷殷勸誘那些被溜滑梯吸去所有胃口的小祖宗：「乖，再多吃兩口吧。」

我們這桌的小女主角愛麗絲當然還不能吃這些「金黃酥脆」的油炸食物，我滿心期盼她媽媽拿出佳寶嬰兒罐頭，我想像著法國來的佳寶應該是貼著foie gras（鵝肝醬）或confit de canard（油封鴨）之類標籤的嬰兒版法式料理吧。

結果愛麗絲的午餐是三個小便當，一盒裝白飯，另外兩盒分別是切細的魚肉跟綠色蔬菜（也算是大人版的飯菜啦）。然後媽媽節奏很好的，一口飯配一口菜，愛麗絲就這樣安安靜靜，偶爾轉眼張望周圍跑跳的大小孩，繼續細嚼慢嚥的吃完她的專屬餐點。飯後她當然也在遊戲區探險了一會兒，然後是飯後點心，葡萄乾麵包跟水果，一切食物都這樣帶著平靜而審慎的氛圍，好好裝進肚子裡。

平靜而好奇，書裡說，法國孩子帶著平靜的好奇心歡喜地嘗試新食物，這平靜的好奇，很少在美國成人身上看到過，更別說在美國小孩身上。

在北美（其實在台灣也是如此吧），食物有時會被父母拿來當成紀律的替代品。父母拿不准吃飯當作處罰，或者反過來，用食物來賄賂。「你現在聽話的話，等一下有冰淇淋吃喔！」最糟的是拿食物當獎賞。法國爸媽認為這樣做會讓食物背負著情緒的包袱，破壞了孩子調節飲食習性的能力，孩子們日後可能會藉由吃食來處理（或埋藏）自己的情緒。

吃飯是一件餵養身體，滋養心靈的正事，如此重要但其實也很單純，法國人好好看待這件事，做

父母的從這裡出發，開始培養孩子品味食物、品味時間，以至於品味一生的能力。

——譯者　張怡沁

作者以個人經驗介紹何謂正確的飲食觀念，看了法國人對飲食的講究，從食材的挑選、烹調至餐桌禮儀，處處注意小細節，更難能可貴的是如此的高品質用餐家家皆如此，並無平民貴族之分，讓我們自詡是懂吃、愛吃的中國人不禁也甘拜下風。

對小孩的餵養，法國人更是重視，家庭學校皆然，看完本書不禁一驚，原來我們覺得理所當然的餵養習慣，在法國人眼中竟是如此的錯誤。在台灣似乎很少兩歲以上的小孩不認識麥當勞的，我們太常以食物為獎賞，這原來是不對的。而隨著雙薪家庭越來越多，外食的比例也逐年升高，健康的飲食也就難以把關，也難怪大腸癌在這幾年老是高居癌症死亡率前幾名。

而餵小孩吃飯在我家一直是個很大的挑戰，常常只要他們肯吃飯，餐桌禮儀都可不計較，兩小孩桌上爬上爬下，食物滿天飛是很常見的，因此看到作者說法國的孩子可以規矩的陪大人用餐至半夜也不吵鬧，簡直是無法置信。

雖然比起美式的飲食，我們的其實好太多了，去年英國小女生Martha Payne曾對台灣的營養午餐讚譽有加，但在教育工作現場的我們發現，孩子對於這樣用心設計的菜單，往往並不珍惜，肉類或炸雞一定是第一個被搶光光的，但若是綠色蔬菜就很不受歡迎，常常有半桶以上最後是倒到廚餘桶裡，若能從小扎根，從家庭或學校教育均衡飲食的重要性，不讓他們選擇，當我們的孩子長大了，他們或許也能把這樣的健康飲食觀念帶給下一代。

——三峽國中英文老師　何欣穎

享受吧！法國式的樂食教養

生活在台灣，幾乎處處有美食；身為一個新手媽媽，各種五花八門的育兒知識、嬰幼兒飲食指南也幾乎唾手可得。但如果真要深入思考該如何教養孩子「吃什麼」、「何時吃」、「該怎麼吃」、「如何吃得好」……大概沒有比以美食為傲、更以深厚的飲食文化為傲的法國經驗，更值得借鏡的了。

《法國餐桌上的10堂食育課》就是這樣一本令人大開眼界的書！書中以一位移居法國、有兩個女兒的母親的角度，娓娓道來移居法國後，因為文化差異而遭遇的窘境，以及為了幫助女兒和自己融入當地生活，下定決心要讓女兒「吃得像法國小孩」所做的種種努力。

因此，作者除了生動的描述自己在一次次親友聚會場合中、女兒的幼兒園食堂裡、還有在當地市場採買時，所經歷的各種關於飲食、關於教養的衝擊；也將這些親身經歷整理出清楚的「法國飲食準則」，例如：「不把食物當作安撫、獎賞、懲罰、利誘或轉移注意力的工具」、「孩子吃大人準備的食物，沒有替代品、也沒有應孩子要求快煮出來的食物」……這些準則乍看之下有些嚴苛，但也更讓人好奇：法國人究竟是怎麼辦到的？

儘管書中提到的法式教養模式有點類似傳統東方的「威權式」教養（作者說法國父母不哄小孩、不甜言蜜語的騙小孩，不會將孩提時期過度「浪漫化」，大家都致力於教出「循規蹈矩」的孩子），但

法國父母以及學校花在培養孩子樂於好好享受美好的食物（或者用書中的法式觀點來說，應該是「真正的」食物）所花的心力，確實令人佩服。而且作者透過與法國幼兒園老師的對話、和親友在餐間的有趣辯論中，清楚展現了法國的飲食教育目標，絕對不是透過親子雙方角力拉扯、或任何不愉快的強制手段達成的。

最有趣的是，書中描述「法國小孩（無論幾歲）吃完東西還是能保持衣著整潔、不輕易吃零食、樂於嘗試新奇的食物、不會在餐桌上吵鬧耍脾氣」等種種天使般的行徑，很令作者驚訝，也激勵了這位母親擬定新的家庭飲食計畫，決心改變孩子們（最後也改變了自己的）飲食習慣。如果你也頭痛孩子愛吃零食、不肯吃蔬菜水果、飲食不均衡……這些問題作者在書中都一一歸納出解答。

想知道作者是怎麼成功改變的？答案其實相當顛覆我原本對法國飲食「精緻、價格高昂、只屬於金字塔頂端族群」的粗淺印象。原來法國人說的「在法國，人人都能吃得好」而且「懂得如何吃得好」，指的是：享受新鮮的、多樣化的、具在地風土的農產品，經過適當、用心的烹調，而成為不僅僅餵飽身體、還能夠滋養身心的食物；當然，重點還包括要和親朋好友一同圍坐在餐桌前「愉快的、慢慢的品嘗」。最重要的是，這樣的飲食態度，深入每個法國家庭、學校與社區，因此足以讓所有法國孩子打從出生起，就生活在其中，而且深受其惠！

無論你的孩子（或你自己）目前的飲食習慣為何，本書沒有夢幻如馬卡龍般的浪漫情節，而是一位母親愈挫愈勇的飲食教養實戰經驗，相信所有注重飲食的父母都能從中獲得靈感，而孩子們都能因而深受其惠！

書中我很喜歡的部分是讓孩子多嘗試不同口味食物的段落。我記得孩子還小的時候，我每星期會小心地給孩子試一次新食物，但孩子益發長大後，我就漸漸忘了那種感覺，現在煮菜時不自覺地會煮他們喜歡吃的，或是就會認定他們不喜歡吃某些東西，所以即使桌上有那些菜餚，我也不會主動詢問他們要不要試試，大大扼殺了他們嘗試新食物的機會。看了那段文章，那種往日的感覺就浮現上來，更重要的是，我覺得作者描述的那種情境很棒，塑造一個美好的環境，讓孩子在不自覺中嘗試新的食物。其實這個方式我很有感觸，因為我家的孩子在家其實不太會嘗試新食物，但外出旅遊時，也許是因為走了一段路覺得餓，也許就是心思被其他東西所吸引，不會特別在意手上拿的是什麼食物，所以他們對食物的接受度變大，連在家向來不吃的東西，有時也會吃下肚去。只是回家之後，也常常故態復萌，也許我得想個辦法讓那種感覺可以持續下去。

——勤兒媽媽

作者的口吻很幽默風趣，可以很輕鬆的看完。提出的準則引經據典，有說服力。我看完有心一驚，糟了，小Apple胃口也被寵壞了，我的教法像北美式的，常讓她自己做決定，不吃不勉強，怕餓就讓她吃喜歡的。所以現在開始要讓她養成良好的飲食習慣及好的態度觀念。

——全職媽媽蘇珊

——Apple媽媽

〈推薦序〉為什麼我一直掉下巴？

前商周選書顧問　何穎怡

看這本書，我一直掉下巴。相信我，我是很鐵齒的人，一向認為什麼虎媽，德國媽，日本媽之類的教養書是X屁，因為他們把一個特例放大成整個民族的特色，而這個特色優點適用於所有人。

但是鐵齒的人也有掉下巴的時候。回憶一年多前我在閱讀這本書的電子檔時，就大吃一驚。

譬如作者說，法國小孩不吃零食，我看到我的床頭擺了酸梅、牛軋糖、豆腐乾。不要小瞧這個配置。吃了糖，吃酸梅解膩，然後來點鹹的。鹹的之後，當然就有嶄新的味蕾吃甜的。啊，不消化，來點酸梅吧。

如此這般，是零嘴狂的常態。應該是很小很小的時候就養成的習慣吧。我爸媽也愛吃零嘴。

譬如作者說，法國父母從不拿食物做獎賞，孩子不可以養成「情緒性飲食」的習慣。我記起小時候去拔牙，拔完後，媽媽馬上買健素糖獎賞我的勇敢。難道不是吃糖讓我長蛀牙？

譬如作者說，法國父母認為天底下沒有小孩不吃的食物，任何孩子排斥的食物，都應該讓他試到十五次以上。我想起女兒從小不吃爛巴巴的食物，也不吃各種一煮就軟的瓜。我從不認為她偏食，因為誰沒有不愛吃的食物呢？不吃就不要煮唄。現在一看，究竟是我「開明」，還是我「懶惰」？

最讓我羞愧的是作者所住的法國鄉間，攤販不准你自己翻撿蔬果，他會問你這個菜是哪一天哪一頓要吃的。假設你的答案是「週六晚餐」，他就會去挑出最適合那個時候才吃的菜給你。我呢，冰箱裡還有去年的粽子呢！

你可能認為法國人這種嚴格的飲食教育，小孩可能都苦著一張臉吃飯吧？不。他們極端享受食物。花時間認識食物，花時間準備食物，花時間品嘗食物。吃飯，是家人的分享時刻。沒有端了飯坐在電視機前這回事。

因此，法國人的祕訣竟是「愛食物就要節制，愛食物就要認真」。

這樣的飲食之道是一種哲學，是代代相傳的智慧，也是父母的耐心堅持。法國胖小孩比率居世界最低，不是沒道理的。終於有一本讓我掉下巴，並深信它是集體民族智慧，而非特例無限放大的教養書了。

〈推薦序〉良好的親子互動，從簡單的「共餐」開始

禮筑外文書店創辦人　洪瑞霞（Lois Hung）

我與法籍先生在台定居十多年，先生除了法文教學工作外，我們共同經營了一家外文童書店。工作的關係，我們經常接觸學校英文老師與家長，觀察到的一些文化、閱讀習慣、與父母教養觀念的差異，經常成為我們爭辯的主題。先生一概認為「法國人的做法一定是最好的」（法國菜、法國教育、法國行政制度等），還不時強調，法國跟美國是很不一樣的（因為他主觀認為台灣人很崇尚美式教育），高傲的態度，常常讓我很不以為然。

直到去年我們決定搬去法國定居至少一年，我才有機會深入了解所謂的「法式做法」，並重新思考自己與孩子的生活與教養方式。

我家的哥哥不挑食，但會暴飲暴食，所以也是個過重的小孩。想到孩子正在發育，要禁止孩子吃食我覺得很殘忍，於是鼓勵他加入游泳校隊（一週練習五天，星期三還要練兩次），泳隊之外，他也熱愛打籃球。我心想大量運動大概能消耗掉他多吃的熱量，這方法或許不見得很正確，但總算讓他維持了可接受的體重。

老大是第一個被送到法國的，先生與女兒接著離開，我則留在台灣做一些善後工作。當我抵達法國看到兒子時，真不敢相信才沒幾個月的時間，他已經變得又高又瘦。據說他在法國叔叔家，並未刻意節食或猛做運動，能夠變瘦，真是奇蹟！

我猜想這應該跟吃的東西有關。沒錯！我觀察到法國家庭的飲食習慣，很多面向的確與書中所提不謀而合，而作者精確的分析、佐以研究數據、交錯著故事化的經驗敘述，讓閱讀此書變得知性又有趣，也讓爸媽有很多省思的機會。

我認識的法國家庭，爸媽都很會做菜，幾乎無一例外，且很多都有大廚的水準。小女兒幼兒園義賣媽媽們做的點心，也讓我為之驚豔，外觀與口感都不輸給店裡賣的。練就這樣的好廚藝，相信是來自於愛家、愛孩子的心。我也觀察到法國家庭，即使爸媽都有全職工作，仍要每天在家與孩子共餐。這點我的先生也強烈要求過，但在台灣十多年，我們始終做不到。

大部分家長都會承認，無論自己在求學、工作領域多麼地出類拔萃，對於孩子的教養，很多人都是焦慮不安甚至不知所措！別人（別國）的那一套不見得能全數套用，但多參考總是好的。要增進良好的親子互動，可以從簡單的「共餐」開始。

我相信人對「美」的事物，都有渴望與鑑賞的能力，法式飲食文化不僅是「吃東西」這麼簡單，從餐桌擺設、餐具、餐巾紙花色選用、裝盤、菜色搭配等，都是一種生活美感。透過本書作者介紹，了解法式飲食，擷取認同的優點套用，相信能讓台灣父母受益良多！

〈推薦序〉不挑食的孩子，從食材與態度開始

親子作家　番紅花

我幾乎日日料理三餐，因為家務與寫作的工作交叉等量進行，所以我並不狂熱也沒有辦法花太多時間在廚房，但養育兩個孩子長大成人的飲食變化，與照顧丈夫的適當營養仍是我這婦人的職責。「吃」讓我們的人生有等待、有笑容，燈光下的餐桌所帶來日常生活的安定穩逸感是很重要而不可任性放棄的。很幸運的，台灣是個山海縱錯的海島，農漁牧業都興盛，認真努力可靠的農人遍布全省，連日本大廚來台灣都說這兒的天然食材鮮嫩汁美，是料理人的天堂。

只是，這似乎並不反映在我們的孩子身上。過重的孩子很多，挑食的孩子很多，吃速食、垃圾飲料的孩子很多，不吃青菜愛油炸物的孩子很多，過度提早發育的孩子很多，對新蔬菜抗拒的孩子很多，受媒體廣告影響、錯認紙片人是美的孩子很多，究竟這是怎麼一回事呢？問題背後的問題，要如何釐清呢？

法國人所強調的「父母對孩子飲食的主控權」，是否深深困擾著寵愛孩子的大人呢？

這本幽默、趣味的書，風格與內容在親子教養、生活健康、烹飪美食、傳記回憶錄等等，皆表現出作者從家鄉北美，與法國丈夫帶著兩個熱愛速食、嚴重挑食偏食的孩子，遷居法國鄉間小島所面臨的飲食文化衝擊。作者是個不擅料理、習慣拿零食冰淇淋當獎勵給孩子、一直不確定什麼是「真食物」的職業婦女，面對著將飲食視之為珍貴文化的法國民族，看她用親切、坦承、有時挫折有時迷惘、又

提出實用做法的敘事方式，說出她在法國這一路先是節節敗退，而後融入、圓滿、快樂的育兒飲食史，真是讓同為母親的我，心有戚戚焉。

這十幾年來我已為我的孩子們料理約三千多餐，我很深刻的體驗到，要像法國人那樣養育出喜愛各種食物的孩子，確實是應當且可能的，尤其台灣的食材如此多元豐美，有這樣的先天條件，若再加上父母擁有樂觀、堅持、熱情的飲食態度，我們就能養育出「可愛健康、樂在飲食」的孩子。吃是一輩子不能停止的維生系統與行為，如果我們希望親生寶貝能夠活得長壽、有活力、減少慢性病的侵擾，那我們就得從孩子年幼開始，培養他們一輩子正確飲食的能力。

今天去市場買菜，因為已逼近孩子放學時間，我只有十五分鐘可採買，但全省各地這禮拜天氣的晴好、帶來農作的順收豐饒，熟識的攤位上都擺滿了各種新鮮當令的蔬菜。所以很快的，我就買好了兩條沉甸甸的白蘿蔔、一顆大白菜、一大朵這兩年剛興起的人參菜、一把鴨兒芹、新鮮香菇、日本種大蔥、板豆腐、茼蒿、山藥等等。這些好東西足夠今晚煮一鍋壽喜燒了，我喜孜孜地背著飽滿厚實的購物袋，趕到學校門口去等候我的孩子。

我很同意作者在這本書裡所提到的，餐桌上一定要有一樣食物是孩子們喜歡的，這會讓孩子放心，然後，我會再煮一道新食材來鼓勵他們嘗試。例如，今晚有了節慶感的壽喜燒鍋物，我就再料理這兩年的新興蔬菜「人參菜」（又叫做娃娃菜），它的口感似芥菜心卻又無芥菜的苦味，讓孩子們邊吃壽喜燒邊放膽吃吃看這人參菜。孩子願意接納的食物越多元，料理下廚的大人就越有樂趣、越可變化應用，這是吃者與煮者美好的循環。

這本書的末頁還附錄了好些簡易美味的法國菜食譜，其中的紙包魚、可麗餅、鑲番茄、焗烤白醬白花椰菜都是我平常就很受孩子喜歡的料理，並且別擔心，這些都是不發胖、天然、營養清新的真食物。只要不隨便答應孩子喝人工飲料、高熱量垃圾食物，飢腸轆轆的孩子就會掛滿期待笑容地奔向餐桌說：「媽媽我愛你！你煮的東西都好好吃！這是媽媽的味道！我家的味道！」

現在，請盡情享受肉魚菜蔬的飲食樂趣吧，你們將會因此而健康、聰明、快樂、穩定，你們將因此而好好長大，我親愛的孩子們！

〈推薦序〉健康吃、聰明吃

前衛生福利部國民健康署署長　邱淑媞

臺灣是個物產豐隆的寶地，四季蔬果充足，加上族群多元，也發展出多元融合的飲食文化。近年來，國人的飲食受到許多外來飲食文化的影響，食物的供應多樣、便利且尚稱經濟。然而，民眾雖有越來越高的知能，學習食物對健康的影響，但臺灣如同許多先進國家，「吃」出來的問題明顯，營養不均造成慢性病人口增加且日趨年輕化，亟需國人重視並採取行動因應。

法國飲食文化中蘊藏許多正確飲食觀，例如：法國人賦予飲食深遠的飲食內涵，在孩子小時就引進多樣化飲食，減少偏食習性；強調慢食、多蔬果、吃非加工食物等。好的飲食習慣應從小培養，尤記曾經為了鼓勵兒子多吃青菜，簡直「狗腿」到了極點，「小乖，你最棒了，只要吃下這口菜菜，就會長得像大力水手卜派那麼壯呦！」「來，先吃一口菜菜，再吃一口肉。」連哄帶騙地非得把青菜送進兒子的嘴裡不可。有時還得要點詐，雖是一口青菜、一口肉肉，但往往青菜是一大坨，而肉卻只是一小口。在掌聲及吹捧聲中，兒子無形之中也養成固定的飲食習慣，並愛上了青菜。

國民健康局的業務主軸即為實踐「預防勝於治療」，旨在減少民眾不健康飲食、身體活動不足、菸品使用、不當飲酒等導致非傳染病的主要危險因子，在促進民眾健康的同時，能減少民眾失能的風險，擁有幸福健康的人生。期望讀者們在細賞法國飲食文化時，能檢視自我與自家飲食內容，讓國家未來主人翁能從小就接觸健康飲食，選擇健康的食物、聰明吃，從家庭出發，為我們的下一代營造更健康的未來。

目次

目次

第10章 最最重要的飲食準則 255

適度與平衡的原則引領著法國人，在飲食準則這方面更是如此：你必須適度地遵守這些準則，不要過於熱切也不要過於嚴格。

法國飲食準則第10條（黃金準則）：吃要吃得快樂，不要吃得有壓力。把飲食準則看成是習慣或規律，而不是嚴格的規定；偶爾放鬆一下無妨。

附錄一 吃得快樂又健康的訣竅和招數、準則和規律 263

附錄二 給孩子的法國食譜：快速、簡單、健康又美味 287

序言

這本書談的是我自家人、很個人的經歷，但是也談到了影響所有孩子的議題。目前這一代的北美兒童因為飲食習慣不好，會比他們的父母遭受更多的健康問題——說不定也不如他們的父母長壽。我們可能正在教孩子吃得過飽，結果早早吃出病來。

要改變家庭的飲食習慣很難。雖然我們知道**應該**吃什麼——更多水果蔬菜，盡量少吃加工食品，可是我們做不到。或者，即使我們煮了健康的食物，孩子卻往往不吃。糧食危機（負擔不起、缺乏管道）是個嚴重議題，可是就連資源充足的家庭也不見得吃得健康。因此我們需要想出**如何**讓孩子吃，以及讓孩子吃**什麼**的更好辦法來。就這一點上，法國的飲食教育提供了寶貴的一課。住在法國期間，我們家學到孩子**可以**吃得好，也可以享受吃這件事。法國家庭和學校所採用的健康飲食習慣、明智的規範以及美味的食譜，是我們家重建飲食風格的基礎。我們深受啟發，很希望我們家的故事也能帶給你啟發。

不過這也不單是做父母的責任，或個人行為的問題。在法國，學校、政府和社區聯手打造了飲食和教育的機制，作為想把孩子養育得好的父母的後盾。然而，在我自己的國家，情況似乎正好相反。因此，我們迫切地想要透過市場改革和政府改革，開啟一個集體對話，談談如何重建孩子的飲食文化——不管是在家裡或在學校裡，在農場裡或在商店裡。希望我們家的經歷（無關乎高級料理，而是關乎法國一般家庭如何能夠讓孩子吃得好）將激發你加入這場對話。

1

法國小孩不挑食

(你的也可以)

餐桌的快樂屬於每個人，不分年齡，不分身分，也不分國家，而且屬於每一天。

——布希亞—薩瓦蘭（Jean Anthelme Brillat-Savarin），《品味學》（原註：The Physiology of Taste, 1826，此書被認為是現代烹飪學的基本教材）

問問我的孩子最愛吃什麼，答案可能會嚇你一跳。七歲大的蘇菲愛吃甜菜根、青花菜、韭蔥、萵苣、貽貝和鯖魚——當然一般人會猜的東西也包括在內，像是熱狗、披薩和冰淇淋。克萊兒，她三歲大的妹妹，愛吃橄欖和紅色甜椒，儘管她最愛的始終是奶油菠菜。我們住溫哥華，這裡有全世界鮭魚產量最多的河流流經北美洲最大的中國城之一，我們的女兒不巧也愛吃海帶、煙燻鮭魚和酪梨壽司。

女兒們熱切的飲食習慣對我那法國老公菲利浦來說一點也不意外，但她們還是讓我驚奇，因為我們家以前經常為了吃飯爭吵。在我們搬到法國並開始（無意中）實驗法國的飲食教育之前，晚飯時間對當爸媽的和當孩子的來說簡直是煉獄。薯條是我兩個女兒最愛的「蔬菜」。她們一看到青蔬便咬牙切齒，只有在甜點出現時才會停止發牢騷。她們靠碳水化合物和充滿乳製品的飲食維生，而一般的北美家庭也多是如此。我們的備用食物包括穀片、義大利麵和奶油吐司。我們也把金魚脆餅當成一種食物。

蘇菲從小就很挑嘴，到了三歲大時，任何陌生食物都不敢吃，這讓我經常想起我小時候。盤子裡一有她不順眼的東西，她就激動得「狂舞」（我們是這麼形容的）：揮舞手臂，一臉不耐，發出哀嚎，有時大叫，甚至從桌邊跳開，就是不想看到可疑的可怕食物。她的口味有點兒古怪，這讓我們更加難以避免她爆發這種行為。比如說，蘇菲不喜歡青菜，凡是白色或乳脂狀的也不吃：起司、優格、同性質的醬，甚或冰淇淋。連大多數小孩都愛的她也不喜歡，譬如起司通心粉和各種三明治。

相反地，克萊兒（她妹妹）是我們的菩薩寶寶，沉靜又知足。「你們中樂透了，」她出生那天我們的助產士這麼跟我們說。蘇菲拿手的是小睡二十分鐘（而且只有在嬰兒車裡被推著散步或蜷伏在嬰兒提籃裡才睡得著），而克萊兒會享受懶洋洋的兩小時午睡，晚上還可以無憂無慮地酣睡十小時。況且她幾乎什麼都吃。也就是說，幾乎任何東西她都**願意**吃，直到她的行徑開始跟她姊姊一個樣。這讓我有了嚴重的親職表現焦慮，外加深深的愧疚。

你曉得，我公婆、外子的朋友、伯叔姑姨和表親，還有其他一竿子的親戚，都期待我們的孩子像法國孩子那樣吃食，而法國小孩**不挑食**，舉凡水果沙拉到鵝肝醬，菠菜到臭薰薰的藍黴乳酪一概都吃。他們吃大多數的北美小孩（以及他們當中的一些爸媽）想都沒想過要吃的東西，譬如南歐刺菜薊（別擔心，我以前也沒聽說過有這種東西）。他們也經常吃我們大多數當爸媽的都希望孩子**肯**吃的東西，像是沙拉。我也見過我的法國姪兒姪女看到小蘿蔔像看到爆米花一樣開心。我見過三歲大的娃兒大啖各種海鮮，還有尚未長牙的寶寶小口啜著所有食物，從貝夏美白醬到蔬菜清湯。有些孩子則偏好奇特風味：迪迪會歡喜地吃下牛舌，小法泊伊最愛的食物是油醋碎肉凍，或克萊兒，她每天都要嚼一小瓣洛克福藍紋乳酪，而且顯然吃得津津有味。

而今，由於某種偏好異國食物的基因使然，法國小孩也不這麼吃了。一如世上所有孩子，他們最愛的食物包括義大利麵、洋芋片、炸雞和巧克力。但是這些不是他們經常吃的東西。就像聽起來的那麼不可思議，法國小孩愛吃各種食物，他們吃的東西大多數都很健康。沒錯，你可以找到某些討厭吃特定食物（譬如說，白花椰菜，而我老公就是一例）的法國小孩，但這樣的小孩並不多見。可是大體上而言，法國小孩吃任何擺在他們面前的東西。他們爽快地吃，高興地吃，來者不拒，令一般北美人不解。而且人人都認為這是常態——包括小孩子在內。

事實上，這是著名的孩童版「法國悖論」，這現象使得科學家搔首苦思多年。簡言之：法國成人在飲食上花的時間是美國人的兩倍，而且他們顯然毫不忌口地食用奶油、豬肉和乳酪，但是他們比較少過重（而且很少人肥胖），罹患心血管疾病的比率比美國人低。沒錯，這是人生會有的那種不公平的事之一；法國人似乎真是魚與熊掌兼得。

法國小孩的飲食方式也同樣地弔詭。法國父母會溫和地敦促孩子吃健康的食物。他們期待孩子毫無怨言地吃爸媽端來的飯菜。他們要求孩子長時間坐在餐桌旁（而且他們被期待要表現得非常有禮貌），而不是看電視或玩電玩。除此之外，法國小孩認為吃飯是有趣的事。不僅如此，法國小孩肥胖的比率是已開發國家當中最低之一。當大多數富裕國家的過重及肥胖兒童比率都居高不下而且快速攀升（美國位居榜首），法國卻相對穩定甚至下滑。之所以如此不是因為他們都參加了減重課程；飲食控制對法國小孩來說相對罕見，因為需要的人不多。

搬到法國之前，我也很納悶法國父母是怎麼做到的。我知道（也擔心）不良的飲食對孩子的健康、牙齒（蛀牙）、睡眠品質、課業表現，甚至是智商的負面影響。但是對於該如何改變女兒們的飲食方式，我感到無能為力。我想要改變，但不知道該怎麼做。

在溫哥華，我們認識的父母所採行的「策略」似乎都不令人滿意。強迫和施壓的手法對我沒有吸引力（雖然我承認我試過）。我不喜歡哄孩子把飯菜吃完（或甚至是張口吃飯）。吃維他命丸感覺像是在逃避，尤其是我讀到它們無法補充新鮮食物所能供給的營養之後。於是我買了主張把健康食物偷渡到兒童餐食裡的食譜，試著調製需要有化學家的技能和廚師的才華的特殊菜單。由於我不是個特別有熱情的廚子，也不是有效率的廚子，所以我發現這個做法太耗時間，而且也沒真的奏效。事實上，

還產生反效果。蘇菲那靈敏的「噁心食物」探測器，只要探測到一絲絲怪食物的微弱氣味就會發出警報，結果對放在她盤裡的食物更加疑神疑鬼。再說，就算「偷渡」的方法有效，我不禁在想：她們出家門之後還會讓花椰菜泥留在布朗尼蛋糕裡嗎？我不這麼認為。

無可否認地，把健康食物偷渡到孩子餐食裡的努力失敗，多少反映出我的廚藝很有限。婚後不久，菲利浦給了我「燒焦皇后」封號，因為我有個糟糕習性，做菜做到一半，會趁空檔上上電腦或埋首鑽進一本好書裡，結果把爐火上的東西忘得一乾二淨。我會做的菜（頂多）就是那四、五樣，一而再地循環重複，而且從頭到尾都是以馬鈴薯為主菜。我就是這樣被養大的。我媽出身農家；外婆有八個孩子要養，沒什麼時間做一些額外的花俏東西。她每晚準備一道菜，吃的時候毫不客套。「我們埋頭就吃，」舅舅約翰回憶說：「因為我們很餓。從來沒有人會敦促我們吃。如果我們不想吃，那更好：其他人可以分得更多。」外婆最愛做搗鍋（注：stamppot，荷蘭傳統家常菜），把煮熟馬鈴薯和羽衣甘藍混在一起整個搗成泥（沒錯，結果是一鍋綠色薯泥），僅用幾塊奶油和幾搓鹽巴及胡椒來調味（我的親戚認為大蒜是異國香料）。搗鍋至今依然是我最愛的菜餚之一，這大大透露了我的烹飪程度。

所以我跟法國料理的第一次短暫接觸（作為一個消費者）並不成功，也就不令人意外了。菲利浦帶我見他爸媽那一次大概是最糟的一次。在我們開始約會後某個下雨的四月早晨，他突然心血來潮，邀請我去拜訪他住布列塔尼的雙親。我們先從牛津（我們都在那裡念書）開一小段路到普茲茅斯，然後搭過夜的渡輪。我們在陰雨濛濛的天氣裡出發，在船上過夜，醒來一睜眼便看到一片奇幻的陽光，以及打上環繞聖馬洛石礀堡岩岸的碎浪。我們開著菲利浦的雷諾五號那台破車，沿著海岸穿越一個又一個迷人的小村子，時而依著岩石峭壁，時而傍著在陽光下閃著光的白沙海灘。那是我頭一次踏上法國土地，徹底為之神迷。

我們及時在午餐時間抵達他父母家——牆上爬滿葡萄藤、美得像畫的一座石屋。那一餐叫我難忘。在陽台上沐浴著陽光，菲利浦和他父母款待我一大盤在地海鮮，大多是看起來很怪異的帶殼水產，我從沒見過的那種，更別說吃過了。在我小時候，我吃的食物裡最接近魚類的是罐頭鮪魚砂鍋，我和妹妹都討厭吃，我媽會在表面鋪上洋芋片，好誘拐我們吃下肚（我妹老是上當，我從來沒有）。

帶殼海產我敬謝不敏，可是卻躲不掉當天早上買的大比目魚，菲利浦的媽媽自豪地說，那是從碼頭上剛靠岸的漁船買來的新鮮貨。看著盤子裡的一整條魚，我傻眼了；我從沒吃過一整條魚，不知從何下手。所以我只好呆坐著，兩頰發燙，直到菲利浦當著他困惑的爸媽的面幫我切魚。直到多年前我才能夠輕鬆地吃魚，而且我必須坦白說，煮魚給我的孩子吃，令我又愛又怕（說得含蓄）。因此你可以說（我完全同意），我女兒們願意吃的東西就那麼幾樣，多少是我做了壞榜樣。

菲利浦對我們家的飲食狀況感到很洩氣。就大多數的事情來說，北美人的輕鬆態度和他一拍即合（事實上他偏愛這種生活態度，更甚於法國較拘謹、正式的生活態度）。我們家女兒吃東西的習性令他不解，尤其是和她們那些熱中吃食的法國表親相比之下。而他在法國的親戚就更搞不懂了，他們私底下（有時候也沒那麼私底下）覺得惱火。

回首過去，我現在了解到，他們期待我教育孩子認識食物。在法國，這樣的教育應該從孩子還很小的時候就開始，早在孩子沒滿週歲就要著手了。畢竟，吃食是嬰兒最早表現出來的有意識活動

之一，甚至比走路和說話還早。因此，進食是教導孩子紀律的絕佳基點：溫和但堅定地教導生活的準則。「準則」二字我用得遲疑，因為儘管法國人對飲食教育很嚴格，但這些準則並不死板。它們反倒更像常識性的規範或社會習俗：不成文，而且往往也未言明，但卻是集體所接受的。就像大多數的文化習俗，這些準則在外人看來往往很神祕，可是一旦闡明，並不會特別複雜；事實上，這些準則通常簡單得像在唬人。我搞懂的第一條「飲食準則」正是如此。

法國飲食準則第1條：
爸媽們：孩子的飲食教育由你們作主。

父母應該以溫和但有權威的方式積極地教導孩子認識食物，這信念是法國飲食教育的核心。我打從心裡知道這樣的做法（比我的做法要權威得多）可能對孩子有幫助，可是長久以來我一直很抗拒它。培養飲食自主的能力是建立自動自發的第一步，不是嗎？孩子要吃什麼應該由他們自己作主，不是嗎？

絕對是錯的，這樣只會搞得天下大亂！我婆婆這樣警告我，我的小姑、夫家表親、伯叔姑姨以及菲利浦的朋友也是。照他們的孩子吃東西的習性看來，我得承認他們說得有理。蘇菲出生後我們頭一次回法國，當時蘇菲不過八個月大，我看到和蘇菲同年齡的其他寶寶大口吃著他們爸媽給的所有食物，而且每餐飯後都滿足地小睡好幾個鐘頭，令我驚訝不已。同齡的蘇菲一到吃飯時間就變得很難搞，她拿食物來玩，一不合意就把食物吐出來，顯然把吃飯看成是干擾她日常作息的苦差事。幾乎每頓飯，比如甜滋滋的蘋果泥、最順口的香蕉泥、最柔滑的優格，最後總滴得圍兜、她的手和我的腿（她喜歡坐我腿上吃飯，把坐在兒童高腳椅上看成是某種凌遲折磨）到處都是。她不是不餓。她半夜醒來，或是短到令人痛苦的小睡之後，總要喝牛奶。而且**只喝**牛奶。說得保守，她對硬質的食物又愛又怕，這情況隨著她長大不見任何改善。

當時我以為，蘇菲的性子比較像我家的人，比較不像她爸爸家那邊。我妹最愛的照片之一，也是我第一次帶菲利浦見家人她最先亮出來的一張，就是我坐在兒童高腳椅上，雙唇緊閉，因為大哭而臉頰紅通通，胡蘿蔔泥抹得我身上那件七〇年代的夢幻罩衫到處都是。我背後的壁紙有著一種復古的橘色紋理（若是湊近看會發現，那是條理分明的飛濺物，值得把牆壁做一次超級大美容）。據我家人的說法，我打贏了每一場食物之戰。

「蘇菲跟我很像，」我會嘆氣說：「我小時候就是討厭吃青菜。」

「並不是！」有人這麼跟我說：「她只是吃青菜的次數不夠多。等她餓得發慌，再拿青菜給她吃，到時她什麼都會吃光光。」聽到這種論調，我開始在想，說不定，只是說不定，法國人知道一些我不知道的事。果不其然，他們確實知道某些我不知道的事。法國父母比美國父母知道更多與食物有關的各種資訊，也更清楚孩子的飲食習性。這是因為法國醫生、老師、營養師和科學家看待兒童、食物和

教養方式之間的關係，與北美人大不相同。比如說，他們認為所有的孩子終究都會學會喜歡吃青菜，而且他們精心推敲過許多策略，來讓孩子學會愛吃青菜。法國心理學家和營養師有系統地估算過，孩子樂意吃新食物之前，他們必須嘗試吃吃看的平均次數是七次，不過大多數的教養書籍會建議十至十五次。因此，當我常理所當然地認為我的孩子不喜歡某類食物時，我的法國朋友純粹認為是他們的孩子試的次數不夠多，而且他們的孩子通常證實了他們是對的。法國孩子帶著平靜的好奇心歡喜地嘗試新食物，這平靜的好奇，我很少在美國成人身上看到過，更別說在美國小孩身上。

你想，法國人究竟是怎麼辦到的呢？法國父母用了什麼法子？他們煮些什麼？他們說些什麼（同樣重要的是，他們**沒**說什麼）？

這些疑問我答不出來，直到我們舉家搬到法國。當我們只是訪客，法國親友客氣地不去理會我（在他們看來）奇怪的飲食習性，如此的包容是把我當外國人看。一旦我們選擇在菲利浦從小長大的村莊裡定居下來，一切便改觀了。法國人素來不以他們的容忍出名：他們做事情通常只有一種對的方式（而那方式，可想而知，幾乎總是法國人的方式）。他們大方表達個人看法，從不害羞，而且對於餐飲上的失禮失態，沒什麼容忍度。因此我婆家的親友鄰居開始指點我的孩子（還有我）怎麼吃得得宜（也就是說，吃得像法國人）。不管是在餐館在蔬果店，在學校在幼兒園，在遊樂場在別人家裡，我對於食物、小孩、教養的觀念都受到挑戰。

慢慢地，我開始了解到法國人對孩子和飲食的想法。我該做的第一件事，就是重新定義我所理解的「教育」。我常被人叮嚀說，我必須「教育」小孩，一聽到這話我會趕忙說我事實上已經開始存錢讓孩子上大學，好讓別人放心。可是法國人談的不是這檔事。「教育」（education）一詞在法文裡涵蓋了很多基本教養：包含從正式的學校教育所習得的知識，也包括了從家中紀律所養成的禮儀和行為、習慣和品味。其目的是在教出「有良好教養」（bien éduqué）或「高格調」（élevé）的孩子，也就是言行舉止得體的孩子。換句話說，法國教養方式的主要目的，是要教出懂得並遵守法國社會不成文規矩的小孩，而這些規矩比北美社會的規矩要嚴格得多。法國家長非常尊重這些社會規矩：教導出有教養的孩子跟建立他們的自尊一樣重要（事實上，他們相信後者多少繫於前者）。

而今，健康飲食是父母協助孩子培養的最重要能力之一。這個對年幼孩子所施行的飲食教育，有個簡單的原則：

> 我的孩子可能不會進哈佛，也不會變成大聯盟的運動明星，或音樂家，或美國太空總署的太空人。但是不管他們將來長大會成為怎樣的人，我的孩子**怎麼**吃以及吃**什麼**，對他們的健康、幸福、成功和長壽而言將是重要無比。

別誤會：鼓勵孩子盡力發揮所長是很好的。只不過從法國人的觀點來看，北美的父母往往把行程排得太滿，以至於很少有時間教導孩子某些最基本、最重要的、必須懂得的事，譬如準備、烹煮和享用健康食物的正確方式。為了向自己解釋這一點有多麼重要，我最後想出了一個簡單的對比：法國父母對於健康飲食習慣所持的態度，就像北美父母對於訓練大小便或培養閱讀習慣所持的態度。假使你

的孩子老是不讀書，或甚至不想學習字母，你會放棄教他們嗎？你會情願等著你的孩子自行學會大小便，假定終有一天他們「長大就知道了」或「想通」？大概不會。你大抵會想法子幫助他們養成這重要的生活能力。菲利浦拿法國的一句名言來對我下總結：**人如其食**。在北美，假使孩子拒絕吃得健康，多數父母只會聳聳肩不以為意。看到這種情形，法國父母心裡會想：有這樣的爸媽，難怪孩子會那樣吃。

法國父母非常看重孩子吃得好，這一點顯而易見。比較不那麼明顯的是，法國父母**怎麼**讓孩子吃得好。搬到法國之前，我有我的臆測。說不定專橫的法國父母會**逼迫**他們的孩子什麼都要吃，我心想。說不定這只不過是亞洲「虎媽」症候群的另一個版本：堅持孩子什麼都**必須**嘗一嘗的嚴厲法國父母。事實上，我們在法國看到的完全相反；很少看到親子之間為食物爭吵，也從未看過哪個爸媽逼孩子吃東西。

那麼，說不定關鍵在食譜？我發現，一般法國家庭吃得都很簡單，也很容易準備，但仍然健康美味。我盡責地把幾道很看好的食譜抄下來，在家如法炮製，但是我的孩子卻完全不捧場。

法國父母有什麼我不知道的祕訣？更重要的是，他們**做了**或**說了**什麼我沒做或沒說的？他們到底是怎麼讓孩子什麼都吃**而且**吃得開心？如同我待在法國的一年裡所體會到的，祕訣不僅在於法國孩子吃**什麼**，而且在於**如何**吃，**何時**吃，以及（最重要的）**為何**吃。

我們搬到法國不是為了學這祕訣。我不是講究吃的人，菲利浦也是我見過的法國人當中罕有的那種相對上對食物沒什麼興趣的人（這說明了為什麼他能夠以娶到外國人為樂）。我也不怎麼想改進我的廚藝；就算想的話，必須煮法國菜的念頭隱約也讓我憂心。

然而住在法國喚起了我的好奇，很想知道法國父母如何做菜給孩子吃，如何陪孩子一起吃，以及如何教育孩子認識食物。我開始問問題，也開始說出反對的意見。我的孩子吃東西的方式不是那樣！這太貴了！我沒時間！所幸，法國人喜歡談論食物。在很多法國家庭裡，早餐桌上最常見的話題是，中午吃什麼。到了午餐時間，少有例外，總有人會問起晚餐吃什麼。談論食物（**如何**吃以及吃**什麼**）是法國舉國人民的嗜好。所以只要我問問題，人們非常樂於回答。

從我和很多父母、老師、醫生和科學家的談話裡（以及從我為了驗證我所聽到的說法所進行的研究裡），我發現讓孩子吃得好不見得會把親子關係搞得雞飛狗跳，或搞得很複雜。我學會了簡單的招數來教孩子享受形形色色的食物，我也學會，營養和健康雖然很重要，但未必是主要的焦點。享受食物才是重點，而健康的飲食習慣是快樂的副產品。

這個觀點（吃飯是很有趣的事！）激發我們家重新建造新的飲食方式。旅居法國期間，我們發現了孩子的十項飲食準則。把這些準則應用出來，挑戰了我對兒童、食物和教養方式最根深柢固的信念。這過程有時不太好受，但是重建我們家的飲食文化這個經歷，讓我們一家子更親密。看見我們周遭的法國親友培養他們孩子以健康的方式熱愛食物，而且是健康食物，我們深受啟發。但願我們家的經歷也能帶給你靈感。

那麼，我們就此出發吧！

2

一步一步來，以及甜菜根泥

搬到法國，遇見不知名的可食物體

（以父之名）
爸媽摸摸孩子的額頭
（以母之名）
摸摸鼻子
（以孩子之名）
左眉
（所有好吃的東西）
右眉
（把肚子填飽飽！）
把食物塞進孩子嘴巴裡。

——法國童謠

「住到法國可不像到法國旅遊喲，」我們搬家之前我老公這麼提醒我。我當時不懂他話裡的深意。我心想，我們在那裡待的時間夠久，而且我在那裡真的感到很自在。可是我們從沒在法國**定居**過也是真話。不過我們在英國讀書時，一有空就往那裡跑也是真的。我們的同學大多是國際學生，他們一放假就會火速離開英國，四散到世界各地。我們也一樣；我們結婚一年後搬到溫哥華，一個對我倆來說都很陌生的城市。儘管兩個女兒都在那裡出生，我們還是沒有落地生根的感覺，我一直夢想著有天能夠搬到法國，和婆家住近一些。我們總有辦法找到工作，我跟自己這麼說。我們的女兒可以學法文，可以多跟她們的爺爺奶奶和表親相處在一起。我想離開無休止的爭權奪利的忙亂生活，法國鄉下看似是隱退的好地方。

隨著孩子一天天長大，我對法國的懷念也越來越深。這多少要怪一隻名叫格利布伊耶的褐色驢子。大約在我們回到北美的同時，我們的英國朋友安迪離開紐約到法國鄉下居遊，跟他作伴的就是格利布伊耶，而且他事後還寫了一本書談旅途上的所見所思。後來我才知道那書談的其實不是住在法國這檔事，而他待的時間也沒有長到定居的地步。可是在那當時，「在混亂的世界裡尋求寧靜」，如安迪說的，似乎很有說服力。想尋求寧靜，還有哪裡比法國鄉下更適合？

最後，在蘇菲滿四歲，克萊兒在蹣跚學步時，我們決定（或者說我決定）要搬到法國，搬到菲利浦從小長大的小村莊去：位於布列塔尼西北海岸的普萊訥夫瓦勒—安德列（Pleneuf Val-Andre，人口三千九百人）。菲利浦沒有我那麼熱中，他偏愛住在一出家門就有山有海的大城市。他很想念家人，也愛一幫死忠的法國朋友，但是他也很不想搬回家鄉。就連我公婆也心裡矛盾。

「你在這裡能做什麼？」我公公喬這麼問。「這村子這麼小。」

我試著跟他們說，那正是我想要的。我在大都市長大，因此很希望我的孩子能夠在悠閒的鄉村生活。我搞不懂菲利浦當初為何要離開。最後我們各退一步：試著住一年看看。我倆的雇主（大學往往會允許短期的請假）同意我們可以遠距辦公一年。我樂翻了。

我們在七月中抵達，正值布列塔尼短暫夏季的高峰。我們的新家是一棟俯瞰海灣的石砌房屋，離我們舉行婚禮的那座為當地漁夫建造的小禮拜堂（我們當時在垂懸自塑膠天花板的手工縱帆船複製品下方許下婚誓），只有幾分鐘的步行距離。

那屋子雖然只有五個房間（其中三間是臥房），但是遠離塵囂，素雅簡單，令人心曠神怡。我們只拎著兩只皮箱就來到法國；其他家當都存放在溫哥華的倉庫裡。如此輕便地抵達很合菲利浦的意，儘管他的感受仍然很複雜。可是我感受不到他的矛盾。司空見慣的一切活力盎然：夾在腋下的新鮮長棍麵包、鵝卵石街道、教堂鐘聲、陽光下的天井咖啡屋、在我們屋外石牆上蔓生的常春藤。當時是當地農家慶典季的高峰（由燒烤豬隻和給孩子玩的玉米田迷宮畫下句點）；我們在當地的鄉間晃蕩度日，不是上農場走走，就是到親人家裡坐坐。

我們的屋宅下方是海灘：壯美廣闊的平滑白沙綿延一哩寬，退潮時達半哩深，環以岩石峭壁和碧藍海水。我知道如此大量的白沙肯定是暴風掀起的波濤所致，我也很清楚布列塔尼以多雨聞名，但是在七月轉八月這時節，天氣大多溫和宜人。女兒們在沙灘上一玩就是好幾小時，我們則在一旁閱讀、閒蕩、打盹（我），或划船、衝浪和划獨木舟（菲利浦）。

好一個人間天堂！

漸漸地，我們開始和鄰居打照面。某個下雨的清晨，我瞥見窗外一個男人可疑地披著一只大型垃圾袋，他像是穿斗篷似的把一端戳破後套在身上，站在區隔彼此房子的灌木叢中，仔細地翻搜樹葉，把一些小到我無法辨識的東西放入他拿在手中的另一只大塑膠袋內。

「他在幹嘛？」我低聲問菲利浦。

「抓蝸牛。」他迅速往窗外看了一眼說。

「來吃？」我吃驚地問。

「如果妳人真的很好，他說不定會分妳一些！」我老公逗我說。

這鄰居隔天果真邀請我們到他家去挑揀他的收穫，但是我委婉地謝絕了（不過菲利浦倒是開開心心地過去吃了滿滿一盤大蒜烤蝸牛，兩小時之後回家來一臉的心滿意足）。

感謝老天，蝸牛先生（我都這麼稱呼他）不是我們唯一的訪客。事實上，川流不息的親友前來歡迎我們。菲利浦是他家族裡最早離開家鄉的人之一，他的很多親戚都沒有離開家鄉太遠。我婆婆和菲利浦的兩個姊妹（健談、時髦、盛氣凌人的女當家）住在距她們從小長大的小農村不到五哩的地方。他們通常成群（姑姑、阿姨、伯伯、叔叔、舅舅拖著堂表兄弟姊妹）前來，接管廚房好幾個鐘頭，烹煮家庭餐食，閒話家常，歡聲笑語繞梁不絕。

雖然我往往會敷衍地說要幫忙下廚，但通常是躲得遠遠的。我見過菲利浦的家人，發生了一次難忘的烹飪災難後，我廚房菜鳥的名聲很快傳了開來。當時我的小姑薇若妮卡剛認識她未來的先生

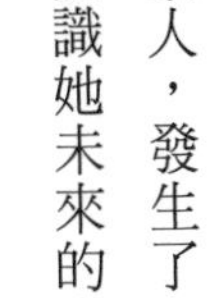

班諾，他們從巴黎來，打算把班諾介紹給家人。那是班諾第一次造訪，我和菲利浦先一步從英國搭渡輪過來。我們抵達時，我婆婆雅妮娜正為了張羅家庭聚餐忙進忙出。我大膽聲稱我可以做一個大蘋果派，連派餅皮都可以一手包辦，於是便洋洋得意捲起衣袖，真的做了一個看起來美美的蘋果派——只是派餅硬得切不開。等到卯足力氣切開來，餅皮卻裂成小碎片。我顯然想出了用麵粉製造水泥的方法。從此以後，我差不多可以說是被逐出廚房了，而我也樂得輕鬆。我願意洗碗善後，或者只管坐著享受笑語無盡的熱情交談。

聽著菲利浦的家人跟我女兒說話，我開始懂得法國人保留給娃兒的疼愛。這些疼愛的話語很多都是繞著食物打轉。我婆婆最愛叫我的女兒「我的小母雞」（對小男生則說「我的小公雞」），偶爾還會叫菲利浦「我的小甘藍菜」，令他窘到不行。我很快學會了這種親暱的表達，叫菲利浦「我的蘋果仁」逗他玩。我那一般說來感情比較含蓄的公公喬，會叫他孫女「我的小兔子」。沒錯，對法國人來說又是可食動物。

食物甚至是我女兒跟她們的表親學來的童謠的主題：〈你知道怎麼種甘藍菜嗎？〉（Savez-vous planter les choux）、〈麵包塗奶油姑娘〉（Dame tartine）、〈櫻桃季〉（Les temps des cerises），以及我最喜歡的一首〈喔，蝸牛〉（Oh l'escargot，關於蝸牛的一首歌，那二部合聲真是太美了）。食物顯然是法國家庭跟小孩子互動時很重要的一部分，在搬到法國前，我並未真的體會到食物在正式的法國教育裡所扮演的核心角色。

一切開始起變化，是從克萊兒在八月中開始上幼兒園之後。我們打算在蘇菲九月開學前先把克萊兒安頓好。可是她完全適應不來，尤其是吃飯這件事。克萊兒本來應該（跟所有法國小孩一樣）吃幼兒園裡某位職員在現場現煮的三道式午餐。可是克萊兒當時的飲食就像很多北美的學步娃兒一樣：大致上都是吃穀片（就她的情況來說，是奶油吐司和餅乾），輔之以大體上是象徵意味大過實質的經典蔬菜（胡蘿蔔和青豆），而她大多拒絕咀嚼這些蔬菜。這很正常，我心想。可是我很快就發現，幼兒園裡的老師可不這麼想。

這一切始於一碗甜菜根泥，也是我頭一遭碰到的飲食失禮失態。八月的最後一週，我們受邀參加幼兒園的懇親會：一個說明會，或者說我這麼以為，聯想到以前在溫哥華參加過的類似活動，活動上我們和公衛護理師討論洗手的衛生保健並且參觀相關設施。可是我料錯了。我們在下午四點半抵達時，不見任何護理師，也不見任何抗菌濕紙巾。微笑的工作人員以精緻的amuse-bouches（意指配雞尾酒的小點心，直譯過來是「取悅嘴巴」）迎接我們。在第一個托盤上，精巧的酥皮餅之上放著各色迷人的沾醬：亮粉紅色、淡綠色、乳白色。好有想像力，好法國唷，我心想。

洋芋片和熱狗的影像（北美幼兒園的標準食物）飛快掠過我腦際。我肚子餓了起來，這時已接近北美的晚餐時間（儘管我夫家不以為然，我還是蠻橫地堅持在下午五點半早早吃晚餐）。於是我熱切地拿了一片酥皮餅，同時用彆扭的法文向女主人道賀。這位端著托盤的女士眉頭皺了一下。我以為她沒聽懂，於是放慢速度把話又說了一遍。這下她眉頭皺得更緊了。我困惑地張望四周，才發現其他父母正盡職地把小點心餵給孩子吃……不是往自己嘴裡送。

如此精巧的小點心，不是給大人吃的。「那是給小孩子吃的。」我老公低語，解釋說做那些蔬菜泥

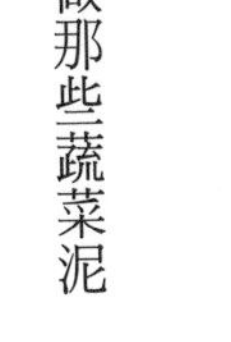

（甜菜根泥、青花菜泥、白花椰菜泥）是為了跟孩子介紹幼兒園的菜單。它們在法國傳統的 goûter 時間端上桌；goûter 一字粗略地翻譯是「點心」的意思，通常是指兒童的下午點心。大人應該要表現出自制的模樣，等到傳統的法國晚餐時段才進食，約七點半或八點。對法國人來說，這顯然是小孩子的點心時間，不是大人吃東西的時間。

我慚愧地擦掉手指上的餅屑，看著咧嘴笑的小娃兒們（當中有一些還沒長牙呢）津津有味地大口嚼著看起來很適合在高雅的雞尾酒派對上端出的點心。他們外顯的快樂模樣引來大人輕柔的讚賞。

與此同時，食物（孩子喜歡吃什麼，以及他們應該學著喜歡吃什麼）是我們在場父母交談的焦點。我後來發現，這一點也不稀奇。法國父母花大把時間談論食物，有關孩子飲食習慣的話題也不會漏掉。但是這些討論不是出於焦慮，不似北美父母往往是憂心忡忡地談這些事。相反地，法國父母談的是他們對食物的熱愛：交換食譜，分享慣例。譬如說，有一小群人圍著某位爸爸，他正在說明他想出的一個新方法，可以讓孩子吃朝鮮薊心（當地的珍貴蔬菜）。

可是我沒辦法專心聽周遭的談話。我焦慮地把注意力放在克萊兒身上，她剛受邀嘗嘗那些酥皮餅。知道她通常會咬牙切齒地迎接蔬菜，我把餅沾了些我認為最有吸引力的顏色——粉紅色。

看到她嘗了一口酥皮餅並咧嘴笑，我不禁鬆了一口氣，怎料她咬到甜菜根泥時竟馬上吐掉。托盤被淡定地撤走。移走之際，我聽到：「別擔心，她會學會喜歡吃它的。」不到兩個星期，她果真學會了。

在那當時，我了解到那是我女兒接受法國教育的起點。後來回想，我才明白對我而言也是如此。

在克萊兒的幼兒園，令我吃驚的另一件事，是孩子進餐時的整潔度。我發現，這一點其實是法國小孩要培養的頭幾個飲食習慣之一。看見十六個小娃兒使用餐具整潔地進食，而且吃完中餐後一身乾乾淨淨的模樣真是叫我訝異。孩子們純然就是不被允許把玩食物。小手指頭若是伸進碗裡會被溫和但堅定地移開。不配合的話（這情況很少見）會招來溫和但堅定的反應：餐盤會被撤走。傳達的訊息很清楚：如果不能吃得得體（也就是說吃得整潔，連小娃兒也不例外），那麼乾脆不要吃。相較之下，我們大女兒吃飯的情況對比鮮明：當她還是寶寶時，她會把食物抹得到處都是，不管是兒童高腳椅、地板還是牆上，甚至她的頭髮。當時，我也由著她；我總認為，我婆婆堅持說就連小娃兒也可以吃得很整潔，純粹就是不講理。畢竟我的育兒書裡說，小孩子會想拿食物來玩，而我的責任是別阻擋孩子把玩並在事後收拾那一片狼藉。可是現在看過法國幼兒園的運作之後，我突然發覺我婆婆也許是對的：每次餵完大女兒吃飯後那十分鐘的清理工作很可能是不必要的。

出於好奇，我決定跟進。在家吃飯時，我下定決心不准克萊兒用手指頭（除非是顯然要用手拿的食物），而且要教會她如何擺放器皿和維持良好坐姿，好讓食物碎屑或滴淌的流質落入她的餐盤內。她手邊隨時有一條餐巾（我們總是用濕紙巾）可以擦掉潑灑出來的食物。每當她吃得很整潔，我們便讚美她。結果奏效了。儘管相差三歲，克萊兒吃飯時一直比她姊姊整潔。

這使得克萊兒在適應法國生活上更輕鬆，因為就法國人看來，把玩食物壓根是很奇怪的事。「On

ne joue pas avec la nourriture!」一語道破：「我們（法國人）不會拿食物來玩。」這個句子比英文裡相應的句子要強硬得多。我們說的「不要拿食物來玩」在法國人耳裡聽來很薄弱。確實，法國父母把國家認同和尊重食物的行為畫上等號，而且以不容有異議的態度對孩子們聲明這一點。孩子在這樣的信念裡長大：「不管在任何情況下，有良好教養的人都不會拿食物來玩。」他們從沒看過有人那麼做，所以不會去質疑這一點。

最重要的是，法國小孩學會不把食物當獎賞看待。我是吃了苦頭才學會這一點。我們搬到法國後不久，有天我在當地蔬果店結帳櫃檯前排隊等著付帳。我才給女兒一塊餅乾，稱讚她剛才在店裡的表現很乖，收銀員立刻大聲對我說：「妳這樣會把她的胃口搞壞！」

陷在隊伍裡，女兒臉上的餅乾屑顯現我在食物上的犯行罪證確鑿，我畏縮了起來。我看見的是女兒表現良好，其他人卻看見**我**表現差勁。「拿食物來獎賞妳女兒會害她發胖，」另一個一臉同樣嚴峻的媽媽說。其他排在隊伍裡同樣神情嚴峻的媽媽們無不點頭認同。之後我奔向車子，一路飆車回家，並且把女兒的小點心全數扔進垃圾桶（嗯，除了我包包裡為了預防萬一的那一盒）。那晚稍後，我把小點心從垃圾桶裡找回來。沒有這些小點心，下回我該怎麼辦？

「超市事件」（我這麼稱呼它）激發我進行一些嚴肅的思考。從法國人的觀點來看，我在飲食方面多番失態。由此，我總結出第二條飲食準則：

法國飲食準則第2條：避免情緒性飲食。
食物不是用以安撫的東西，不是用以消遣的東西，
不是玩具，不是誘餌，不是獎賞，也不是紀律的替代品。

對法國人來說，這條規則明顯到甚至無需言說。可是對我來說，這條規則很難理解，至少一開始是如此。要接受這項規則，我必須先揚棄一個（在北美很普遍的）信念：用食物來達成與解決飢餓或補充營養全然無關的目的是很正常的。

食物是安撫物：當小孩不耐煩、疲倦、哭鬧，或者我們需要幾分鐘的清靜來講電話，我們會給孩子東西吃。這是滑坡謬誤（注：slippery slope，一種邏輯謬誤，由一連串不合理的因果關係，不斷錯誤推論而產生某個結論）。孩子（包括我的孩子在內）很快就學會哭鬧是有效的。對忙碌或心不在焉的父母來說，這會導致幾近是巴夫洛夫式反應（Pavlovian response）：孩子哭鬧＝有東西可吃。屢試不爽。這種情形往往發生在我們在趕時間或已經遲到的時候。這樣做的危險在於它形成一個循環，在這循環裡，點心變成孩子吃的食物之大宗，這麼一來他們沒什麼胃口吃正餐裡更營養的食物。

對很多父母來說，吃也是很受歡迎的消遣：當孩子無所事事或感到無聊，不管他們餓不餓，我們會打開廚櫃找東西吃。「我們何不做些餅乾來吃？」我會這麼跟女兒說。「或做個蛋糕來吃？」就某個

層面來說，這麼做似乎無傷大雅，甚至具有教育意義：用量杯教體積的概念，或用筷子練習手部操作的靈巧度。然而，法國人覺得隨意給零食吃（就算是拿學算術當藉口），會鼓勵衝動性飲食的習慣，這習慣一旦養成日後就很難打破。他們喜歡邀請孩子進廚房烹煮東西（甚至會為孩子舉辦特殊的烹飪營隊），但是他們會確保這些活動都是根據預定的正餐時間來規畫。

在北美，食物有時也用來當成紀律的替代品。父母拿不准吃飯當作處罰，拿不准吃飯來脅迫孩子有良好的表現：「別捉弄你妹妹，不然你今天晚上就餓肚子上床！」或者反過來，用食物來賄賂。「你現在聽話的話，等一下有冰淇淋吃喔！」最糟的是拿食物當獎賞。蘇菲的一位幼兒園老師以前常用糖果來犒賞行為表現良好的孩子。法國的父母通常不會利用食物作為處罰（或獎賞）的工具，他們認為這樣做會讓食物背負著情緒的包袱，使得孩子們日後會藉由吃食來處理（或隱藏）自己的情緒。就他們看來（得到美國和法國的研究支持），這樣會帶來很多負面後果——大大破壞孩子調節飲食習性的能力，增加飲食失調的風險。

說不定北美父母和法國父母之間最大的差異，在於看待把玩食物一事的態度。生了蘇菲之後，我讀的育兒書鼓勵我允許她拿食物來玩耍——讓她用手摸、拿起來舔，或甚至拿起來丟。我耐心地在她的高腳椅上及其四周覆蓋幾張大型塑膠紙，放任她隨意去玩（這做法讓我婆家深信我是個不負責任的媽媽）。

事實上，我們認識的很多幼兒都會拿食物來玩。搬到法國前，蘇菲的幼兒園老師就常帶孩子玩「農家庭院」的遊戲。他們會高高興興地打開一盒圈圈穀餅，將穀餅撒在地板上，跟幼兒們開開心心地遊戲，假裝是小雞似的咯咯叫，俯身低頭直接從地板啄起圈圈穀餅。對法國人來說，這類行為是難以理解的，他們甚至不會**坐**在地上吃東西（因為知道他們會有什麼樣的反應，所以我沒有跟任何法國人說起這件事。他們肯定無法理解，儘管那些老師都是很有愛心的人）。

因此，觀察到法國飲食準則二對我而言是一個挑戰：剛到法國時，我用食物當獎賞、誘餌、玩具、轉移注意力的東西，以及紀律的替代品。在法國人眼裡，問題在於我在教孩子利用食物來回應情緒的需求，而這種做法根本沒什麼或毫無營養根據。孩子感到無聊，就去吃東西，當他們感到疲倦，也吃東西，感到難過，也是吃。法國孩子想都沒想過要這麼做。他們天生就不會這樣做。法國孩子跟他們的爸媽一樣，很少為了心理學家或營養學家所謂的「沒營養」的理由吃東西。相反地，他們對食物懷著一種深刻的敬重態度。

這種敬重的態度是從孩子還很小的時候就開始教起，有時在最古怪（至少在我看來）的地方教。我和菲利浦快結婚時，我頭一次上高級餐廳，當時對那裡的崇敬氣氛大感訝異。人們交談時輕聲細語，每一道菜端上桌時，我們總是靜靜地品嘗著新滋味和口感良久。室內擺設也反映了該場合的莊重正式：一排排沉甸甸的銀餐具擺放在紅絲絨製、看來像名貴地毯的豪華桌巾上。尊重的沉默甚至招來在我看來有點荒唐可笑的儀式——譬如說，用一具樣子頗嚇人的銀製 ramasse-miettes（直譯過來是「碎屑撿拾器」，看起來像是連著小小吸塵器的工具，侍者會定期讓它在桌面上滾動），設想周到地清掃桌上的麵包屑。

那裡的食物很棒：一道接著一道逗趣、奢華、令人驚豔的滋味。那晚最讓人驚訝的（至少是最令

我驚訝的），是我們隔桌那個坐在兒童高腳椅上的娃兒。整個進餐過程中，他有耐心地坐著，雙眼呆滯無神，直到垂下頭迅速睡著，而他的父母則不受干擾地繼續用餐。他們不慌不忙地吃完甜點，比我們早幾分鐘結束晚餐，而當時已經接近午夜。離開之際，他們的兒子被毫不客氣地喚醒。他把大拇指塞進嘴裡，平靜地被抱出餐廳，沒發出半點聲音。所有人泰然自若（換作我的孩子的話，肯定會哭鬧到把屋頂給掀了的地步）。

如今看來，那情景已經沒那麼叫我吃驚。法國小孩很小就接觸精緻餐食，而且知道他們的父母期待他們在這些場合裡以莊敬的態度來應對。他們把莊敬的態度帶到每天的每一餐，使得用餐稍微有點虛禮客套的感覺。法國人從來不會在沒鋪桌巾的餐桌上用餐。他們甚至有擺設餐桌的專門用語：dresser la table（也用 habiller 一字，法文常用字，意指穿衣打扮）。

將餐桌「穿衣打扮」的想像，可能會逗得我的兩個女兒咯咯笑。不過它確實是法國人如何看待餐桌的貼切描述。他們透過為餐桌罩上得體的衣衫，以迎接每天最重要的時刻，來彰顯餐桌以及自己的重要性。擺設餐桌是一項儀式，表達了法國飲食的禮節和美感的面向，其核心是深信著飲食最能聯絡感情，而且它就應當是圍繞著餐桌來進行。不管是我婆家那些務農的鄰居，或是菲利浦的大學朋友都這麼深信著：人人把餐桌「穿上」（最起碼）一條桌巾，把飲食變成一個儀式，而非僅僅是身體在消耗食物。

如此地準備餐桌迎接食物可能有點過時老派，可是在小孩子身上卻起了奇妙的作用。他們的反應好似看見某個衣冠楚楚的陌生人在大門口現身，使得他們必須馬上拿出最好的表現。這個作用在關於法國人**如何**飲食的準則裡被凸顯出來。法國人從來不站著吃東西，或坐在車裡吃，或邊走邊吃。事實上，他們在餐桌上吃，除此之外不會在別的地方吃。而且只有在**所有人**都坐到桌邊時，食物才會被端上桌。大多數法國兒童一聽到「吃飯了！」，就會往餐桌跑。人人等著其他所有人就座，等著聽到開動前儀式性的那句「願你胃口大開！」。小孩子幾乎總會跟父母一起用餐，所以他們很早就學到這些習慣。

因此吃食（縱使是平常的每一餐）被當成重要活動來對待。而且最重要的是，它是個聯誼活動。如果找得到人一起用餐的話，法國人從來不獨自用餐（不管在家或上班）。而且法國食物都很美味，所以用餐是會讓人期待的事。

法國食物（即使是最簡單的食物）嘗起來真的都很棒。我還記得克萊兒在法國第一次吃到優格時的反應。我們是在當地超市買的，所以就法國標準來說，是再平常不過的東西。可是對克萊兒來說，這經驗太特別了。她的優格裝盛在小巧的赭色天然陶罐裡，覆蓋著抓皺的金色包裝紙，包裝紙上還刻著雷諾瓦著名的擠奶女工的浮雕複製圖，看起來就像個迷人的聖誕禮物。她剝開包裝紙，手抓著湯匙，便往罐子裡舀，吃了第一口後，她睜大了眼，接著熱切地埋頭猛挖，直到罐子裡的每一滴優格被刮乾淨為止。滑順濃郁，香氣撲鼻，一點苦味也沒有。法國優格就是好吃。你在法國找到的食物大多都是如此。所以，想像一下法國小孩對食物會有什麼感覺。食物好吃極了，吃食是某種重要活動，又可以聯絡感情，所以很有趣。餐桌是爸媽和孩子一起放鬆的地方，也是他們不僅是珍惜食物，也是珍惜彼此的地方。這使得孩子足堪忍受嚴格的飲食教育。

而且飲食教育可不是大多數法國父母視為可有可無的那種事。因為飲食是法國文化的核心，法國小孩要想融入這個文化，就得學會**如何**按照法國的方式來飲食。法國小孩學會飲食準則的重要性，就如同美國小孩學會開車。這是一種成年禮，也是成功踏入社會的先決條件。因此，食物變成我們打入鄉村生活的入場券，也就不令人訝異。

我們剛來時，我會開半小時車到最近大城鎮的超市去採購蔬果和雜貨，而推著推車沿著一排排走道逛這個熟悉的動作讓我感到自在。只是走道空蕩蕩的，超市感覺起來隱約有種冷漠和寂寥。所以兩個星期之後，我開始老老實實地上村裡的市場買菜，那市場每星期開張兩天，就在村子中央教堂前的鵝卵石廣場上。

首先我得克服我對上菜市場買菜的抗拒。我的第一印象是，為了張羅一家子的伙食上市場是超級沒效率的方式。然而，我婆婆卻一概在市場採買所有食物。她上市場的標準路線包括蔬菜攤、水果攤、乳酪攤、烘焙店、魚貨攤、肉鋪以及蜂蜜攤（沒錯，有個專賣蜂蜜的攤子）。她平均花三到五分鐘時間分別光顧這七、八個不同的攤位。每到一個攤位，攤販都會歡喜地招呼每個顧客，細心挑選產品，仔細包裝，慢慢數出零錢。排隊等候時我會感到不耐甚而不悅，很想上網找溫哥華的網路蔬果商直接把所有東西快遞到我們家。

一開始我也對上市場買菜的不便很是抱怨。要買齊一家四口一星期的伙食，意謂著要吃力地提著沉重的草籃（超市也用這種草籃，因為法國超市禁用塑膠袋）。攤位多到占據了巷弄街道，車輛被禁止進入村子中心，直到市場在中午左右收攤（好讓大家可以回家吃兩小時的午餐〔這是一定要的〕）。

這意謂著要走很長的路才能回到家。起初，我費力提著裝滿的草籃，氣喘吁吁地走回山坡上的家——看見頭髮花白的老奶奶們駕著福斯Caddy輕快地從我身邊經過，我總感到有點不好意思。不過提籃子提供了些許的運動，這是我迫切需要的：法國女人很少健身（顯然上市場提蔬果食材已經夠她們舒活筋骨了，再說方圓二十哩內也沒有健身房。而且我婆婆教我像法國人一樣，每次買少一點，上市場的次數多一些。我最後因為受不了，買了色彩活潑、有蘇格蘭格底紋的Caddy，只是這圖樣似乎和周遭格格不入，直到我公公指出布列塔尼事實上住的是塞爾特人，當年是為了逃離入侵的英國盎格魯薩克遜人才來到這裡落腳（這讓我對法國人為何討厭「盎格魯薩克遜人」有了新的體悟，而我顯然屬於這一類人，而且德國人、英國人、美國人、加拿大人，甚至澳大利亞人通常也都包含在內）。

上市場買菜還有一個好處。這樣買來的食材更新鮮，我婆婆解釋說，因為食材可以很精準地在最佳的時刻被買走。這使得原本是最令我挫敗的例行公事之一轉變為我的最愛：觀看賣果菜的攤販問顧客「什麼時候要吃的？」，顧客不止要明確說出哪一天，還得說出是哪一餐：「明天中午！」或「星期六晚餐！」接著攤販會不嫌麻煩地在酪梨堆（或香瓜、或番茄、或鳳梨，或任何東西）裡翻搜（顧客不被允許動手觸摸產品），直到找到最剛好的那一顆。為何攤攤大排長龍的原因漸漸變得很明顯。假使每一餐都要這麼用心規畫，每一樣都要這麼用心挑，也難怪全都要花上那麼久的時間。

然而，人們願意一而再地排著長長隊伍等候還有另一個原因：這是村裡的社交生活核心。村民不會到當地的咖啡廳裡閒話家常（我碰了幾次釘子之後才發現的）。所有商家都沒有椅子讓人歇腳。這村子小到連圖書館都沒有。事實上，這村子裡除了教堂前的一方廣場之外，幾乎沒有公共空間，而早市

收攤後那廣場就用來當停車場。

我剛到的頭幾個星期常常在想，村民都在哪裡社交聯誼？我發現，在市場裡排隊（迅速地把從這一攤逛到下一攤的人們重新編排起來）提供了一般而言含蓄寡言的布列塔尼人彼此說笑閒聊的僅有機會之一。假使人們趕時間，他們會早點來（趕在人潮之前），在幾分鐘之內把採買搞定。如果他們想聯絡感情，就會晚點來。

到了夏天尾聲，我越來越晚上市場，因為我從和市場裡的人攀談當中學到很多。交談往往繞著眼前的食物打轉。這禮拜的蒜苗如何？上禮拜的小蘿蔔如何？這一季的在地鯖魚怎麼那麼小？每週上市場兩次讓我逐漸認識到當地的食物文化。我從不知道一個區域之內竟有如此之多形形色色的食物。我接觸到大量的新滋味：牡蠣（我終於願意吃它，很大程度上是為了得到我公公的認可）、貽貝（很快變成我的最愛，簡單地用白酒和些許歐芹烹煮即可），以及布列塔尼有名的蘋果酒。

漸漸地我學會，詢問食物是與人攀談很好的切入點。我發現最好的起頭方式是天真地問：你都怎麼煮這種菜？（或者說，我實在很不想承認，真正的疑問是：這是什麼菜？）然後你會聽到此起彼落的回答，有的提供食譜，有的爭辯烹煮的時間，有的建議你用什麼香料。場面熱絡起來後，我們就會扯到其他話題。

當地的漁夫是我最先交到的朋友之一。早市八點半開始之際，在近海漁船出海並在日出前靠岸這期間，他已經工作了好幾個鐘頭。可是他精力無窮，而且超喜歡小孩子。他會微笑著說「很新鮮的咧」，仔細地在我們面前片下新鮮魚肉。

排隊的每個人都會注意聽我怎麼回答他對「美國」生活（英屬加拿大人登陸後一概被視為美國人，不管他們喜不喜歡）的微微好奇。九月就快到了，我問他關於當地學校的問題（他的孩子就念當地學校），以及蘇菲會上哪裡就讀。蘇菲專心聽著他說的每個字，他快活地回答並附上鼓舞的微笑。而且不管我怎麼堅持，只要是挑來給女兒們吃的魚，他一概不收錢。他對當地人都這樣，對湧進這市場的觀光客則不然，當我知道這是一種接納的表示後，真的感到很榮幸。

上市場對女兒們也是一種教育。起初，只要我帶著她們上市場，就會避開「髒亂」的攤位。肉鋪（掛著豬頭和毛茸茸的無頭兔子）就是禁區，魚鋪（只要顧客要求，魚就會被斬頭、掏出內臟並刮掉鱗片的地方）也會令我緊張。所以要上這些攤子採買時，我通常會把她們托給我公公，他會帶她們到廣場周圍散步。

但是沒多久，我公公就對我的過分小心感到不耐。有天他抱著克萊兒去到了魚攤前。她睜大了眼睛，舉起胖胖的手指，指向某個特別大的樣品。

「魚！」她尖聲以法文說道。

「切！切！切！」她繼續說，把手側向一邊，在空中比畫著切開的動作。她吸引了排隊的每個人的目光。

「好吃！好吃！」她嚴肅地下結論，在一片認可的輕笑聲中，將手指比向她的嘴巴。

我女兒已經知道，甚至比我還清楚，怎麼在法國交朋友，並讓人印象深刻。

3

教育孩子的胃口

我們開始學著「吃得像法國人」（吃苦）

可人兒啊，可人兒
多麼甜美，
如果妳要麵包，
就有麵包。
如果妳不吃，
就等著挨打！

——法國傳統童謠

到了九月初，我們都期待著學年開始。沒有人比蘇菲更急切地等著開學，她非常想認識同年齡的孩子。因此開學第一天，我們一早歡歡喜喜地抵達。蘇菲抓著我的手走著，我婆婆跟在後頭，菲利浦和克萊兒壓隊，克萊兒穿著和她姊姊同色系的衣服（很造作，但我就是忍不住想這樣）。我婆婆向我指出，法國學童，即便是鄉下小地方的學童，也比美國學童穿得要體面得多——因此蘇菲幾天前得到了一套新衣服。她穿著淡灰玫瑰色的連身裙和灰褐色的褲襪，看起來很可愛。我判斷大地色調（很受法國父母歡迎的選擇）對我的孩子來說是最不會出錯的色澤（儘管很多法國孩子穿純白色的衣服，而且很不可思議地保持潔白無垢）。

蘇菲和我之前首度進行了一趟母女逛街買衣服之旅。開車回家路上，我跟她保證說，她這一年（她第一次上全天課）將會過得很棒。我腦海深處有個想像：熱切的鄉村學童會對美國小孩很好奇，爭相要跟這個新來的女生做朋友。但是我忘了小孩子的本性，也不知道小地方的特性（我這輩子都住在大城市裡）。我很快就發現：如果你不曉得規則，你就是村子裡的傻瓜。我即將發現，我女兒不懂規則，而且，顯然我也不懂。

我感到困擾的頭一個跡象，是張貼在學校大門上的一小張白紙，上面的內容我看得一頭霧水。它標示著當天日期，看起來像一份清單，寫著很多我看不懂的生字。不過我會認星期幾。也許是課後活動表。

「並不是！」我老公大笑說：「這是菜單。」

我又看了一眼，發現他是對的。在那張紙的右方，列著星期幾的字樣。星期三空白，我想到這很

正常：法國小孩每週上四天課，星期三保留給體育活動及其他課外活動。最上方的橫列列著法國餐食標準的四個部分：前菜、主菜、沙拉和乳酪、甜點。其餘的我就看不懂了。

	星期一	星期二	星期三	星期四	星期五
前菜	菊苣沙拉佐艾曼托起司及酥脆麵包丁	鄉村肉派佐酸黃瓜	停課	小蘿蔔加海鹽	波隆納式甜菜根沙拉
主菜	阿拉斯加狗鱈佐鍋煎有機馬鈴薯	嫩煎牛肉佐祖母醬和多菲內焗烤馬鈴薯		普羅旺斯鹹派	烤火雞肉佐嫩扁豆
沙拉和乳酪	藍乳酪	湯米高山乳酪		艾登乳酪	純山羊奶乳酪
甜點	原味優格，杏桃浸蜂糖漿	新鮮水果百匯		巧克力閃電泡芙	糖漬有機洋梨

我老公耐心地解釋說，這張單子列的是學童這一週在學校cantine（食堂）裡吃的午餐。餐食的設計以可口、健康和多變化為考量，而且也很便宜，平均一餐三法郎，來自低收入家庭的孩子付的費用更低（我們這間學校的最低餐費為一餐一法郎）。學校每個入口的門上都張貼著這份菜單，好讓家長（和學童）知道午餐的內容。

cantine是法國機構很普遍的設置——不僅小學到高中有，很多政府機關和私人企業也有。這個字不容易翻譯。英文裡最近似的字是cafeteria（自助式餐廳），只是這字眼會讓人錯誤地聯想到我們高中裡常有的那種提供濕濕的披薩和售價過高的炸薯條的學生餐廳。要了解這法國學校食堂，最貼切的想像是，你高中的學生餐廳由接受藍帶學校訓練的廚師掌廚，由營養師督導，由媽媽型的服務生（她們會很樂意幫你切肉，如果你切不來的話）端到你餐桌上。正式用語「restaurant scolaire」（校園餐廳）貼切地一語概括。

菲利浦和我婆婆瀏覽菜單，指著她們愛吃的菜開心地咯咯笑。但這菜單令我感到荒唐。甜菜根？鮮魚？這聽起來像米其林星級餐廳端出來的菜，不是五歲大的娃兒吃的食物，也**肯定**不是我五歲大的女兒吃的。

「唔，」我猶豫地說，「好像少寫了什麼。怎麼每天只有一種菜色，沒別的可選。」我想起家鄉的學校自助式飯廳，學生總有得選擇，雖然從營養的觀點來看，不管選什麼往往都不免讓人感到可疑：譬如說，草莓牛奶或巧克力牛奶，披薩或熱狗。

「沒錯，人人吃相同的東西！」我老公說。我已經學會，每當「沒錯」（bien sur）一詞出現，通常暗示著，我在不知不覺中出漏子，觸犯了對法國人來說顯然習而不察的某些社會成規。

「如果孩子不想吃當天的飯菜怎麼辦？」我問。這個問題引來帶孩子上學正進入校門的家長的奇怪目光。

「他們就餓肚子吧！」我婆婆說，神情不耐。

我腦中浮現《Tra la lire》（最受法國學齡前兒童喜愛的一份雜誌）上的一則故事。在〈說「不要」的

一天〉（La journée du NON！）這故事裡，無禮的小麥可說「不要」說了一整天。穿衣時他說「不要」，結果穿睡衣上學。在學校食堂吃午餐（小蘿蔔、香腸、薯泥、和冰淇淋）時說「不要」，結果餓肚子餓了一下午。麥可感到難過，但是其他小朋友（他們把午餐吃光光）並不同情他，他的爸媽也一樣。我第一次讀到這個故事時很不以為然，覺得它既殘忍又不可思議。而今我帶著一種不安的感覺理解到，法國人不是這樣看的。

「可是這太荒謬了，」我生氣地頂撞道：「蘇菲中午喜歡吃義大利麵，她會挨餓的！」這是事實。儘管我用盡所有辦法，蘇菲除了義大利麵之外就是什麼都不吃，而且只能用同一種方式烹煮：用橄欖油（絕**不能**用奶油）而且要撒上大量的帕瑪森乳酪。當地的商家沒賣帕瑪森乳酪，這事實也嚇阻不了我在法國繼續做蘇菲最愛吃的餐點。我還滿自豪自己有辦法施展魅力，讓一開始板著臉的食品雜貨商幫我特別訂購「蘇菲的乳酪」。

「上學就是要學習很多事，包括學著把放到你眼前的食物吃下肚。」我婆婆回答（我告訴自己：下回學校開學，絕不邀婆婆一起來）。我被逼到了牆腳。問題是我和老公都同意，蘇菲應該在學校吃午餐。這想法最先是我婆婆提的。「飲食是法國文化的核心。」我們一抵達她就這麼說：「蘇菲如果不在學校食堂吃午餐的話，就會交不到朋友。」所以我們為她登記每天的午餐。在當時，這聽起來是個好主意。我們事先跟蘇菲談過學校食堂，而且演練過：想想妳在那裡和新朋友一起吃飯有多麼好玩！如今我的想法不同，但後悔也來不及了。

我們順著走廊走到蘇菲的教室，她的級任老師站在門口歡迎學生。那裡排了長長的隊伍，前進的速度很慢。當我們排到前頭，我才知道原因。我們看著每一個孩子熱切地走向老師，讓老師親吻雙頰。有些家長也會親吻老師，有些和她握手。寒暄之中夾帶著一些和暑假有關的打趣說笑。幾分鐘之後，學童都進到教室裡，家長們則優雅地退出來。

這在法國不是罕見的景象。Se faire la bise翻譯過來就是「給一個吻」，但所謂的bise（吻頰）真正說來比較像是彼此的臉頰輕輕地擦刷，嘴唇朝著對方耳朵（但也不能太靠近）向周遭的空氣送出含糊的親吻動作。我一直很難適應這件事，因為我是在把臉看得跟臀部一樣私密的文化裡長大的：只有很親密的家人才有權利碰觸臉。既然在法國人人一見面就要給一個吻，我想我最好還是趕快適應它。

吻頰讓我緊張的原因還有一個：不可預料。在法國，人們見面時也可能握手致意，而非互吻臉頰。男人有時會互吻臉頰，有時不會。在某些場合裡，我理當要親吻頭一次見面的人（大多是親人），但是見到其他人（即便是經常見面的人）我從沒握個手就過關的。在法國的某些地區，人們只互吻個一、兩次，但在其他地區，可能要互吻三次或甚至四次。有時候左臉先，有時候右臉先。這一切都必須在瞬間就決定，根據你和對方是什麼關係、見面的場合、對方的性別，你當時跟誰在一起，雙方有多麼倉促匆忙，以及關於社會地位高低的直覺等複雜的盤算。我從沒真的悟出這之中的道理。

我只知道你可能會把吻搞砸。我老公就因此出糗過。我們認識不久後，便一起飛回我家見我的親人。約翰舅舅來機場接我們。在入境大廳，菲利浦在一群人之中做了法國人很自然會做的事——對著約翰舅舅的雙頰送出大大的吻。舅舅當場愣住，菲利浦立即會錯意。「喔，」我未來的老公笑說：「你們加拿大一定要給三個吻！」菲利浦上前要送出另一個吻，約翰舅舅不巧低下了頭，結果兩人演變成

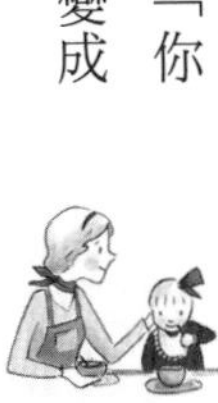

嘴對嘴的擁抱。

他們後來盡釋前嫌，所以我們結婚時就是由約翰舅舅把我帶到菲利浦身邊。可是吻頰仍舊令我緊張。也令蘇菲緊張；即使是對親人，她也止步不前，儘管她知道拒絕這麼做對對方是極大的羞辱。當她見到向她走來的級任老師，蘇菲開始不安起來。「早安！」老師微笑說。蘇菲放開我的手，抱著自己的頭，溜進教室裡，千真萬確。老師皺了皺眉。當下顯然不是提起午餐問題的時機。我擔心了一整天，真是好漫長的一天。法國小學的上課時間是從早上八點半到下午四點半（很多學童下課後還會參加「自習課」直到六點半或七點）。蘇菲的同學應該很習慣這個作息，因為這是他們上學的第三年（法國小孩從兩歲半就接受半天的正式學校教育，三歲開始上全天課）。他們是食堂的老兵，可蘇菲絕對不是。

蘇菲走出教室時的神情說明了一切。她衝入我懷裡，嚎啕大哭。當她鎮定下來，我聽她說明狀況。她整天都沒吃東西。午餐難以入口（以她的標準來說）。不像幼兒園，早上和下午也都沒有點心吃。而且沒人准她喝水，連她舉手要求也不給。

我憤怒極了。我讓她早早就寢，決定明天一早要帶著飯盒、水壺到學校去，跟她的老師嚴正理論。我仔細地斟酌話要怎麼說。「蘇菲在適應新文化的過程中遇到的困難夠多了。在家裡小孩子想喝水隨時可以喝水，即便在家鄉上課時也一樣。能不能通融一下，讓她帶便當上學，直到她適應學校的餐點？」

留菲利浦在家幫蘇菲打理上學，我提早半小時出門直奔學校，為了有機會跟級任老師談一談。可是老師不為所動。往蘇菲的便當懷疑地瞄了一眼之後，她冷淡地說：「我得從班級整體來考量。我們不接受從家裡帶便當的特殊待遇，或是對某個學生特別通融。」我還沒來得及阻止自己，便聽到自己不假思索地衝口說出自己的擔憂。她是不是因為吃得和其他孩子不一樣，還是吃東西不夠大膽，所以受歧視？這對她的人際關係難道不會有影響？如果她一直又餓又渴，她怎麼吸收課堂上教的東西？見我憂心忡忡的模樣，老師的態度軟化下來。「妳回去之前，來看看我們的食堂吧。」她邀請道。

我們的第一站是廚房，廚師已經開始工作了。他用一根比我還高的長柄杓，踮著腳尖攪動鍋子裡的洋蔥，那一大鍋看來讓蘇菲一整班吃綽綽有餘。他自豪地告訴我，餐食全是現場現做的，並指著羅列在砧板上的各色蔬菜。他盡量買當地的食材。然後他補充說，政府計畫明令從二〇一二年起，百分之二十的食材必須是有機的。好的食物，他說，不是要花大把錢才有；食物可以簡單、便宜又可口。我試著恰當地表現出很感動的樣子。

我後來才知道，不是每個學校食堂都有幸擁有自己的廚師。為了刪減開銷，很多學校把午餐外包給外燴公司製作，可能的話就使用事先準備好、包裝好的食材。事實上，在我參觀學校廚房後不久，有一份研究報告出爐，指出法國學校食堂有高達半數沒有遵照教育部的嚴格規定。法國家長們無不火冒三丈。有位名叫李尼亞克（Cyril Lignac）的知名廚師甚至在電視上開了個食堂實境秀，對全法國的學童扮演「食物救星」的角色，很像傑米．奧利佛的食物改革（注：Jamie Oliver，英國知名主廚，曾在英國成功掀起營養午餐健康改革）。但話說回來，就算是最糟糕的法國學校食堂餐食，大概也比北美大多數學校自助式餐廳的一般食物要好。

要了解學校廚師所扮演的重要角色，了解法國人認為午餐應該是每一天最重要、最豐盛一餐這一點很關鍵——因為午餐占了兒童每天攝取的卡路里總量的百分之四十。由於法國學校裡禁止設置販賣機，所以校內除了食堂之外，沒有其他地方能取得食物。絕大多數的學生都在學校用餐，他們也不准自行帶便當（除非有嚴重的食物過敏）。所以學校食堂是法國六百萬名學童每天吃午餐的地方。在蘇菲的學校裡，廚師是食堂裡發號施令的總管，他經常定期在午餐時間巡視孩子們用餐的情形，詢問孩子們對於菜色的想法（蘇菲後來告訴我，他有時甚至會拿著大杓揮向不想吃東西的孩子）。即使對這一切毫無所悉，也看得出來學校廚師對他的工作相當自豪。

謝過他後，我們來到用餐區。老師驕傲地指著布製餐巾和桌巾（對鄉村的小學校來說是一筆可觀的開銷）說明道，孩子用餐時有專門人員在場督導（矯正孩子的用餐禮儀，做法有時不會太溫和），老師們則在另外的房間吃午餐。瓷盤和兒童用的餐具擺在桌上，排得整齊畫一，宛如迷你版的軍官食堂。我不禁感到驚訝。她跟我保證，這是法國學校的標準做法。

老師說，秩序很重要，因為（根據政府的法令）學童用餐的時間至少要有三十分鐘。我想起我在家鄉認識的那些年齡較大的孩子，只分得十分鐘的時間坐在自己的課桌椅上狼吞虎嚥地吃冷三明治，但我什麼也沒說。這老師怎麼可能會懂？

老師繼續說，在法國學校裡，用餐時間意在讓學生進行聯誼，領略新食物的樂趣，並且在放鬆的環境裡去發掘新食物。力求孩童飲食多樣多變的同時，讓孩子吃相同的東西也很重要。在學校裡，在同儕的影響下，孩子會嘗試去吃他們在家裡不屑一顧的食物（同儕誘發的行為改變也獲得美國研究的支持）。事實上，法國的飲食教育可說是由同儕壓力所完美驅動的飲食多元計畫。幾百名學童在場，在眾目睽睽之下，**你**還會把你的食物搞得亂七八糟嗎？

我們沿著走廊走向大門口時，蘇菲的級任老師又說，老師們也在學童的飲食教育裡扮演積極的角色。他們有三個主要目標。首先是提供孩子營養食物來維護孩子健康，好讓他們有好的學業表現。其次是教育孩子：培養他們味覺體驗，教導他們食物衛生及營養的基本概念，同時打開他們的心胸，把食物看成文化、藝術和國家的遺產。第三個目標是訓練他們的飲食習慣，建立健康的常規，讓他們了解在何時、何地、如何、為何吃，以及吃什麼。

就在此時，有些話我幾乎要說出口。這樣的做法似乎嚴苛無比，我不認為用在蘇菲身上會行得通。可是這老師講得正起勁，我決定保持沉默。

這位老師自豪地背出一段法國教育部的聲明：「學校是學生學習好品味、營養學和食物文化的特許機構。好的行為必須被教導和學習，而且需要長時期培養。」

教育部也明訂這個飲食教育的實施細則，她說。每一餐都必須有青菜：一天是生蔬，一天是煮熟的。油炸食物每週不得多於一次。甜點的部分至少每兩餐就要有一餐提供水果；可供應糖製的甜食，但每週只能一次。這些細則甚至明確列出平均每一餐所需攝取的營養素含量（如果你好奇想知道，這包括十一公克的優質蛋白質、二百二十毫克的鈣質，和青少年需要的二．八毫克鐵質等等）。

餐飲計畫由營養師和家長義工組成的委員會監督。家長們極其關心他們的孩子吃些什麼。這一點我絲毫不意外。我聽過來接孩子放學的爸媽一見到孩子劈頭就問：「你喜歡今天吃的午餐嗎？」而不是：「今天在學校過得如何？」

我後來才發現，法國父母一般來說不太關心（至少就我北美人的眼光來看）如何加速孩子的智力發展。沒有快閃字卡，沒有幼兒小提琴課，沒有小小愛因斯坦。事實上，法國父母搞不懂美國父母為何極力地想方設法促進下一代智力上的早熟。（快閃字卡？真的？妳一定是在開玩笑！）法國人對正式學校教育極其用心（就我所知，這一點比我家鄉更先進）。大多數父母深信，閱讀與寫作的教學任務最好還是交給專業的老師。法國家長則把焦點放在幼童可以學習什麼、應該學習什麼：怎麼品嘗、享受食物。所有的食物。法國父母會問的另一個典型問題是：「你的孩子喜歡吃什麼？」他們會驕傲地回答：「她每樣東西都會吃一點。」

寫給新手父母、用全部的篇幅討論這個主題的書所在多有，書名也都很吸引人，譬如：《孕生品味：如何送給孩子「享受食物」這份禮物》。事實上，法國父母很愛說小孩子第一次吃食物的趣事（就像北美的父母很愛說小孩子第一次會講話的趣事）。我們拜訪家裡有孩童的村人時，幾乎總會談到孩子的飲食。爸媽會說起孩子如何勝人一籌地征服食物的故事，而這種口氣，北美父母通常會用在說起孩子在運動或學業方面的傑出表現。比方說，我們的朋友耶夫非常得意他九個月大的女兒妮可會吃洛克福藍紋乳酪（沒錯，臭薰薰、靛藍色發霉的那種），而且會興奮地當著所有訪客的面餵她吃。我不得不承認，妮可嚼乳酪時看起來真的快樂得不得了（「那是鹽的緣故，」我老公為了安慰我在我耳邊輕聲說）。

因此，我從親身經驗知道，法國父母認為多樣化是很重要的。那級任老師說的也合理。我直到現在才體會到，學校會積極在課堂上施以飲食教育。據級任老師說，正式課程裡也包括飲食教育。她指著牆上一幅看來像食物金字塔的圖表給我看。湊近一看，我注意到有件事很奇怪。和一般的食物分類圖不同，圖上有如梯子橫檔的部分，列著九項建議。食物依舊分成了幾大類（水果和蔬菜；牛奶製品；穀類和豆類；肉類、魚類和雞蛋），但是附帶著一些建議。老師解釋說，那些是關於脂肪、糖和鹽分的攝取限制。最底下一行（金字塔底層）則寫著飲用水。難道水在法國也歸為食物的一類？我不禁納悶。

還來不及問，級任老師便把話題轉向她個人最喜歡的活動：每年十月在全法國學校舉行的「賞味週」課程。那一整個星期，明星主廚（來自麗池飯店的那種頂尖餐廳名廚）會到課堂上和學童們一起烹煮食物、享用食物。他們的表演有時會上全國新聞。名氣沒那麼大的地方廚師、烘焙師傅、肉販、乳酪製造商和形形色色熱愛食物的人，會造訪課堂和校園，提供諸如「正宗果汁工作坊」等容易上手的課程。前一年法國各地舉辦了超過五千場這類課程（與此同時，全法國的餐廳也會提供特殊的「賞味週」菜單，而且價格親民）。

我不禁感覺到自己臉上掠過一抹懷疑的神情；我懷疑有哪個美食主廚，不管手藝多麼高超，能夠說動蘇菲吃她不想吃的東西。

但是飲食教育不僅止於此，級任老師繼續說。法國人用盡心思教孩子如何吃得好、吃得聰明，並如她這般詩意的措詞所指的「喚醒他們的味蕾」。學校會依循國家的法國品味協會（French Institute of Taste，別懷疑，這不是我瞎掰的）發展出來的教學法來實行。每年，老師們從關於感官的簡單課程著手，鼓勵孩子發展反思和口語表達技巧。孩子從食物如何由味覺、視覺、嗅覺、觸覺和聽覺經驗所構成的探索中，學會從五種官能去體驗食物。

全法國人都知道，這種「品味訓練」是透過大量有趣的遊戲來打下基礎。跟蘇菲同齡的孩子最喜歡的是尋寶袋遊戲（sac fourre-tout）。小孩子輪流把手伸進這個「尋寶袋」（裡面裝滿了新鮮蔬菜和水果），選定某樣東西，在看到這樣東西之前，先觸摸並且描述它的外型。在另一堂課裡，切成小塊的各色食物被放在托盤裡，孩子們要把它們分類，譬如分成鹹的、甜的、酸的、苦的。稍後，他們被矇住眼睛，並去品嘗、描述、辨認他們所拿到的小塊食物。這些活動的目標是要鼓勵孩子運用五種官能來發展對食物的感官欣賞。

我承認，這聽起來像蘇菲會喜歡的活動。

這級任老師看似受到鼓舞。她熱情地說到法國在「感官鑑賞力」這方面的研究，以及它對培養健康飲食習慣的重要。她得意地說，學校把這些研究結果應用到課程裡。在課堂裡，學生學習對食物進行思索，表達他們的想法和感受。她繼續說，孩子一旦能這麼做，就會慢慢發展出更豐富的食物概念。同一個食物（譬如說，酪梨）可能會以三、四種不同方式料理給孩子吃，他們因而體驗到不同的烹飪表達和自己的感官技巧。更高年級的課堂會納入認識香料的課程，學童被要求對媒體所散播的飲食訊息進行批判性分析，並領會法國的烹飪遺產是社會研究課程的一環。這聽起來甚至對我也很有益。

接下來課程進到介紹繁複的各種氣味，探索食物的偏好，以及準備菜餚（通常是地方性的特色料理），以賞味週的壓軸好戲 a repas de fête 來畫下句點。a repas de fête 是個困難的概念，不容易翻譯，你不妨把它想像成是慶祝大餐，在這個餐會上，吃吃喝喝是慶祝的主要方式。這老師堅持道，所有孩子都必須一同經驗這個過程。若有孩子真的很感興趣，可以參加特殊的課後班（像是夏天的烹飪營，我們那些年紀較大的姪兒姪女都參加過）。前年地方政府甚至辦過校外教學，帶學生到位在南法亞維儂的兒童博物館 Epicurium ——世上第一座以水果和蔬菜為主題的博物館。

「所以，」老師得意地下結論：「蘇菲在學校吃午餐會吃得很快樂的，就像其他人一樣。」我不知道該說什麼。這一切聽起來很有趣，可是我還是不認為蘇菲會因此改變心意，開始喜歡甜菜根沙拉。

「那聽起來很棒，」我吞吞吐吐地說，彷彿站在薄冰上。鼓足勇氣，我堅持說：「我不認為這對蘇菲會有效。她要吃得好才能學得好。她一天至少要吃兩次點心，她肚子餓就沒辦法專心。而且我不確定她能否適應學校食堂的食物。她真的不能帶便當上學嗎？或至少帶點心上學？」

「不行！」這就是答案。顯然沒得商量。「點心提供不了營養，對孩子的學習沒有幫助。」老師語氣堅定地說：「教會我**所有的**學生健康的飲食習慣，是我的職責。」對這位老師來說，學習法國的飲食方式顯然是一種義務。

我想必看起來一副很難纏的樣子，因為老師送我到校門口時又多提了一、兩個重點。將來這一年，蘇菲會帶著關於食物的有趣想法回家，老師這麼保證。學童會在操場裡特地闢出來的一塊土地上種自己的蔬菜。學校會帶學童到五分鐘路程即可抵達的當地市場進行校外教學。而且他們會在其他科目融入食物教學，譬如自然科，尤其是談到蝸牛的構造時。

老師一定注意到我在她提到蝸牛時的反應，因為她停止了長篇大論，建議如果我還有其他疑問的話，也許可以跟學校的心理諮商師談一談。

我警覺地僵在原地。「以蘇菲的年紀來說，看心理諮商師會不會太小了點？」我虛弱地倒抽一口氣。

沉默。

「是妳要跟諮商師談一談。」老師最後拋下了這句話，然後轉頭迎接上學的孩子。

我稍後把這一切轉述給我老公聽時，他大笑出來。「法國人不會對食物感到焦慮，」他說：「大多數人都認為小孩子的飲食問題是出在爸媽身上。」這話聽來真不是滋味。難不成他認為蘇菲的飲食問題是我造成的？他果真（多少）這麼想，最後我們大吵一架，是搬來法國後頭一回。

「我不是焦慮，」我告訴他，「我只是要保護蘇菲。」

「保護她什麼？」他反駁。我一時找不到好答案。

上課鐘響了，學生紛紛湧入課堂，人流的尾波順道把蘇菲拖了進去。我留在原處，手裡抓著裝著她中餐的褐色紙袋，想著接下來會發生什麼事。

答案是：什麼也沒發生。老師不會對蘇菲特別通融，她必須去適應，越快越好。學校的目標是要教育蘇菲，不管我接不接受。沒有人會迎合她或她的父母，或者就我的情形來說，迎合她焦慮的外國媽媽。

這當中沒有一件事讓我感到安心。我很快就學會，法國學校並不關心是否會讓家長感到安心。他們有一套嚴苛的教育模式（用在越軌的學童上，同樣也用在越軌的家長身上）。當我知道蘇菲有個同學

（還在幼兒園階段時！）因為課堂上的作業做得不夠快而遭到留校察看，我開始了解到我們要面對的是什麼。可是我一籌莫展。

「他們做事為什麼這麼僵化？」後來我問我老公。

「妳認為我離開法國後為什麼不想再回來？」是他的回答。沒錯，我老公也很不能適應法國社會的很多規則和習俗。

不過他也指出法國學校系統很重要的一點：政府藉由把飲食教育變成義務，擔保了健康飲食不會只限於菁英階級。在飲食教育和營養學不是學校義務教育一環的國家裡，教育程度較高的富裕家庭，小孩吃得健康得多。相較之下，我們這村裡的學校——包括了來自各個階層（從農夫到藥劑師、從漁夫到工廠工人都有）家庭的小孩——負有一種使命感，力圖教導人人吃得好，以支援孩子的家庭教育。低收入家長擁有更多的協助，據我所知，比北美家長所獲得的都多，其中包括減免稅款、各種優惠（甚至火車票）、幼兒班及課後安親班的政府補貼。法國作風的目的在創造公平競爭的環境（儘管因為缺乏合乎伊斯蘭教徒的食物，結果把穆斯林學童排除在外的問題始終存在）。

因此，如同其他事物，好的食物在法國被大眾化了。如此一來，不同收入族群在飲食口味上的差異，比美國小得多。菲利浦的家人就是絕佳的例子：我婆婆（如她所說的）家裡很窮。可是她跟我公公在十六歲中斷學業時，要找到五星級餐廳的工作仍不成問題。因此我必須承認，級任老師宣稱飲食教育是落實社會平等的方式確實很有道理。對法國人來說，提供得宜的食物給**所有**學童，教育**所有**學童如何吃得得宜，是他們的立國精神——自由、平等、博愛（前者受制於後者，我心裡頭有點酸溜溜

地這麼想）的重要體現。

這樣的解釋使得級任老師的堅定態度——每個學童都必須參與——看似更合理。在法國人眼裡，食物不僅僅是營養素，也不僅僅是用來滿足身體需求，學習吃得好也關乎著學習如何**共同**吃得好。「品味訓練」對法國小孩來說，不折不扣是一種公民訓練，因為所有的孩子都有機會在學校裡接觸到好的食物、好的品味。在學校用餐是公民共享的儀式。假使蘇菲不參與，她在社交以及將來在學業上都會受到影響。

再說，蘇菲受的整體教育也會更豐富。法國小孩從與食物互動之中學會聆聽他們的感官感受和身體感受。食物是自然科研究的主題，同時也具有情感的、私密的面向，孩子從探索他們在家和在學校吃的食物當中，學習去思索他們的自我形象和家庭生活。用來形容這歷程的用語，譬如「味覺的甦醒」（l'éveil gustatif），頓時看來沒那麼浮誇。我了解到，孩子不止要學習如何吃食，還要學習如何探究與思索。他們不止要被教育什麼是良好的營養，還要被鼓勵去培養關於飲食的批判性思考。

這聽起來大有可為。因此，儘管我還是有所保留，但我同意我們會溫和但堅定地堅持蘇菲繼續上食堂吃午餐。

可想而知，蘇菲第一個星期的學校生活過得很悲慘。每早她還沒真的醒來，就會絕望地哭嚎說「媽咪，我不要上學」。我忍住眼淚逼她上學。畢竟她上的只是幼兒園。不能否認，上學的時間很長，但是幼兒園還是幼兒園，我想，壓力哪會多大？

後來我才慢慢了解為何她覺得如此吃力。她會說法文，但肯定**不是**法國人，雙語不代表雙重文化。因為她是在北美長大，對法國文化一無所悉，結果吃足苦頭。連在操場上玩的遊戲也不一樣。她得把「野狼先生，幾點了」遊戲（注：學習時間概念的遊戲）的不成文規則轉換成「一、二、三，太陽」，把「抓鬼遊戲」轉換成「郵差沒來」。連跳房子也不一樣。

所以她格格不入，而且學得很辛苦，或者說苦哈哈地受教。起初，她的同學在操場上最愛的把戲，是那種會讓當爸媽的不寒而慄的「蒼蠅王」式無害的惡規則：「每個人都可以玩，新來的除外。」我女兒是學校裡唯一的新生。所以蘇菲第一個月都是孤零零的，因此也是淚汪汪的。但我是很後來才發覺到這個情形，部分是因為法國學校體系（父母在最好的情況下是被當成闖入者來對待）的緘默法則。但是如果我誠實的話，這也是因為我掩耳盜鈴。拖著一家子搬來法國，我下定決心我們要過得快樂，即使需要用力假裝才行。

這導致我們挫折沮喪了好幾個月。每天早上我要留她在教室裡時，她總在我懷裡啜泣，顧不得這樣會引起其他家長側目。「我知道這樣對妳是好的，」我會這樣跟她說：「我不會把妳送到對妳不好的學校。」但是我私底下總納悶，我們這樣做到底對不對。

最難處理的事情之一（對我以及對蘇菲來說），就是在學校時不能決定什麼時候吃東西。法國父母控制孩子取得食物的基本方式，就是嚴格地安排吃飯時間。對孩童、幼兒甚至是襁褓中的嬰兒也照樣如此。他們不會因為孩子要求而給予食物，只有在大人覺得應該給的時候才給。這不光是出於某種想控制孩子飲食時間的專制欲望，法國人相信，定時進餐可以養成更平衡的飲食習慣以及更健康的消化系統。我把這一點歸納為以下的準則：

法國飲食準則第3條：父母安排用餐時間和菜單。小孩子吃大人吃的食物：沒有替代品，也沒有應孩子要求快煮出來的食物。

我懂這之中的道理。但我不認為這規則用在我的孩子身上會奏效。事實上，這是我兩個孩子都覺得最難適應的規則之一。某天，我出乎大家意料在中午前抵達克萊兒的幼兒園。我老公那早帶克萊兒上學時，忘了告訴老師我會提早來接她，帶她看醫生。我一進教室，看見克萊兒漲紅了臉站在教室中央。她的嘴巴張成拉長的O字型，這只意謂著一件事。果不其然，她的哭聲接上了剛剛中斷的地方。她氣得甚至沒注意到我站在門口。她小小身軀內漲滿的憤怒，指向了正在吃東西的小朋友以及餵食他們的大人。

四名幼兒拘謹地坐在低懸的高腳椅上，整齊地排成一排。四名職員一對一坐著面對他們。這些女人都穿著圍裙，各有一只托盤、一盤菜、一根湯匙，臉上掛著一抹微笑。她們氣定神閒，完全不理會克萊兒。

「她餓了，可是她還是要學習去等待她那一輪。」其中一位女人說，同時慢條斯理地從碗裡刮出最後一丁點泥狀的食物。我咬著舌頭，提醒自己北美人的率直在這裡沒人會欣賞。壓下我想把某個東西、任何東西塞進克萊兒嘴裡的衝動，我抱起她，坐下來等。在她吃到中餐之前我不會走人，我心想，完全忘了跟醫生有約。

隨著克萊兒（和我）慢慢鎮靜下來，餵食安靜地持續著。孩子們吃傳統的四道菜——前菜、主菜、乳酪和甜點。分量相對上都很少。孩子必須盡量吃光，而且他們有很充裕的時間這麼做。椅子一個接一個空了出來，下一輪的四個孩子就位。再一次地，一個大人坐在一個小孩面前，慢慢地餵著孩子，微笑著陪伴他們進餐直到結束。想想這幼兒班有十六個娃兒，這樣一個個餵似乎相當費力。但每個孩子離開餐桌時都飽足又開心。即便克萊兒也是：終於輪到她時，她跟其他孩子坐在一起，當第一口食物往她嘴裡送時，她開心地笑了。她吃光了每一口，而且看完醫生後睡了又長又甜的一覺（順道一提，那醫生完全能諒解我們為何遲到。「那是一天之中最重要的一餐哪！」他微笑說）。

這跟克萊兒在家鄉上幼兒園的情形可真是強烈對比。在家鄉的幼兒園，孩子們坐在自己的桌前，打開午餐盒，在十分鐘內盡量地吃。大多數的食物都是冷的，用手拿著吃，每晚回家來都剩下很多沒吃完。餵自己吃是孩子（甚至是幼兒）的責任。事實上，在北美，餵自己吃飯被視為邁向獨立的一大步。食物也事關個人選擇和偏好。從很早開始，孩童就被給予很多選擇。大多數美國的親子教養書建議，孩子必須決定是否要吃、吃什麼以及吃多少。有些更是進一步建議，孩子也應該自行決定什麼時候吃。實際上，很多家庭給孩子很大的選擇空間。加工食物也助長這個空間，因為即使年紀很小的孩子也可以在食櫥裡找到即食的食物，或將之放入微波爐加熱。

選擇對北美人來說很重要，因為它關乎他們最看重的價值之一：個人自主性。就連小娃兒也對晚

餐餐桌、晚餐內容有控制權。蘇菲已經習慣這一點，而這也是她對於不能選擇何時吃以及吃什麼感到很難適應的原因。因此，也難怪在食堂內沒有選擇餘地會令我困擾。我認為那裡的食物本身似乎可口又健康，但我擔心蘇菲拒絕吃它，我擔心壓抑她對如此重要之事的自主權會有什麼影響。

我老公認為我的想法很好笑。「我的自主性也沒有太被壓抑呀，」他開玩笑說：「畢竟，我是在我媽徹底反對的情況下娶了妳。」這是實話，儘管我婆婆長久以來已經接納她的外國媳婦（或者說在大家相安無事的日子裡，我是這麼說服自己的）。

「況且，」一天夜裡他這麼跟我說：「如果食物很好吃的話，妳何必要有選擇？」這是個好問題，我沒有好的答案。我能夠想到的最好答案是，有選擇讓我開心。可是法國人不這樣看。仔細想一想，我可以懂他們的看法。食堂裡不容人選擇，可是這麼一來，孩子最後吃到的是極其多樣化的飲食。因此，法國父母不介意他們的孩子不能選擇食物——他們不認為孩子已經準備好可以面對選擇。

但是美國人和法國人對選擇所持的看法，差異性比上述的要深刻得多。他們對以下問題（某個關於美法飲食習慣比較的最大型問卷調查中所使用的問題）的回應就是個簡單的例子：「你有兩家冰淇淋店可以選擇。第一家提供了五十種不同口味，第二家有十種。你會選哪一家？」

數千名法國人和美國人回答了這個問題。結果完全相反。將近七成的法國人選擇只有十種口味的那家，但是有六成的美國人偏向有五十種口味的那家。

我也做了一個非科學性的調查，問我婆家的所有親戚這個問題，他們的答案毫不令人意外就是法國人一般的反應。我問他們為什麼時，他們的答案很直截了當：「如果某個人只做十種口味，他會放更多的心思和力氣去把每一種口味的品質做到最好。如果他要做五十種，品質大概會降低。」

這就是了！我心想。對美國人來說，有很多選擇等同有品質；這讓我們開心。可是對法國人來說，選擇不意謂著品質——事實上，恰恰相反。太多選擇（很可能）是品質較低的表徵，這肯定不會讓法國人（對每件事都持高標準的人）太開心。

這個對於選擇的新觀點似乎很合理，而這正是我跟蘇菲說的。「他們只做一種食物是因為他們想把它做得非常好吃，而且它真的很好吃！」她每天早上在貼在校門上的菜單前停下腳步時，我會堅定但愉快地這麼對她說。

除了鼓勵她適應之外，我也幫她想了一些反抗計謀，只是都不是很成功。偷藏在蘇菲口袋裡的點心立即引來警告，於是我們又想別的對策。我們事先查出菜單為何並加以討論，因此蘇菲看到那些菜色時至少不會感到驚訝。我們也開始給蘇菲分量更多的早餐，好讓她撐到午餐時間。我們請求其中一位好心的打飯人員多多留意蘇菲，雖然她一開始會多疑，但她很快就喜歡上這份特殊任務（假使午餐看起來令蘇菲難以招架的話，多塞一片麵包給她）。我們要蘇菲設法找到一位「夥伴」可以陪她走進食堂，讓午餐時間好過一些。

瑪莉和她家人就這樣進入了我們的生活。蘇菲和瑪莉開始在放學後一同在操場玩，我終於鼓起勇氣向她父親艾瑞克自我介紹。頭幾分鐘的交談很正式而客氣，但是當他一知道我們跟他們住在同一條路上，他馬上（對法國人來說通常也是如此）邀請我們上他們家坐坐。沒想到他們家竟是一座小農場（會羨煞英國觀光客的那種），有個鋪沙的庭院，周圍環繞著長排低矮的石砌樓房，牆上爬滿了藤蔓。

雞、鴨、鵝和小孩子在田野裡晃蕩，菜圃連綿至一座池塘，瑪莉放學後會在池塘周圍騎她的小馬法斯多希。

艾瑞克白天是木匠，他真正的職業是訓練馬匹參加跳越障礙比賽：目前養的馬群包括數匹雌馬、幾匹小馬和喧鬧的種馬。瑪莉的母親珊卓恩是護士。請病假的她永遠帶著笑容，而且勇敢地不戴假髮遮掩頭上頑固抵抗癌症治療的幾簇濃密頭髮。我們謹慎地避免談到她的病情，而且我在想，我們來到這村子長住是不是一種解脫：新面孔，沒人知道你的來歷。

瑪莉和蘇菲會花好幾個鐘頭打理法斯多希、在田野裡漫步，或跑到海邊又跑回來。蘇菲會說一些我們家鄉關於熊、野狼和鯨魚的故事（全是她瞎掰的），令這一家人神往不已。瑪莉變成我們家的常客，這讓珊卓恩有更多的時間進行必要的休息。小女生的拜訪對所有人來說都是愉快的消遣，瑪莉和蘇菲很快成為最要好的朋友。

蘇菲終於漸漸融入學校生活，讓我們可以放心。她的法語（跟克萊兒的法語一樣）也進步神速。事實上，我兩個女兒幾乎忘了英文怎麼講。這多少是我的錯：為了幫助他們適應，我和老公說好只跟她們講法文。但話說回來，效果比我們預期的好：到了秋末，克萊兒不願意說英文（只要我試圖跟她說英文，她就一臉不高興）。蘇菲也好不到哪去。有天，她無辜地抬著頭用法文問我那些會讓妳明白妳的孩子依然多麼幼小的問題：「媽媽，我們為什麼要講英文？」當她願意講母語時，竟然帶著濃濃法國腔（把 r 發成顫音），而且說得結結巴巴。

雖然事情有好轉，但離理想狀態還差得遠。蘇菲儘管交了朋友，還是抱怨食堂的食物（她現在都用法文抱怨，但是說來奇怪，我竟然覺得比較不心煩）。從無例外，我接她放學時，她總告訴我她很餓。所以她一上車，我就會愧疚地塞一些零食給她。當然，法國人不會在車內吃東西，因此我們那滿是食物碎屑的後座總讓我有點尷尬（而且我懷疑，這準是小村子裡八卦的話題）。我都拉著蘇菲衝出教室，奔向車子，速速把她塞進車裡，開車回家。這不是和其他媽媽交朋友的好方法。

到了十一月初，我早上把蘇菲留在學校時，她已經不哭了。我們達到了一個新的平衡，我開始放鬆下來。然後，我們收到了第一次的晚餐邀約。

4

餐桌的藝術

和朋友聚餐，以及友善的爭論

小孩子的食物不是供給能量的燃料，
它所含有的無形文化資產、語言以及
難以衡量的共享愉悅，
和卡路里及維他命一樣多。

——法國小兒科醫生，西蒙．格伯（Dr. Simon Gerber）

為何簡單的晚餐邀請會令我緊張兮兮，我想有必要在此說明一下原委。我們頭一次搬到法國，涉及食物的社交聚會總令我焦慮，多半是因為我很怕在那些聚會上以新的方式吃從沒吃過的東西。我可能要用胡桃鉗把龍蝦螯裡的每一吋肉夾出來，或者被要求用一只薄薄的金屬籤把滑溜的東西（我記不得牠叫做什麼）從滑溜的殼裡取出，而且還要優雅地吞下去。

所以每一次和其他人坐下來用餐都像是一場考試，而且更折磨人的是，一吃就是兩、三個鐘頭或更久。另一個讓我應付不來的地方是，席上總有多方交談同時在進行。法國人不會真的在晚餐餐桌上進行一對一的談話，其規則似乎是：

一、同時進行的交談多一點比少一點好

二、高明的打岔，尤其是譏諷地打趣說笑，肯定讓你大出鋒頭

多重的交談奔放地交織在一起，似乎和法國人飲食作風的拘泥有所牴觸（我後來了解到，對法國人來說，談話加食物，就像北美人的啤酒加運動）。席間的這些交談總叫我難以招架，我純粹就是跟不上，更別說插上話了。沒辦法，我的法文就是不夠好。我可以應付一對一的冷靜交談，雖然我發音很不賴，但是有時句子一長，我可能就會把意思聽錯，而且複雜的字也會把我難倒。對方聽得一臉茫然、痛苦的樣子，更會讓我一時結巴說不下去。

不可否認，這不僅僅只是一種反法情結，我對任何地方的高檔餐食也很反感。我清楚記得在牛津

吃過很悲慘的一餐。我受邀和一些特別研究員一同列席高桌晚餐（注：High Table，牛津和劍橋傳統，每週二晚上由教授和學生邀請校外親友及專家參加的學術交流兼社交的晚餐），正對面坐著我研究領域裡的一名世界級頂尖專家。他不停對我的興趣及背景進行拷問，我簡直如坐針氈。那場景裡的一切幾乎都叫我感到彆扭。首先，餐盤旁擺的多得離譜的刀叉和湯匙令我傻眼。因為不曉得該用哪個餐具，當所有人都開始進餐時，我就只是坐著不動。鄰座一個體貼的人想必是看出我的茫然；他斯文地伸手輕快敲了一下我也正要拿起的一根叉子，這之間未曾中斷談話。感激又覺得窘斃了之餘，我開始用餐。

但是這鬆了口氣的感覺沒有維持很久。餐食裡有青豆，我的死對頭。鄰座的人不假思索地用叉子靈巧地盛起，送入口中，我呢，相反地，用我自以為精巧的手法試著戳叉豆子（在家我會用湯匙吃）。但是這些豆子（就像英國人才辦得到的那樣，煮得有點硬）抵死不從，我追著它們滿盤子轉。一不小心使力過大，一顆特大號的豆子竟神奇地躍過桌面，降落在審問我的那人盤裡，我們的交談戛然而止。

這類的記憶很難忘懷。所以第一次的晚餐邀約，我一點也不熱中。維吉妮和雨果，菲利浦的大學老友，辦了一場同學會。有六對夫妻受邀，其中一些人菲利浦有好幾年沒見過面。我的頭一個反應可想而知，是焦慮：在他的老朋友面前通過晚餐這一關，不是我會期待的那種事。

事實上，我知道我大概過不了關，至少過不了餐桌上連珠炮般機鋒迭起的交談這一關。絕望之餘，我拿起一本寫給住在法國的美國人看法國禮儀書。我越看心裡越覺得不妙，波麗．普拉特（Polly Platt）的睿智忠告（基於住巴黎數十年的經驗）是，假裝自己是一件家具——精確地說，是一把優雅的椅子。這麼一來，她建議道，你就不會覺得非開口說話不可，你不會讓所有人局促不安（聽你的破法文），而且一整晚都沒人跟你說話，你也不會感覺不好。情況恐怕會很糟，我想。

坦白說，我也擔心，吃這頓晚餐，菲利浦的朋友是要來評斷我而不是來跟我交朋友的。這疑問也適用於我的孩子。她們有沒有好教養？這使得我更加反感，因為我知道蘇菲和克萊兒純粹就是沒辦法像法國小孩那樣進食。就算我能毫無差池地通過用餐這一關，她們大概也沒辦法。她們會哭嚎（嚴重失禮），對端上來的食物做出負面反應（甚至更糟），或者拒絕吃（也許是所有的失禮失態當中最糟的一種）。

我的反應導致我們在法國這一年的第二次爭執。我不想去，我當然也不想帶女兒們去，儘管其他的夫妻顯然都會這麼做。我不怎麼懂為什麼全家一起出席如此重要，但是很明顯地菲利浦就是這樣認為。

「我們可以把她們托給你爸媽帶。」一天晚上我這麼跟菲利浦建議。

「可是其他小孩子也會去，她們會錯過好玩的事！」菲利浦抗議。

「我們會到很晚才開始吃東西，而且要一直到半夜才會結束，小孩子會累壞的！你不會要她們在這種年紀去跑馬拉松吧，何必為了吃一頓晚飯要她們熬夜？」我反駁。

「因為，」我老公氣沖沖吼說：「我就是這樣被養大的！法國小孩就**應該**這樣被養大！」

我發現，對於這一點，我無言以對。法國小孩**的確是**這樣被養大的。他們從很小就開始伴著父母度過漫長的晚餐，而晚餐開始的時間，就北美的標準來說算是相當晚。在法國，和家人好友相聚，尤其是一起用餐，是多世代共同的活動。因此每個人不止是受歡迎，也**理當**要參加。從我老公的觀點看來，沒帶一家人出席是很失禮的，把蘇菲和克萊兒排除在外對她們也不公平。「再說，」他爭辯道：「如果她們不從現在就開始學，妳要怎麼期待她們能夠應付得了漫長的晚餐？」

我明白他這番話確實有道理。法國孩子比大多數北美成人更有坐在餐桌旁的耐力。我記得在我們的婚禮上，有數十位小朋友來參加，用餐全程他們都很有耐心地坐著。我們跳舞跳到凌晨一、兩點，他們才慢慢離開，完全不吵不鬧。我後來才知道，他們的爸媽謹慎地讓他們靠在某個角落裡成堆的外套和毛衫上睡覺，他們在那裡幸福地睡著時，我們就在他們旁邊跳舞。

相反地，我的很多親戚在夜晚結束前就離開，他們不敢相信共有八道菜的晚餐要晚上九點才開始，吃到午夜還沒結束。有些人沒吃甜點就離席了，不少人沒留下來跳舞。少數的例外之一是我高齡八十九歲的奶奶，她有著嚴格自律的責任感，私底下卻喜歡熱鬧，使得她堅定的喀爾文教派教養破功。她傲然地挺直了腰身坐在椅子上，當我和菲利浦滑向舞池開舞（我堅持的少數「美國主義」之一），她認可地點點頭，輪到她時，她令大家跌破眼鏡地明快起身翩翩起舞。

想到我們婚禮上的法國小孩，我開始改變心意。沒錯，我想，如果蘇菲和克萊兒要打入法國社會的話，她們必須追上其他的小孩。菲利浦贏了這次口角。

雖然我很不想承認，但是我多少有些期待這場同學會，原因單純是我感到孤單。我在村子裡尚未交到很多新朋友。大多數人還是跟我保持距離。

沒錯，菲利浦見到了一些舊識。某晚我們上當地一家小酒館小酌，魁梧的酒保伸長了手跟我們打招呼，原來他是菲利浦的「表弟」（雖然這個稱謂在布列塔尼似乎用得很隨意，凡是有血緣關係的都可以用上，不管關係多遠）。在校園遇到的一位媽媽結果是我婆婆兒時朋友的女兒。另一位媽媽則是我老公十多歲時幫他接種牛痘（「不是種在手臂上唷，」他笑嘻嘻跟我說）的護理師。還有其他一些我認得的臉孔，譬如副鎮長（她有個迷人的稱號叫「戀人夫人」），幾年前我們的結婚證書就是她簽名的。可是我們跟人們只維持著客套而有所保留的交談，不管是不是舊識。我們在家鄉時鄰居之間那種輕鬆的往來，似乎就是不會在這裡出現。我發現，法國人不會對沒有長久交情的人敞開心胸。

我沒有結識很多朋友的另一個原因是天氣變了。勁風吹攪海灣上空濃密的烏雲，螫人的雨和猛烈的颱風之中穿插著陽光。起初，這詭譎的天氣叫人驚奇，和溫哥華的天氣形成強烈對比。在溫哥華，低矮的灰雲一連數月倚著山巒層層堆疊，冬天則像無止境的濕冷雨季。可是隨著白天變短，太陽消失了。秋天的暴風雨呼嘯著穿透屋宅，有時強勁到屋牆震動，橫梁也在呻吟。我們把捲成小卷的報紙和地毯塞入裂縫中。老舊石材摸起來濕濕冷冷。屋門、牆壁甚至連窗戶都發霉。我們戴毛帽吃早餐。浪漫的感覺迅速消失。我了解到，我們的朋友安迪堅持要在南法晃蕩是有充分理由的。村子裡，家家戶戶門窗緊閉，越來越少人在戶外走動。

然而，也不止是天氣的關係。我必須承認，我和村民沒什麼交集。布列塔尼這一帶是格外傳統守舊的天主教區。在歐洲，就屬法國人的家庭人數最多，在法國又以布列塔尼居冠。大多數家庭起碼

有三個孩子。我們村裡的紀錄保持人是一個看起來和我年紀差不多的女人，一個為自己養了十四個孩子感到自豪的媽媽。她從不拉高嗓門，也從不微笑，開著校車在鎮上接送她那些中規中矩得驚人的子女——像媽媽一樣穿得整潔無瑕，兩件式毛衣配上素淨的裙子。我們有如淘氣阿丹一般的孩子，沒在她們認可的玩伴名單之中。

「或許，」我爽朗地跟我老公說：「他們只是沒時間社交。」

除了艾瑞克和珊卓恩之外，我認識的另一個親切的朋友是地方農場的主人，我們開始在那裡採買大多數食物。珊卓恩是農場主人的好友，她有天帶我們上那裡去。那農場距村子不遠，走上短短的一段路即可抵達，且始終沒被「現代化」。在一小片俯瞰著河流、風景如畫的土地上，他們養牛、豬、雞、鴨、鵝、火雞，外加種植供應市場的蔬菜。他們一整年都有穩定的貨源可販售，同時維持一定程度的自給自足。靦腆可愛的單身兄弟檔修伯特和約瑟夫，似乎對這個從前被認為「落後」但如今被歸為「有機」的農場頗為滿意。他們也很懂得經營，這農場已經變成該地區的有機農產集散中心。而且他們供應的食物新鮮無比，品項多得驚人：乳酪、蔬菜和辛香草、水果、新鮮麵包、乳製品、風乾香腸和自製果醬，顯然全是在我們家方圓二十哩內栽種、採收、捕捉和製造的。

上農場採買很快變成我們每星期的例行公事，這讓我感到稍微輕鬆些，參與村子裡的例行活動也是。我們忠實地帶著蘇菲和克萊兒參加在村子裡小漁港碼頭定期舉行的晚會，老老少少跟著傳統音樂一起起舞，吃galettes（布列塔尼當地特產，由蕎麥粉做的美味酥餅）。

我們也跟在地人一樣在海邊漫步。布列塔尼擁有全歐洲落差最懸殊的漲退潮，有些日子甚至可以退到離海岸一哩遠的地方。我們會穿上塑膠靴在藤壺（一種甲殼類動物）、岩石和海藻之間涉水而行，和圍繞在周遭的村民（從學步娃兒到老奶奶都有）使勁地對著岩石又刮又敲，或對底下的泥巴又挖又戳，尋找當地的珍饈海味，譬如蛾螺（一種軟體動物）和聖賈克扇貝。我們甚至參加一年一度的海祭祈福儀式，和村民一起攀登岩石陸岬，觀看村裡的神父（穿著整套祭袍）肅穆地踏上當地漁船，前往海灣在海上舉行祈福儀式，弔祭在海上喪生的村人。

多虧了我婆家的親戚，我們有幸參加這些活動。可是我還是圈外人，村民生活的旁觀者。每當遇見鄰人或在學校遇到其他家長，我會以北美人的熱絡方式做自我介紹，但是他們拘謹客氣，似乎對任何社交不感興趣。我發現，法國人不輕易交朋友，而且肯定不喜歡和「陌生人」交際，外來人就更不用說了。即使我會說法文，還嫁了個「在地人」，似乎也改變不了我外國人的身分。

我一直很期待開學，我跟自己承認，因為我很想跟其他的媽媽交朋友。可是開學一個月了，除了偶爾一些客氣的閒聊，我毫無斬獲。所以隨著一週週過去，我越來越覺得寂寞。現在天氣變糟，也沒什麼訪客了。唯一會定期上門來的是我公公。他大多在早上來，通常在克萊兒（她習慣在天尚未破曉前就起床）差不多該在清早小睡的時候。我匆忙帶蘇菲出門上學，返回時往往看見克萊兒在公公的懷裡睡著。他會靜靜坐著直到她醒來，有時等上一個鐘頭，看著漁船來來回回在海灣拖網打發時間。他常是我一整天下來唯一（除了菲利浦之外）可以說說話的大人。

持平地說，法國人也不輕易和其他法國人交朋友。對法國人來說，友情是一輩子交心的深刻情誼——過了二十五、六歲之後便很少再結交新朋友，或者結交時會格外謹慎。艾瑞克和珊卓恩是反證

這個規則的例外。就連菲利浦的朋友也不容易馬上和人變得熱絡，有好幾年的時間對我態度冷淡，直到我和他們真正熟稔起來。「他們為什麼對我這麼不友善？」我曾問我老公。「他們不是不友善！他們只是無法自在地跟妳說話，因為他們跟妳不熟。」他回答，一臉不解。「可是大家已經相處在一起三年了！」我一肚子火地回嘴。

直到我們婚後，菲利浦的朋友才總算跟我熱絡起來。事實上，雨果和維吉妮最後成了最忠實溫暖又美好的朋友。他們記得我們的生日，寄令我們驚喜的可愛卡片來，或偶爾突如其來地送孩子們小禮物。他們的孩子和我們的也處得很好，好得像表親一樣親。這是法國友誼美好的一面——你一旦和法國人結為朋友，他們會是你一輩子的至交，保持密切的往來。菲利浦覺得這一點是我們在溫哥華的大多數朋友所沒有的。因此，隨著聚餐的日子接近，我發現我私下竟期待著這頓晚餐，儘管讓過累的孩子用餐的困難，以及和一幫新朋友見面的焦慮，都令我畏怯。我料想著會被審視、被冷落（像那「優雅的椅子」），但我沒料到的是，這一晚竟讓我轉而認同起法國飲食文化。

這一晚始於一個誤會，繼而一陣友善的爭論。

我們在預定時間的十五分鐘**之後**抵達（絕不能更早抵達，法國人很在乎這一點，這是考量到在主人還沒完全準備好之前抵達，會令他們尷尬）。其他的家庭也在同樣的時間抵達，所有人一一相互吻頰問候，僅僅只是通過門廊便花了好幾分鐘。

我們跟著維吉妮進到起居室，最先映入眼簾的是一張漂亮的桌子，迷人的整套餐具整齊地擺放在乳白色亞麻桌布上：淡苔綠色的碟子置於更大的白色盤子中，刀叉和乾燥薰衣草花束交錯擺放，餐巾收攏在酒杯中，鄰著裝有小鳥造型的酥皮脆餅的陶碗。看起來就是典型的法國風情——質樸中帶有雅緻，既正式又喜慶。這樣的排場，我自知絕不可能在家裡擺出來。

其他的孩子已經圍坐在餐桌旁，態度有點恭敬而疏遠。他們的眼睛盯著脆餅，但沒有人膽敢伸手去拿。他們都知道在沒人邀請之下逕自取來吃會被認為是非常粗魯的舉動，縱使那食物伸手可及。每每看到就連最幼小的法國小孩都表現出這種自制力，我總是驚奇不已，我自己的孩子不可能這般自制。

我後來聽到某個法國朋友提起這般的自制力是怎麼來的。打從三歲起，在她的幼兒園裡，當午餐甜點被送上來時，所有孩子都必須雙手放在膝蓋上坐著不動，直到所有人都分到一份，老師下令開動後，他們才會開始吃；要是受不了誘惑，甜點便馬上被撤走。

知道會遇上這類的情境，所以我在車上便對女兒們做了事前教育。我是從小姑薇若妮卡那兒學到這一招。在賓客就要登門之前，或者就要抵達某人家之前，她會把孩子們叫到一旁，堅定地提醒他們規矩。「在大人請你吃之前，絕對不能伸手拿來吃。」「別人請你吃時，你拿一個就好，不然你就沒得吃了。」不知怎的，關於規矩的叮嚀，我女兒似乎沒聽進去，而且幼兒園裡的訓練似乎也沒起作用。我沒來得及阻止，克萊兒已經衝上前，從桌上抓了一塊脆餅塞進嘴裡，並開心地歡呼。

我輕聲責備她：「那是大人桌！不可以不守規矩！」

「不是，」維吉妮笑著說：「那是小孩桌！」

我定睛一瞧，她說得沒錯。那桌上的酒杯比大人的小了一號，餐具也一樣。整套餐具擺了十多套，但是參加聚會的夫婦只有四對。那餐桌鋪設得如此漂亮，我想都沒想到是給小孩子坐的。

但我隨即想起菲利浦家人在自家擺設餐桌時也相當用心。就連我膽大、廢話不多、喜歡戶外活動、襪子有破洞的老公，在擺放餐具之前，也會仔細撫平桌布上的每條皺摺。假使晚餐要宴請客人，而我們下班回家的時間會比較晚的話，他會一早在出門上班前就把餐桌擺設好。

這是我剛認識我老公時令我百思不解的明顯矛盾。一個上班像在打仗、熱愛諸如帆船和登山一類的冒險運動的人，怎麼會如此**龜毛**？答案很明顯，至少對法國人來說是如此：草率地擺設餐桌是想像得到的莫大罪過之一，也是對好品味的一種汙衊。

帶著教子無方的難堪，我隨著維吉妮和菲利浦進到會客廳，那兒擺了另一張大人坐的餐桌。我們在沙發上坐下，開始享用餐前餐，亦即晚餐前在隨性環境裡吃的開胃小點和雞尾酒。以小巧輕薄的玻璃杯裝盛的層層分明的彩色小點慕斯杯（les verrines，以點心匙食用、入口即化的多層次甜食）從廚房裡端出。我的有一層酪梨、白乳酪和燻鮭魚。菲利浦的是蜜番茄上鋪了一層生羊乳酪慕斯，綴以小束香蔥。

與此同時，孩子們也受邀入座。留蘇菲和克萊兒在那兒令我憂心，我正想起身察看，我老公卻輕輕把我拉回座位。「別管她們了，沒有你在場她們會表現更好。」我從眼角餘光發現，這是真的：我的女兒們順從地尾隨年紀較大的孩子在餐桌旁入座。小小的慕斯杯也等著他們：薄層的亮紅色甜菜根慕斯和綠色的櫛瓜慕斯，仿如棒棒糖。

慕斯杯很快被一掃而空，連蘇菲和克萊兒也加入。可是第一道菜送上時，我憂心了起來：胡蘿蔔絲沙拉佐油醋（法國小孩的最愛）。我簡直沒勇氣去看，但還是看見克萊兒盯著賈桂琳，一個年紀較長的女孩，顯然為她著迷。賈桂琳一直照顧著克萊兒，以較年長的法國小孩對待年幼的小孩時經常會採取的一種猶如主人般的親切方式，幫忙她就座，並坐在她旁邊。

賈桂琳把一大匙的胡蘿蔔送入口中。克萊兒焦躁不安，雙手放在大腿上。接著賈桂琳又吃下更大匙的胡蘿蔔。克萊兒小心翼翼地拿起一絲紅蘿蔔送入口中，心煩意亂地嚼著，這時另一名女孩向她靠過去，跟她說了一番話。克萊兒聽著，睜大了眼，同時一口接著一口吃著紅蘿蔔。吃到第五口時，我開始放心了。連蘇菲也開始小口小口地細咬她在盤子裡找到的最細一條胡蘿蔔絲。也許我根本不需要察看小孩桌的動靜，再說，我周遭的交談越來越有意思了。

賓客們正熱烈談論著法國總統薩科奇在當週稍早前的一項宣布。薩科奇在一年一度的巴黎農業展（法國的重大活動）召開記者會，宣布他要爭取全國人民的支持，遊說聯合國教科文組織（UNESCO）將法國烹飪列入正式的世界文化遺產名單。成功的話，法國烹飪將會和西班牙佛朗明哥舞和日本絲織一樣成為全球認可的文化瑰寶。

薩科奇總統掀起了法國內外的喧囂：「食物真的可以是文化遺產嗎？」法國政府似乎這麼認為，為了表明決心，他們甚至成立「法國美食遺產專案」（Mission for French Gastronomy and Patrimony）來展開行動。

對我來說，這聽起來有點可笑。「你們真的認為法國食物是世上最棒的？」我問鄰座的人：「義大

利食物如何呢？」

他神情惱火地答道：「不！這跟法國烹飪是不是世上最棒的沒有關係，飲食對所有法國人來說是文化很重要的一環。」

「可是飲食如何真正稱得上是文化遺產？」我問。在場的人紛紛把目光投向我。

「法國文化最獨特的地方，並不在於吃食這個**作為**，而是對於吃食的**態度**。」坐我鄰座的人說。

「不過，」我爭辯道：「在我看來它似乎隱含著某種菁英氣息。你們為何全對食物如此執迷？」

我這句話挑起了在座眾人強烈的反應。在一片嘈雜聲浪中，雨果的抗議聲最大。

「法國的飲食不是為了菁英而存在，它是為了法國土地上的每個人！」他堅持：「薩科奇正在為日常飲食的藝術尋求認可。在法國，人人都懂得這門藝術，而且讚頌這門藝術！」

「人應該為吃而活，而不是為活著而吃。」他得意地總結。我想必是一臉茫然；菲利浦輕聲解釋說，那是莫里哀（據我所知，莫里哀大致可說是法國的莎士比亞）的戲劇裡的名言。

「可是你們確實是為了活著而吃啊，」我回答：「瞧我們今晚做的事！」我補了一句。

「藝術意謂運用想像力，專精某件事。」雨果耐心地解釋：「妳可以把很多事當藝術來看待，譬如把餐桌鋪得很漂亮。」他對著我們旁邊那一桌點點頭。

「確實很美，」我說，希望緩和一下氣氛。維吉妮露出笑容。我鼓起勇氣：「可是我們這樣吃喝難道不是有點，嗯，布爾喬亞？」

「才不呢！」雨果抗議。「我父親是公車司機！我在電信公司上班。我在非常平凡的家庭長大，我們都是。」他說，打出手勢意指他周圍的每個人。

這時，其他的賓客漸漸停止交談，一一跟隨雨果的腳步，試圖證明吃得好並非中產階級獨享的事。我必須承認，他們說得有理。維吉妮是營養師，寇洛依在一家工廠上班，負責物流和運送業務。安東尼自己開一家小公司，當小企業的行銷顧問。弗列德希克是工程師，在某大型水泥公司擔任經理，但是他（就跟菲利浦大多數的朋友一樣）「出身卑微」。而且我知道菲利浦的父母十多歲便離開學校，在菲利浦祖父的店裡工作。菲利浦的外婆是某家飯店的洗衣婦，得背著沉甸甸的一大簍衣物，到洗衣房用手清洗、晾乾並且熨燙。

我喪氣地發現，我發言失當。我還來不及伺機插話，維吉妮開口了。「事實上，美國人才是菁英分子，勢利眼！」她爭論道：「只有中產階級和有錢人能接觸到好食物，能吃得好，其他人則沒辦法！在法國，人人吃得好──好食物人人可得，不分貧富。我們事實上比你們更平等。」她得意地說。

這番話點燃了我對蘇菲的在校經歷所壓抑的挫敗感。我難以克制地反駁：「可是很少人對於吃那些花俏的食物真的那麼感興趣。而且要大家吃一樣的東西實在是個很糟糕的主意。人們應該被允許選擇自己想吃的東西！」

「選擇什麼呢？」安東尼微笑說，他是菲利浦最要好的朋友。「沒錯，美國人可以自由選擇，但是他們最後做的選擇都很糟糕。他們對於吃什麼、何時吃、如何吃，沒有標準可言。而且他們往往獨自用餐，我們都知道那後果是什麼！」

我愣住了，部分是因為我一時難以把安東尼的話翻譯過來。他說的是：「N'importe quoi, n'importe

quand, n'importe comment, et souvent seul.」「n'importe quoi」這個詞不容易翻譯，因為這個貶抑詞有多種用法。法國人往往用它來意指「隨便」（像美國青少年的用語），或「胡鬧」，甚或「垃圾」。因此，安東尼的意見暗示著美國人吃的食物品質很差，成天都在吃，而且沒有考慮到飲食禮儀。這話聽起來讓我有點膽顫心驚，因為我想起了蘇菲放學後在我們滿是食物屑的車子裡急急忙忙狼吞虎嚥的零嘴，還有我們日復一日每晚吃的義大利麵。

此時，安東尼的話掀起了一小波議論的海嘯。法國人對美國人又愛又恨，在我們一來一往的言詞交鋒中，某些情緒被宣洩了出來。一如法國人常見的那樣，這種宣洩以一連串逐漸熱烈、機智的俏皮話和文字遊戲的形式表現（我往往聽不懂，更別說想出這些措詞）。

「美國人認為食物只是商品，只講求便利。」弗列德希克嗤之以鼻。

「他們對待飲食的態度，通常好似它帶來不便一般。」他太太寇洛依說，隨而大笑（那會兒我已經知道她是我老公的前女友，因此我允許自己帶著小小惡意瞪視她）。

「美國人認為把錢花在食物上很浪費，因為它今天吃進肚子，明天就排出去了。」艾妮思說，大笑。

「真正的問題是，美國人吃得有如小孩子，美國人的食物很**幼稚**。」維吉妮語重心長地說。她在美國待了好幾年，在地區教育局擔任營養師。

「美國人在餐桌上的舉止像兩歲大的娃兒！」她繼續，越說越起勁。「他們吃東西很衝動：不時吃零食！他們毫無自制力，不知道什麼時候該停止吃東西。他們的分量都大得離譜！口味像小孩子，喜歡吃油膩膩、甜滋滋的東西，就是小孩子愛吃的那種東西。」她最後咒罵了一句來總結：「美國人沒有品味！拿可頌跟多拿滋比就知道了！」

這句話當然引來很多人點頭認同，以及少數茫然的眼神（「什麼是『多—拿滋』？」我聽到有位老公小聲問他老婆）。

變成眾矢之的，我還真不知該說什麼好，但我覺得自己必須說些什麼才行。於是我鼓起勇氣，開口道：「我認為你們的做法太挑剔也太嚴格，你們怎麼能期待**每個人**都按照你們的方式吃？」我的話引來一陣沉默，幸好有菲利浦幫我解圍。他十五年前離開法國，在世界各地待過，所以他比在場的任何人都更能提供一個平衡的觀點。「這兩個文化各有優點，」他溫和地說：「法國人的確吃得比美國人好，他們的做法也很有道理。但是你不能硬把一致的飲食方式強加在如美國這般歷史短暫而種族多元的國家，他們必須發展自己的一套飲食文化，但是這需要時間，就像法國飲食也是長久醞釀出來的。」

在任何人提出反駁之前，所有人的注意力都被拉到正被端到兒童桌上的主菜。雨果準備了一道魚料理：普羅旺斯鯛魚，配米飯吃。所有人都起身去看孩子們吃（法國爸媽最愛的消遣）。我的心思也被拉過去，看著大人們看他們的小孩品嘗食物。他們沒有靠得很近，只是不時留意著兒童桌，好讓雨果張羅上菜，而孩子們對被端上的菜報以熱烈的歡呼。

蘇菲和克萊兒這會兒也徹底感染了歡樂氣氛。克萊兒依然為賈桂琳著迷，吃光了她盤內的每樣東西，甚至小口吃著模樣怪異的配菜草石蠶，樣子很像上蠟的毛毛蟲的一種塊莖。蘇菲可就沒那麼入境隨俗了。她謹慎地吃了些米飯，嘗試性地吃了一口魚之後便拒絕再碰它，當草石蠶出現在她盤內時，

一臉叛逆地迅速從座椅上跳開。說那些菜是法國珍饈的話，她一概聽不進去，她縮到一旁，好半晌拒絕回到餐桌邊。但經過幾番哄誘，她不情願地坐下。大人陸續回到大人桌。我從眼角餘光瞟見，蘇菲仍舊吃得不多，但菲利浦示意要我入座。

「別小題大作。」他輕聲對我說：「你這樣會弄得更糟，等著瞧吧。」他是對的。不到一、兩分鐘，蘇菲已經放鬆下來，甚至多吃了幾口魚——發現那魚味道不錯。與此同時，我思忖著每個人說的話。我知道安東尼說得有理。法國人平常吃的餐食和高檔餐廳所端出來的並沒有多大差別，至少就本質上來說沒有。我想起我公婆的鄰居博妮絲，她幾乎沒離開過村子，仍舊時常談到她有多開心他們為她家的泥土地鋪上磁磚（她依然住在那屋裡）。儘管收入有限，博妮絲還是每天享用三道式餐食，和我們今晚吃的食物沒太大不同，至少就本質上來說是如此。

剎那間我不好意思起來，於是輕聲地問維吉妮：「在我家鄉，只有少數人對美食感興趣。法國人為何對美食如此著迷？」

「這是一種樂趣，不是著迷！」她笑著說。

「好的食物在很早以前已經大眾化，」席爾薇說，她無意中聽到我們的對話。「因為法國大革命的緣故，貴族不再壟斷最好的食物和最好的廚師。那些革命分子使得法國飲食文化變成庶民文化。」

「不止這樣！」雨果打岔：「這和經濟有關！巴黎是歐洲第一個中產階級有閒錢可以上餐廳吃飯的大都市。廚師再也不能倚靠王公貴族謀生，於是他們開起餐館，為了吸引顧客和贏得口碑彼此競爭。法國飲食關乎資本主義，競爭使得人人有好東西吃。」

「事實上，它真正關乎的是宗教。」席爾薇說：「天主教國家向來對食物比較感興趣。法國美食好比在俗的聖餐，也好比某種聖典或儀式。」

這時，我完全聽糊塗了。也許我誤解了「美食學」（gastronomie）一詞。對我來說，這個詞意指精緻、昂貴、放縱口欲的餐食，與我所關心的食物面向——營養、健康和價格——無關。

「也許了解一下法國人在成長過程中如何學習飲食這回事對我會有幫助。你們何不告訴我法國小孩在學習飲食時最重要的一件事是什麼？」我冒昧地問。

這問題吸引了每個人的注意力。「懂得如何享受食物。」席爾薇說。

「而且懂得如何談論食物！」雨果補充說。

「懂得餐桌禮儀，懂得和家人朋友享受美好的餐食。」奧利維耶說。

「小孩子應該學習如何吃得好，」某個人插嘴道：「這是法國文化的一部分！」這句話贏得最熱烈的贊同。

這時，小孩桌已經進行到沙拉和乳酪，我看見賈桂琳一小口一小口地餵克萊兒吃山羊乳酪，暗自開心不已。克萊兒是餐桌上年紀最小的孩子，所以在座所有比她年長的小孩都熱情地鼓勵她。蘇菲也不落人後，嘗試吃著沙拉，雖然我注意到她只挑撿最小片的葉菜來吃，而且在這種程度的同儕壓力下，她還是心意不改，就是不吃乳酪，她盤內的乳酪原封不動。我必須承認這一幕看起來很動人：孩子高高興興地吃，爸媽們在一旁嘉許地看著。

吃完主餐後，小孩子離席跑到一旁玩耍，直到上甜點。接著輪到大人用餐。席間的交談轉向對主

菜龍蝦濃湯舒芙蕾的鑑賞。法國人喜歡具體地談論食物。可是我的疑問很快激起了較為抽象的討論。法國飲食文化究竟為何？你們要如何解釋給一般美國大眾了解？那晚結束之際，他們有了確切的答案。

法國飲食文化，包含三個核心原則。我們邊吃煮得恰到好處的歐洲海鱸魚，邊推敲出頭一個、也是最重要的一個原則：convivialité（宴飲交際，對法國人來說，這意指盛宴款待／交際聯誼之類的事）。在法國人眼裡，飲食原本就是一種社交。人們不分年齡就是會在一起吃飯，不管是在家和家人一起吃，或上班時和同事一起吃。這種社交性質如此根深柢固，以致法國人無法想像不這麼做。事實上，如果避免得了，法國人從不單獨用餐；一起用餐的人往往被稱為convives（意思是「餐伴」，但直譯過來是「一同生活」）。因此，每當我跟法國人說，北美人往往獨自在臥房裡看電視吃飯（即使屋裡還有其他家人在），或者獨自在辦公桌上吃飯，他們都真的驚訝不已。

宴飲交際也是樂趣的主要來源之一，法國人一想到食物就會感到愉快。何以如此？因為法國人講究吃食過程中要有樂趣。尖銳的笑話，機敏的應答，對食物的賞析：法國人對生活的熱愛表現得最淋漓盡致的，莫過於在餐桌上。這也是法國小孩學會吃得好的主因之一（以及長時間坐在餐桌旁卻沒有半句怨言的原因之一）：餐桌是連結情感和傳遞溫暖的地方，也是他們學會這世界如何運作（從傾聽父母的談話）以及談話技巧（如何跟大人應對進退，如何提出反駁而不會冒犯對方，如何傾聽）的地方。

宴飲交際的另一面是，人們不僅理當一同用餐，而且理當一同享用**同樣的**食物。用餐關乎集體享受同一套菜餚，而不是各自享受個別的選擇（相較於美式的「契約」取向，法國社會學家克勞德・費席勒〔Claude Fischler〕稱此為一同用餐的「共有」取向）。這是教孩子吃新食物的好方法；科學研究顯示，如果大人率先嘗試新食物，孩子們願意嘗試的可能性大增。

這是另一個太過吹毛求疵的法國飲食習慣，我始終難以理解，也是常常使得我們夫妻吵架的導火線。前一晚，我跟我老公提議說，打電話給維吉妮和雨果，跟他們說明我們的女兒喜歡（不喜歡）吃什麼。在我看來，這是一種禮貌，因為這樣可以讓所有人避免用餐時可能的尷尬。但是在菲利浦看來，這樣的舉動無禮至極。我們在談這件事時，我的公婆恰好在場（切記：千萬別在你婆婆面前跟妳老公提起具有爭議的意見）。菲利浦的媽媽忍不住加入我們的辯論。

「賓客，」我婆婆臉色嚴峻地說：「有義務取悅主人，跟人家說你不喜歡什麼食物，尤其是他們可能為你準備的那些食物，純粹就是失禮。」她用 mal éduqué（教養不好）來表明她的看法；一聽到那幾個字從她口中冒出來，我知道我說不過她了。再怎麼解釋這樣等於是踐踏我的個人自主性，或者我認為強迫別人吃他們不愛吃的東西才是失禮，都沒有用。我可以抗議，但是菲利浦的媽媽深信法國的世界觀是最優越的，這信念無可動搖。

接下來，在享用乳酪和沙拉時，我們談到了第二個原則：le goût。維吉妮首先解釋為何 le goût（可粗略地翻譯成「品味」）如此重要。對法國人來說，有好的品味非常重要，而且人們花大把的時間確保這件事，連最幼小的孩子也是如此。就這層意義來看，品味不僅僅關乎品嘗食物的生理感官，而是由共享的經驗所傳遞的一種本領，而且深嵌於更廣闊的文化之中。對法國人來說，bon goût（好品味）極

其重要。

注重好品味，在法國文化裡至關緊要。這不是勢利眼（雖然無疑地多少有那麼一點）。品味是一種共享的社會認同，和法國文化息息相關。它是法國人在考量自己有多麼喜歡、多麼享受某件事時，很重要而基本的一個因素，等同於北美人以代價或選擇性為原則來考量。好品味（乃至於優質的食物）並不複雜，也不是美食家獨有的，而是人人都有的。

有時候我實在難以嚴肅看待法國人對好品味的執著。但是這執著之強烈，足使菲利浦的家人和朋友說出譴責壞品味的慣用語——「c'est du mauvais goût」或「ça fait mal aux yeux!」（直譯過來是，它有傷眼睛）。我因而了解到法國人極其注重品味。這有它不利的一面：法國人對品味的問題非常敏感，結果很容易著眼於負向的一面。他們似乎總會抱怨他們不喜歡某件事（某人）的哪些地方。他們甚至有個字眼專指法國人所擅長的這類沒完沒了的牢騷：râler，可粗略地翻譯為「聒噪、持續的嘀咕和發牢騷」（我把它想成是大人版的哀嚎，經過這麼多年，我始終沒法習慣它）。

不過它還是有好的一面：法國文化裡經常潛藏一種高人一等的姿態；人們不怕跟彼此說哪裡還可以改善，哪裡做得不好。我後來發現，這是法國的一切事物都如此賞心悅目的一大主因：人們會以自己所理解的好品味的最高標準來公然提出要求。

法國飲食文化的第三原則，是我已經開始苦哈哈地去學的：飲食準則。雨果說，在法國，飲食由共享的社會常規（les règles，或規則）所規範，規範什麼時候吃、在哪裡吃、吃多少以及如何吃。這些規則是法國小孩最先開始學的頭幾件事——在他們學會閱讀，甚至學會走路和說話之前。這些規則溫和地引導飲食的每個面向，締造整個法國所共享的一套食物儀式。事實上，gastronomie（美食學）一字字面上的意思是「胃口的規則」（從拉丁字nomos〔規則〕和gastro〔胃口〕而來）。不過這些不是嚴格、壓迫性的規約，比較像是習性。（經過熱烈辯論後）當晚的賓客一致認為最重要的規則，也是其他所有規則的先決要件如下：

法國飲食準則第4條：飲食是一種社交。和家人坐在餐桌旁一同用餐，心無旁騖。

這規則似乎顛覆了北美人對飲食的理解。飲食關乎**如何**吃，不是吃**什麼**。當然，這條規則（我遇過很多的變異版）隱含了許多次規則，我家鄉的大多數人都很熟悉。譬如說，「別邊走邊吃」，或者「別站著吃」，甚至更糟的：「別在車上吃」。在美國人身上看到的一概是違反這些次規則的事例。

聽到這些解說，我慢慢了解為什麼大人和小孩團聚在餐桌在法國是那麼自然的事。伴隨而來的快樂副產品，是法國小孩學會如何吃得好，因為規約飲食的那些規則，在每晚和大人同桌共食的情況下比較容易執行。

此時已經快半夜了。我有好幾個鐘頭沒看見蘇菲和克萊兒，雖然我聽到隔壁房間傳來喋喋不休的說話嬉笑聲。我老公往他們那邊瞄了一眼，要我放心，一切沒事。接著，孩子們一聽到甜點要上桌，便紛紛跑回桌邊：一道簡單的巧克力慕斯佐覆盆子醬，引發了整整五分鐘甜蜜的沉默。

啜飲咖啡，享用幾片mignardises（小而圓的硬餅乾，往往在正式餐食的尾聲上桌），我看著他們吃，對今晚進行得如此順利感到驚異。我從沒見過一群小孩吃得這麼好、這麼開心。甚至連蘇菲和克萊兒也嘗試了新食物，而且不像平常那樣多所抱怨。最令我感到意外的是，所有人都覺得這種情況是**常態**。一整個晚上，我沒看到哪位爸媽強迫、威脅、哄騙哪個孩子吃任何東西。沒有爭吵，沒有抗拒，沒有逼迫，沒有哭鬧。

我赫然發現，時間已經過了半夜，我感到有點兒暈，也許是因為夜已深，也許是甜點之後的布列塔尼甜蘋果蜂蜜酒的緣故。但是我依舊為了今晚的頓悟和啟發感到亢奮。對法國人來說，吃得好以及大夥兒一同吃食，等同美國人宣讀效忠誓詞，或者加拿大人看曲棍球賽轉播。這是法國人在日常生活中表達的文化認同。

「我懂了！」我愉快地跟主人說：「如果問說什麼東西最能代表自己的文化，美國人可能大多會說汽車，但是法國人大多會說餐桌！」

席間響起了認可的輕笑聲。我們對彼此微笑，稍早前的緊繃氣氛一掃而空。賓主盡歡：主人成功地讓某個外國人充分了解法國飲食文化，我也很高興，多半是因為我做出一番有趣的言論（我生平頭一次用法文展現機智）。

由於那晚的聚會如此輕鬆自在，我前所未有地對法國作風的智慧更有信心。幾個月前令我難以招架的事（教孩子如何「吃得像法國人」），而今看來似乎是辦得到的。如果說大人有飲食規則可循，那麼也一定有孩子可依循的飲食規則，我這麼推論。我必須去搞清楚那些規則，應用到我家裡來。

我等不及要開始了。

5

食物之戰

怎麼讓你的孩子不挑食

在小小花園裡，晃呀晃呀晃，
我看見韭蔥、胡蘿蔔、小蘿蔔、番茄和馬鈴薯，
還有一條小河流呀流呀流！

——這首傳統童謠，是法國版的
〈跟泰迪熊一樣，在花園晃呀晃〉
(Round and round the garden,like a teddy bear)

法國人晚餐吃得晚有個缺點：我孩子的生理時鐘沒有「比平時起得晚」這個選項。克萊兒和蘇菲過了半夜才睡，但早上七點就醒了。睡眠不足似乎在大人和小孩身上起著相反的作用：我虛軟無力，她們卻異常地亢奮。

在我們面前延展開來的白天似乎漫漫無止境。

坐在濕氣從石牆滲進來的冷冽廚房裡，我（不止一次）懷疑我們搬到法國來是為了什麼。昨晚一切都顯得那麼簡單。對於法國飲食文化的幾分認識，回答了我的批判和疑問。懷著滿腔熱情，我真心真意要改變孩子的飲食習慣。我甚至靦腆地和菲利浦的朋友分享我的想法，他們送我們回家時還遞給我滿懷的食譜書和溫暖鼓勵。

可是在這灰白的晨光中，事情似乎起了變化。我所能想到的盡是藉口和異議。我的時間不夠多。這會花太多錢。不會有用的：美國人和法國人差別太大了！我的精力和熱情已然消失。

在這當兒，蘇菲和克萊兒在翻看食譜書，那些書攤開在起居室地板上。她們很快找到了一道喜歡的菜，我從她們肩後瞧了瞧，那道菜很誘人：優格和酪梨奶昔，加香烤防風草根條，配番茄草莓塔。甚至還有寶寶食譜，設計來裝在奶瓶裡飲用的簡單湯品。「我的第一份紅菜泥」是番茄和茴香做的，接著是「我的第一份黃菜泥」，玉米和雞肉的混搭。我最喜歡的是「我的第一份綠菜泥」：青豆、薄荷和一大把菠菜嫩葉。

照片也很高明。作者群很懂得小孩子的基本心理：小孩子很愛看其他小孩的生活照。幾乎每一頁都有開心的小孩吃東西（煮東西）的影像。菜餚也拍得滑稽逗趣。蔬菜和水果擺成一連串的臉部

表情和形狀，時而古怪、時而風騷。迷你小玩偶以「沃爾多在哪裡」的風格漂浮在湯面或坐在糕點上（注：*Where's Waldo?*，英國插畫家馬丁・漢福德〔Martin Handford〕創作的兒童繪本，最初英國版主角名叫瓦利〔Wally〕，北美的版本則改名為沃爾多，這是一系列複雜的全頁繪圖，圖中有無數的人正在做各種不同的事，讀者要從這些人當中找出沃爾多）。克萊兒很快就懂了這書玩的花招：仔細端詳每一頁直到找出那個小傢伙，並且驕傲地用她胖嘟嘟的指頭指出來。最吸引她熱烈注意的，自然是點心和甜點的部分。

「妳最喜歡哪一個？」我問，蘇菲最後選了巧克力葡萄乾小圓餅乾：鑲有乾杏桃、杏仁片、葡萄乾和榛果顆粒的黑巧克力薄酥餅。她一向不喜歡堅果和果仁，所以我很訝異。克萊兒也叫我吃驚，她選了個法國熱門的古早味：優格蛋糕，香味稍濃的海綿蛋糕。做法看起來很簡單；我知道我婆婆十分鐘內就能做出來。

我答應女兒們當天下午做她們挑的甜點吃，同時也讓菲利浦答應我帶她們去找瑪莉玩。我需要時間思考一下。

他們離開後，我捧著一杯濃濃的咖啡坐下來，開始一本接一本看那些書。當中有些是食譜書，我把它們放到一邊，我更感興趣的是談論孩童飲食的書。維吉妮和雨果也借給我一些由醫生、營養師、心理學家和社會學家所寫的書。我一頁一頁翻的時候，有個詞不斷出現，令我好奇：aliment。這字眼對我來說是生字，於是我找字典來查。

結果 aliment 不容易直接譯出來。在字典裡 aliment 和 nourriture 都譯成「食物」，但是這兩字在法文裡的意思並不相同。nourriture 比較容易定義，可以對應英文裡的食物之意：你必須消化的東西。但是 aliment 一字複雜得多。

尋求解釋的過程中，我偶然發現一段引述自法國二十世紀知名營養師尚．泰莫利耶爾（Jean Trémolières）的見解。他認為 aliment 不僅僅只是有營養的食物而已，它同時也能滿足情緒和生理的胃口；它滋補了生理和心理。事實上，aliment 比較好的翻譯大概是「滋養品」。

我忽然茅塞頓開。aliment 不止是食物而已，aliment 是從文化的角度界定滋養而開胃的東西。在某個國家被視為滋養品的東西，在另一個國家不見得是滋養品（蛙腿即是一例）。

這讓我想起前晚席上的一段談話，當時我並沒聽懂。大夥兒討論時，維吉妮一度說：「你進美國的超市，就會發現那裡幾乎沒有食物可言！」我當下覺得這樣的說法荒謬極了。但這會兒我慢慢懂了她的意思。在大多數的美國超市裡，大多數法國人會認為（至少就傳統上來說）是「滋養品」的東西並不多。這有點兒像清教徒抵達新世界的第一個冬天，因為認不出（不願意去辨認）周遭的可食之物，結果幾乎是挨餓度日。維吉妮認為，充斥於北美超市裡一排排的加工食品或先行料理好的食品稱不上是真正的食物，因為它們雖說可以食用，但是沒有營養。

我慢慢悟出了這之中的道理。學會吃得像法國人，不光只是讓我的孩子吃蔬菜而已，更關乎如何改變我們滋養自己的方式，關乎我們心理上和情緒上跟烹飪及飲食之間的關係。這樣的體悟有點兒震撼。我原以為我要設法改變的是女兒們的飲食習慣，而今我明白，我也要設法改變我根深柢固的飲食習慣和烹飪習慣。

這將是一大挑戰，因為我純粹就是不愛下廚。多年來下班回家後手忙腳亂地準備晚餐的經驗，讓我一想到下廚就覺得心煩有壓力。這和生小孩前的生活有著巨大的不同，生孩子前我其實還滿喜歡做菜的（儘管我承認，我會做的菜總共不超過十二種）。不知怎的，有了小孩之後的壓力和混亂讓我疲憊不已，我餵給她們吃的食物極少有變化，而且我下廚的次數更少，當媽媽之前的我肯定不敢置信。想到要學習新菜色並調整自己來改變家人的飲食方式，令我心驚卻步。我的疑慮又開始冒出來，於是把這些書堆到角落，打算回到原本的生活。我希望，所有人會忘了我想教孩子「吃得像法國人」這個倉促的提議。

事情可沒這麼容易。書都還沒堆好，電話就響起。我婆婆打來的。

「昨晚的晚餐進行得怎麼樣？」她問。我不知道該說什麼好，但我多慮了。婆婆沒等我回答，便又逕自說下去。「我剛跟菲利浦談過，他說妳發表了一些關於食物**很有意思**的見解。他問我有沒有一些食譜可以借你們。我有一本很棒的食譜，菲利浦小的時候我常用。」（我告訴自己：提醒老公，沒跟老婆商量之前別跟他老媽多嘴。）

「好棒！」我說，強迫自己用熱烈的口氣回答。「我真想看一看。」

掛斷電話後，我感到焦慮憂心。打從我們搬來，夫家那邊給的壓力不斷攀升。菲利浦的爸媽對他們孫女的飲食方式很不以為然。我們最近一次跟我公婆一起上館子吃飯的經驗是一場災難。我們七點半抵達（對法國人來說太早），希望能在這村子裡唯一一家海濱餐廳裡坐在有海景的餐桌旁。因為又累又餓，女兒們一直哭鬧，惹得我公婆、鄰桌的客人，甚至服務生一臉不悅。我婆婆堅持要點魚給蘇菲吃（儘管我默默地點了一盤簡單的義大利麵，以防萬一）。幸好義大利麵先送上來；我小心地避開眾人的目光，從包包裡取出一罐帕瑪森乳酪粉。我知道沒加那乳酪粉蘇菲不會吃她的麵，但我也知道這樣做很不得體。魚端上來時，蘇菲緊閉嘴唇，臉開始漲紅，好似就要哭出來。我輕聲地跟服務生要了番茄醬，不理會他不屑的神情。加了番茄醬的魚發揮了良好的功效，蘇菲開始吃魚了。但我婆婆顯然看不過去。「哼，」她不高興地說：「美國人就是這樣。」她會說出這句話，代表她不滿到了極點。把食物裹上番茄醬是教子無方的表現，是對孩子的任性讓步。更糟糕的是，這樣會破壞蘇菲正在發育中的味蕾。顯然所有人（連服務生也是）心裡都在嘀咕：*這些孩子怎麼不懂吃飯的規矩？*

這兩個妞兒必須改變飲食習慣。她們已經大到可以感受別人的非難，縱使她們不了解這些非難。我也體悟到她們必須學會像其他法國小孩那樣吃食。如果我們決定要待在法國，如果她們吃飯的習慣一直不得體，肯定會對人際關係和課業帶來不良影響。法國人極其看重飲食，這使得我前所未有地覺得責任重大，該好好教她們飲食之道。

在我讀過營養、學校表現、智商及健康間的關係之後，我更是熱切地躍躍欲試。吃更多蔬菜而且飲食更均衡的孩子在校的表現更好。他們有更高的智商，比較不會過重，因此也更長壽，而且成年後比較少有健康問題。讀過這些研究資料後，我更深信，為了改善女兒們的飲食方式，我非得有所作為不可。

再說，她們在學校和幼兒園也逐漸上軌道了。蘇菲和克萊兒都吃得越來越多，也嘗試更多的新食物。事實上，她們願意在學校吃一些在家不吃的東西。那裡的職員高興地告訴我，克萊兒幾乎總會吃

下幼兒園準備的所有東西。接蘇菲放學時，她也學到了法國人習慣，會跟我說午餐吃了些什麼。她會開心地聊到胡蘿蔔絲沙拉之類的東西（雖然像小蘿蔔之類的東西，另一項學校的熱門菜，還是通不過她的嘴巴這一關）。而且她上瑪莉家玩也讓她更能廣泛地接受各種食物。看見瑪莉吃萵苣和扁豆對她起了神奇的作用，況且當蘇菲留在他們家吃晚飯時，珊卓恩會溫和但堅定地鼓勵她吃所有人吃的東西。

我想，我們已經準備好要改變我們家的飲食文化了。距聖誕節只剩一個月，我希望這次過聖誕會是難忘的經驗。法國家庭期盼聖誕家庭大餐的來臨，就像很多北美人期盼超級盃美式足球賽這種一年一度的大事。此外，我知道至少會有三十人一起享用聖誕大餐，很多人從法國各地返抵布列塔尼。我希望菲利浦的親族對我們的女兒留下好印象，換句話說，我得訓練她們吃得像法國人。

問題是，我不曉得該如何著手。沒人有空跟我說有什麼準則可循，我討教過的人也沒有簡要的方法可提供。說不定我可以從那些書裡找到一些辦法？我心想。美國的親子教養書往往會列出一長串的建議（我從沒切實實行過）。過了中午，我翻遍了從雨果和維吉妮那裡借來的書，還是找不到任何準則。法國「準則」大概是人人都知道的常識，所以沒人想過要把它形諸於文。

我得要自己定出計畫來。我得要吃點苦頭，從犯錯當中，從打破規約法國飲食習慣的不成文規則當中，測試它管不管用。

我所謂的「計畫」，花了好幾天才擬出來。

首先，我回想了我至此所學到的一切。我決定，應該列出一般性的準則，這些對理解法國人的飲食態度很有幫助，但是它們不是實用的法門，比較像通則或習慣。而且我認為，在計畫的一開頭便要寫下這些通則，以作為實施的方針。我從孩子的勞作箱取出一張乾淨的硬卡紙，和幾隻珍貴的可水洗彩色筆。我一一寫下目前歸納出來的飲食準則。

準則一：

爸媽們：孩子的飲食教育由你們作主。

準則二：

食物**不是**用以安撫的東西，不是用以消遣的東西，不是玩具，不是誘餌，不是獎賞，也不是紀律的替代品。

準則三：

父母安排用餐時間和菜單。小孩子吃大人吃的食物：沒有替代品，也沒有應孩子要求快煮出來的食物。

準則四：

飲食是一種社交。和家人坐在餐桌旁一同用餐，心無旁騖。

這幾項準則貼切地總結了我截至目前為止所學到的東西。但還有另一個問題令我苦惱：孩子的飲食習慣和教養方式之間的關聯。法國父母在孩子眼裡似乎自然而然有種威嚴，這是我和家鄉大多數為人父母的朋友所欠缺的。這種威嚴從很多地方彰顯出來。譬如，法國的孩子會耐心地坐在桌邊，等所有人都入座才開動。法國小孩會懷著開放的好奇心，順從地嘗試新的食物。法國小孩不會在餐桌邊鬧脾氣。而且最令人驚訝的是，他們不會打斷大人談話。當我們在法國帶著孩子參加聚餐，大人們事實上可以一直進行長時間的交談。

這種威嚴有些是透過老派的威權式教養方式加諸在孩子身上的，這和我的作風不合。我想起那年稍早前發生在蘇菲身上的不愉快事件。當時我們在我公婆家，那兒有個小型的家庭聚餐。開胃小點被端上來時，所有的小孩子圍在一旁眼巴巴看著，但沒人敢去碰放在托盤上的小點。蘇菲抗拒不了，拿了一塊餅乾，然後又一塊，再一塊，塞了滿嘴。我婆婆從眼角瞟見，兩度口頭警告過她（蘇菲沒有就此罷手），結果我婆婆當著所有人的面，狠狠打她的掌心。蘇菲淚汪汪地縮手，所有人委婉地沒加以理會。

就我所知，大多數人都認為這樣是妥當的：蘇菲不守飲食規矩，我婆婆（她正好是最親近的大人，同時也是女主人）有責任將她導正。法國人不把當眾教訓小孩看成是一種羞辱（雖然我無疑是這麼覺得，蘇菲也是）。他們鐵了心要把紀律灌輸給孩子（而且他們假定在場的大人也贊同他們這麼做）。在北美，在大庭廣眾之下疾言厲色地教訓你的小孩，我多少覺得是很政治不正確的（而且在某些情況下，「體罰」是違法的）。但是在法國，情況簡直完全相反。看見你的孩子（和你）在公眾場合行為失當，即便是素昧平生的陌生人，很可能也會明白讓你的孩子（和你）知道他們的非難；身為關心孩子的大人，他們只是盡本分而已。

這樣的落差令我震驚。當孩子在公眾場合行為不端，很多北美父母會驚慌。我們往往會覺得很難為情，而且會盡快終止不當的行為。以我來說，我總怕事情鬧大，因為我不想人家認為我是狠心（也就是「糟糕」）的媽媽。所以我會對孩子讓步，雖然有時候我確實不該如此。相反地，法國父母覺得有義務要當眾教訓小孩，而且是在旁觀者的充分支持下。

愛麗絲，我們在溫哥華的一個法國友人，曾經談過她頭一回了解到法國人教育孩子的方式不適用於北美人的經驗。他們搬到加拿大不久，有天在遊樂場，她六歲大的兒子一直打斷她和另一個女人談話。於是愛麗絲轉過頭，嚴厲地斥責他說這樣的行為有多麼不禮貌。「我覺得，」她後來回憶道，「周遭氣氛突然凍結，整個沉默下來。我抬起頭，發現遊樂場裡所有的父母都盯著我。我頓時了解到，法國父母認為理所當然的教養方式，北美父母並不以為然。」

話說回來，法國父母也不會過度嚴厲。他們恩威並施。而不知怎的，我們遇到的法國小孩往往沒有我在自己的孩子和很多北美朋友的孩子身上會看到的失禮行為和倔強。我慢慢體會到，這關乎的不僅是飲食文化的不同，也是教養方式的不同。

法國父母是作主的一方。這令我印象深刻，因為在我們家，我有時並不確定是誰在作主。這徵兆

顯而易見。我會哄小孩。法國父母不會哄小孩。我會甜言蜜語騙小孩，法國人絕不甜言蜜語騙小孩。我懇求、威脅、利誘小孩，法國父母不會做這些事（至少就我看來）。他們冷靜而堅定地（但通常也是溫和地）告訴孩子應該如何表現，而且（以毫不含糊的用語）讓孩子知道誰說了算。而且他們的孩子似乎都神奇地非常受教。

法國父母是怎麼辦到的？他們對孩子要求得比較多，他們嚴格得多，也比較不縱容孩子。他們不會把童年浪漫化。他們不太對童年這人生的初期感情用事，而北美人卻把這段時期理想化為純真無邪和創意十足。想像一個國家裡充滿了理直氣壯的虎媽，她們致力於教出循規蹈矩的孩子而不是小提琴神童，那麼法國父母怎麼想怎麼做，你多少會有清楚的概念。

從法國人的觀點來看，這世界是由大人構成的，也是為大人而存在的。他們很少為孩童開特例。孩童穿著打扮得像個小大人：大多是柔和的淡色調和霧色調，女孩不會穿粉紅色衣服，不像你從她們媽媽身上看到的那樣。兒童房的家具通常是大人房家具的迷你版（沒有附有斜梯的公主閣樓床，也沒有公主的小寶座）。孩童在公眾場合理當要安靜。參加聚會時他們不會被冷落，但也不會是焦點。

我婆婆的觀念相當傳統。在她看來，小孩子的本分是守規矩，而當爸媽的本分是教孩子守規矩。有些是老一代的觀念：比方說，大人說話，小孩子「只用眼睛看，別插嘴」。但是連跟我年紀相當的媽媽們也期待孩子「有分寸」（sage 字面上的意思是「放聰明」，但是用在小孩身上意思是「聽話」和「守規矩」）。坐上餐桌時，尤其要遵守這項規則，我婆婆會在家庭晚餐結束之際大大讚美我表現良好的孩子：「妳們今晚沒有發出半點聲音，好乖好乖！」。年紀稍長的孩子可以開口，但一定要言之有趣才行。小孩子插嘴是不被容許的，只因為他們是小孩子。

搬到法國前，我把這種表現看成是老式作風而不加理會。可是住在法國幾個月後我了解到，法國人對好教養的熱烈信念，源自他們對童年的看法和北美人徹底不同。我開始在法國找童書給女兒看時，這感受更是深刻。我想像著和克萊兒窩在沙發裡一起看等同《彼得兔》和《小熊維尼》之類的童書。我也等不及要和蘇菲開始讀經典。我在想，跟《清秀佳人》和《五小冒險》（我小時候最愛的書）同樣經典的法國書是什麼？

可是家人和朋友推薦給我們的書，筆調上並沒有那麼純真。《小王子》超出她們的理解範圍，《大象巴巴》嚇著她們（一開頭沒幾頁，大象媽媽就被射殺），而且那殖民故事在我看來帶有種族偏見。親友借給我們的其他很多書，內容都包括了我認為對我孩子來說太過殘酷或恐怖的情節。《泡泡先生》成了我們的最愛，但它卻不是我原先所想的那類讀物。

決意要找到我確信一定存在的法國經典，我上村裡的書店去。書店主人聽得一頭霧水，沒幫上什麼忙。我明智地事先問過菲利浦，所以知道要問古典名著和童話。不過他提供給我的是《安徒生童話》、《格林兄弟》和《長襪皮皮》的法國譯本。他們甚至連相當於《鵝媽媽》的書也沒有；不過法國小孩倒是很常唱童謠。聽克萊兒跟她的堂哥堂姊五音不全地唱〈傑克修士是否賴床〉（注：Frère Jacques，是法文版的〈兩隻老虎〉），我必須承認，真是可愛到不行。可是唱兒歌沒法取代我認為孩子在童年時應該讀的那類讀物。

有天晚上我跟我公公談到這件事。「在我家鄉，」我謹慎地說：「童年被認為是天真無邪的一段歲月，有很多關於魔法和奇幻的童書，可是法國好像沒有這一類的書。」

「兒童一點也不天真無邪，」我公公嗤之以鼻，以一種非同尋常的直率口氣說：「他們就像小野獸，如果沒有施以紀律，就學不會規矩！」

這意謂著我教孩子的方式，相較於村子裡的父母教孩子的方式，有著很大的落差。我們拜訪過的村子裡的人家，玩具比我家鄉人家的少很多（肯定比我們地下室遊戲房裡從地板堆到天花板的小孩用具還少）。此外，我從當地村子的遊樂場以及上巴黎拜訪我小姑薇若妮卡時看出來，法國父母不太會去干涉孩子們玩耍。在我家鄉，父母會跟在孩子身後，隔著一定距離，需要的話協助他們攀登和攀爬，時時面帶微笑，可是法國父母多半坐在長椅上，一臉興趣缺缺，有些甚至帶著雜誌或報紙來。孩子玩耍顯然不是他們關心的事。

事實上，跟你的孩子太過親暱會遭人白眼。我常聽到村子裡其他媽媽批評說，某某人是「小孩子的奴隸」（而且我很確定，我也被人家在背後這麼指點過）。菲利浦的親戚很訝異（而且坦白說，有點憂心），蘇菲剛出生的那段期間，我老是黏著她：太常抱她，隨時待命地餵母奶，甚至跟她一起睡覺（絕對的禁忌）。

話說回來，我也看到很多法國父母以別的方式表現對子女的愛。他們花很多時間陪孩子——每晚和周末。家人在一起連絡感情的情況多得多——晚餐的邀約會邀請全家大小。我認識的媽媽們大多會每天親手為孩子烹煮食物，即使她們白天有全職工作。她們當中有些人可以在幾分鐘內在小小的廚房裡火速（以我的標準）做出美妙的一餐，每每令我驚奇。她們似乎永遠不會在晚餐時間手忙腳亂、措手不及（我通常如此）。因為吃飯皇帝大，所以她們有條不紊，因為有條不紊，所以從頭烹理好食物相對上就快速而輕鬆。她們有創意地思考如何提供給孩子新類型的食物，讓孩子接觸各種滋味。訓練孩子「什麼都要嘗嘗看」是我認識的法國媽媽們的第一要務，就跟閱讀、說話或給寶寶玩具一樣重要。而這一點是以慈愛又威嚴的教養方式為後盾。

我慢慢發現，如果你不想親子之間為了吃飯這件事拉扯角力，法國作風是教孩子守規矩很好的方法。法國人的方法乍看之下像是高壓手段，因為規則如此之多而選擇又如此有限。可是事實上卻不然。因為規則和慣例都是固定不變的，而且所有人（包括父母在內）都予以尊重，所以沒有討價還價也沒有拉扯角力。大體上來說，法國小孩在這個嚴謹的教養方式裡成長。法國父母也盡力確保食物有趣又好吃，這讓孩子會期待用餐，如此一來他們的孩子通常是高高興興地來到餐桌旁吃飯。

在我們家，情況卻是相反。我們少有慣例，規則則更少。我不確定我的做法何以如此，從沒清楚地想過自己的教養方式如何。我記得的跟教養哲學最接近的觀念，都是從談「親密育兒法」（attachment parenting）的教養書得來的片斷概念。孩子需要和父母建立情緒的連結。會危害到親子關係的任何事，都會危害孩子長期的心理健康。而今我開始仔細檢視這些觀念。事實上，我慢慢發覺到，我所依附的這些觀念在我心裡扎根，以致我不想為了吃飯這件事（或其他很多事）和孩子爭吵，因為我不想把親子關係搞砸，也不想跟孩子不親密。無可否認，一旦寫下來，這看來不盡合邏輯，但是在女兒們報到後長達多年睡眠不足的狀態下，邏輯不總是我的強項。

也許，我應該重新思考我的「親密育兒法」，這涉及重新思考我們如何回應孩子們會問的「為什

麼」。在我對「親密育兒法」的模糊定義裡，最重要的是培養孩子批判性思考。蘇菲的第一個「為什麼」獲得了稱讚。我們鼓勵她要有好奇心，於是她開始無止境地問問題。有時候她問到她法國奶奶快失去耐心。

「她**為什麼**要一直問『為什麼』？」我婆婆有次大聲責問。

「我教她要懂得協商，要有批判性的思考。」我回答，納悶這樣的對話會怎麼收場。

「可是小孩子不應該跟爸媽協商！」她厲聲說，顯然很惱怒。「有些事就是常規，他們甚至連問都不該問！尤其是吃飯這件事！」

我當時沒理會我婆婆的話，但後來不禁在想，也許我婆婆是對的。我鼓勵孩子表達個人觀點，問問題來質疑爸媽的命令，允許她們在做得到的情況下行使掌控權。這類情況之一，早期就發生在餐桌上。我們家用餐通常都用得倉促，我們不是早上趕著送孩子上學然後上班去，要不就是下班後趕著回家做飯。又忙又煩，我往往接受孩子不吃我煮的東西，用替代食品來滿足她們。塗上奶油的麵包或義大利麵，成了我們固定吃的東西。我的孩子學會，是她們（不是我）決定吃什麼。

在法國人眼裡，這不是親密育兒法，這是縱容育兒法。傳統上，法國人相信，尚未達到懂事的年齡（法國人認為是七歲）之前，小孩子不該決定很多事，其中最不該的，肯定是吃什麼以及如何吃。這讓我納悶起，何以我會輕易地屈服於孩子的要求。我真的是以「孩子為中心」？還是我只是心煩意亂、軟弱無能？

我那以「孩子為中心」的方法的確潛在著缺陷，在我們聽聞某個舊識的經歷之後浮上了檯面。這位英國老友買下我們家附近一棟搖搖欲墜的鄉村別墅，每年暑假都會來這裡進行修繕工作。他們讓四歲大的兒子想吃什麼就吃什麼，認定某種內在智慧長期而言會引導他攝取平衡的飲食。在只吃乳製品和白麵包過活一段時間後，小男孩得了貧血，必須短暫住院治療。雖然他很快就康復，但是這件事很快就變成村人茶餘飯後的八卦，而且似乎再次印證了法國人的認定：說英語的人不吃真正的食物，這種習性不僅不可思議，甚至到了自虐的地步。

思索這些問題讓我筋疲力盡。我一開始單純只想讓女兒們吃得更好，現在卻困在北美人和法國人生活方式的衝突之中：關於教養的方式，關於滋養的方式，關於照顧的方式。我不斷地回到同一個問題：「我必須要表現得像個法國媽媽，好讓我的女兒吃得像法國小孩？」

我不確定這行不行得通，但我決定值得一試。我得意地把準則張貼在冰箱門上。當晚稍後，我老公狐疑地讀著它。

「這是什麼？」他問。

「你不記得那晚的聚餐了嗎？」我提醒他。「我打算要想法子讓女兒們吃得像法國小孩。」

「這看起來有點太嚴格了。」他抗議，顯然半信半疑。

「可是法國就是這樣！」我反駁：「什麼事都有嚴格的規定。」

「我想好好享受吃飯，我想女兒們也是。妳確定要一口氣同時實行所有規則，飲食的重點是樂趣，不是守規矩。」他堅持。他的說法讓我納悶我這樣做到底對不對。但是聖誕節只剩一個月就要到了。

我打定主意要改變女兒們的飲食習慣，而且動作要快。因此我絲毫不覺得被潑冷水，轉而研擬下一部

分的計畫。我需要了解法國小孩怎麼吃，了解他們對食物有什麼感覺和想法。

所幸，我不必自己動手做研究。菲利浦的表親克麗絲泰是育兒員，介於小兒科護理師和幼兒園老師之間的專業人員。一晚我打電話給她，說明了我的計畫。她很感興趣，給我很多很棒的建議。她告訴我，有豐富的資料可用，因為法國在十九世紀時是發展育兒學的先驅，目前依然領先世界其他國家。

譬如，她談到法國研究者克勞岱・費席勒花了三十年時間研究飲食習慣和食物偏好，和美國研究者（賓州大學的保羅・羅金〔Paul Rozin〕）合力在美國和法國地區針對七千名受試者調查他們的飲食習慣。他也對法國的父母和小孩進行了許多詳細研究。太棒了！

閱讀這些研究資料確認了我之前已經成形的想法：法國小孩在學齡前已經喜歡吃多樣化的食物，喜愛多樣化食物使得他們對蔬菜更感興趣。我也從費席勒設計來探究法國小孩有多麼了解健康飲食習慣的問卷問題，點滴搜集到一些重要準則。有趣的是，這些包括了我婆婆老愛掛在嘴邊的一些說法，譬如：「人一定要什麼東西都吃一點」，還有「偶爾吃吃不健康的食物無妨」。我也發現，接受研究調查的法國小孩都非常了解什麼是健康（不健康）的食物以及原因何在。所以雖然他們（就像世界各地的小孩子）愛吃披薩、汽水、甜食和番茄醬之類的東西，但是他們吃得節制，如同他們爸媽一樣。

費席勒針對大人的研究也確認了我的想法。美國人容易對食物感到焦慮，傾向把健康、營養和節食視為與飲食相關的關鍵議題。法國人被問及對食物有何想法時，相反地幾乎從沒提到這些主題，反而是談到吃食的愉悅、好吃的食物、社交聯誼、文化、認同和有趣的事。在一項最發人深省的研究裡，費席勒把一張巧克力蛋糕的照片呈現給美國人和法國人看，並問他們腦中浮現的第一個字眼為何。大多數美國人最常想到的字眼是「罪惡感」，大多數法國人最常想到的字眼是「慶祝」。

法國小孩如何學習這些觀念？部分的解釋是，他們和爸媽一起長時間坐在餐桌旁，在這過程中談話的焦點（自然而然）會放在食物上。全家一起用餐的傳統在法國維繫得相當好，一整個工作天是根據用餐時間來安排的。店家中午歇息一個半鐘頭，有的甚至從中午到下午兩點歇息整整兩個鐘頭，好讓所有人回家吃中飯。在針對法國家庭一再進行的研究調查裡，幾乎所有的小孩**每天**都坐在餐桌旁吃傳統的三道式午餐。半數以上的孩童在學校吃午餐：法國學校中午有兩小時的休息時間，好讓學童有充裕的時間吃飯（至少三十分鐘）並適當地消化食物（吃完午餐後有六十到九十分鐘的休息時間）。如此一來，放學的時間往後移：通常在四點到四點半，也就是傳統的點心時間。商家在晚上七點關門，好讓所有人及時回家吃法國傳統上在七點半或八點開動的晚餐。到了九點或九點半，大多數的孩童已經就寢。

所以超過九成的法國小孩每天在家和全家人一起吃晚餐。相較之下，僅有四成的美國青少年，和五成五低於十一歲的美國孩童，每天跟家人吃晚餐，而且每三人之中就有一人每週跟家人吃飯的次數不到三次。

法國人確實全家人一起吃飯，而且大多數天天如此，這提供了充足的機會來對孩子進行飲食教育。法國小孩從這些用餐時間裡學到的最重要一件事是：「吃新奇食物很平常。」法國大人喜歡多樣化的東西，所以自然會吃多樣化的飲食。他們的孩子自然而然也會有樣學樣。你甚至也可以從法國人在挑選食物的言談中，明顯看出這一點。

「我昨天吃了蘋果，所以今天吃梨子好了。」我婆婆在考慮午餐要挑哪樣新鮮水果當甜點時會這麼說。或是在早餐時談到當天午餐或晚餐要吃什麼時，她會說：「我們這禮拜吃過雞肉了，所以這禮拜不要再吃雞了。」

想到我婆婆的例子，於是我得出法國飲食準則第五條：

法國飲食準則第5條：吃彩虹七彩的蔬菜。同樣的主菜一星期不吃超過一次。

這個多樣化的法國飲食習性很普遍。法國家長在每一週的開始會仔細察看學校午餐菜單，不止是要了解孩子在校吃些什麼，而且當週在家要避免端出同樣的菜色（我的小姑告訴我，在巴黎，學校事實上還會建議家長晚上可以為孩子準備什麼菜色）。在我們搬到法國之前，菲利浦的爸媽來拜訪我們時，我便發現到他們會期待每一餐有不同的菜色（我的紀錄是三星期完全沒有重複的菜色，為此我攪盡腦汁）。唯一的例外是早餐，幾乎一成不變：果汁、咖啡或茶（替孩子準備的牛奶）、棍子麵包、奶油，以及果醬或蜂蜜。我很難兼顧法式早餐和健康的午、晚餐，我必須承認，以抹上奶油和蜂蜜的新鮮棍子麵包開啟每個早晨，讓我的心情很好。

我知道我的孩子最難應付的就是多樣化和嘗新。由於她們抗拒，我落入糟糕的飲食習慣裡。她們出生之前，我的飲食有變化得多。剛上大學時，我的廚藝只限於把冷凍食品放到微波爐裡加熱、水煮蛋和煮義大利麵，不過我很快延伸到做沙拉和譬如墨西哥辣醬這類撫慰食物。孩子報到後，我們家的飲食習慣變得少有變化，簡直毫無新意。

經過一星期的考察研究，我想已經搜集夠多的資料，可以動手規畫下階段的計畫。我打算擬出一套能夠改善我們家飲食習慣的個人化常規，它們必須涵蓋吃什麼、如何吃以及何時吃。所以我決定要納入諸如時段安排、父母的紀律和多樣性等議題。

為了讓一切有條不紊，我決定用一個簡單的表格把所有事項寫下來。在上欄，我寫下即將採行的具體新規則，下欄則寫下我們必須做的改變，以便成功地貫徹執行。

計畫：

飲食新常規	必須做的改變
每天吃四餐：早餐、午餐、課後點心、晚餐	不再任意吃額外的零嘴，尤其是宵夜
只在餐桌上進食	不在幼兒推車、車內或任何其他地方吃東西
細嚼慢嚥	不狼吞虎嚥，每一口都得慢慢地嚼

菜色由大人決定，大人準備什麼，小孩子就吃什麼	沒有替代性食物或菜餚，也沒有額外「墊飽肚子的東西」，譬如麵包抹奶油
小孩子吃大人吃的東西	沒有特地為孩子準備的菜
同樣的菜每星期不吃超過一次	不再倚賴義大利麵和麵包
每星期只吃加工食品一次	只在當地菜市場買菜，不吃番茄醬（熱狗和漢堡裡的番茄醬除外）
不抱怨食物	對某樣食物發牢騷，就要再吃一份

我把這計畫貼在冰箱上，鄰著條列的法國飲食準則。寫下來之後，這計畫顯得更驚人，也顯得更加不可能付諸實現。我要怎麼強迫我的孩子遵守新規定？得要有一些辦法才行。於是我用麥克筆也把這些辦法寫下來，貼在冰箱上：

辦法：

1. 事先把規定解釋清楚。
2. 所有的規定都得遵守。
3. 一旦開始實施，就要堅守新規定。絕不放棄。

我決定由前三項規定著手：不吃額外的零食，不在幼兒推車或車子裡吃東西，以及細嚼慢嚥。這樣比較容易有好的開始。再說，車內和推車裡滿是食物碎屑和液體潑灑的痕跡，髒到令我不好意思。我把車子和推車徹底清洗過，然後跟女兒們宣布這消息。

我預料她們會大力反對，所以我事先想好一些簡單的說詞（我知道她們免不了會抗議）。

如果你在吃飯時間好好吃飯，你就不會餓肚子。

你還覺得餓嗎？我想你下一餐應該吃多一點。

或者用更積極的口氣說：

你餓了？很好？你會很珍惜下一餐。只要再等——個鐘頭就可以吃了。

我甚至請菲利浦幫我將「把飯吃光光，就不會挨餓難受！」這句話翻譯成法文。想好這些說詞，接著考慮何時展開計畫。從星期一開始很合理：新的一週，新的開始。菲利浦當天會工作到很晚，我想我一切自個兒來會比較好。

於是在星期日晚上，我仔細跟女兒們解釋隔天起要進行的事。我指給她們看貼在冰箱上的規則。克萊兒嚴肅地點點頭，然後把大拇指塞進嘴裡吸吮。蘇菲抗議地跺腳，很快對抽象的討論失去興趣。

不過我還是告訴自己，她們知道接下來要面對什麼。但很遺憾地，我並不知道。

星期一下午我接蘇菲放學，她看到我的頭一句話（如同每個上學日一樣）是：「我好餓！」

我早料到她會這麼說，所以我快速答道：「很好！我準備了很棒的點心在家等妳，我們必須去幼兒園接妹妹下課，再去辦幾件事，然後就回家。」

「可是我現在很餓！」她哀嚎了起來。

「我做了妳最愛吃的藍莓馬芬！妳看看我們的車子多乾淨！我今天花了一個半鐘頭打掃的。妳一定不敢相信我找到了什麼。瞧，這是妳以為搞丟了的小仙女。」我繼續說，希望可以分散蘇菲的注意力。毫無效果。

「我真的好餓！」她哭嚎。

我改用另一招。「法國人不在車子裡吃東西。別忘了妳是半個法國人。」我堅決地說。

「那麼我有一半的時間可以在車子裡吃東西！」她大聲回嘴。

聽她這麼說，我一時說不出話來。但我還是不為所動。蘇菲開始哭哭啼啼抗議，從我們開到幼兒園、超市、乾洗店和郵局，一路哭不停。習慣一上車就開始吃東西的克萊兒也加入她的行列，齊聲哀嚎。

我惱怒地索性掠過最後一站（村裡的烘焙坊）回家去。這等於是火上加油。克萊兒最愛的點心是新鮮的棍子麵包，通常我每天下午接她下課後就會買給她吃。她甚至只吃鎮上三家烘焙坊其中一家的（那家的麵包師傅非常以他們的配方和做法自豪，他們做出來的棍子麵包相當出色）。買這個點心通常是克萊兒每天下午的重頭戲：在烘焙房排隊，鄭重地付錢，把依然溫熱的棍子麵包抓在手中。所以當她看到烘焙坊的店面掠過車窗外，她的臉皺成一團。之前她的哭聲已經變小，這會兒又轉大，而且很快就火力全開。

等到我們回到家，她已經哭得累到不想吃東西。蘇菲大口吃下三個馬芬，還灌了兩杯牛奶，心滿意足地離開餐桌。但克萊兒開始卯起來鬧脾氣。我了解我女兒：如果她餓到極點，就會激動得不吃東西。我絕望地試著把小塊的藍莓馬芬塞進她嘴裡，但運氣不佳。

我感到有點慌亂。這只不過是計畫實施的頭一天。我搬出救兵，從櫥櫃翻出舊奶瓶，熱一些牛奶，裝進奶瓶裡。奏效了：肚子飽了，克萊兒平靜下來（除了偶爾打嗝的顫動），並願意坐在我腿上和我一起看故事書。經過這一番折騰，我覺得我也需要一些溫牛奶來鎮定心情。

晚餐是下一個關卡。我準備了女兒們愛吃的甜點：巧克力慕斯，但我也準備了她們看到後想必會不高興的東西。當早上菜市場時，我買了新鮮的魚（當地的比目魚）、南瓜和馬鈴薯。

幸好我想到聰明的一招：先端上馬鈴薯泥——讓她們動手做「火山」，也就是把薯泥塑成圓錐狀小丘，在頂端挖洞，放入一小塊奶油，然後看它融化。這招一如所料地圓滿奏效，克萊兒甚至吃了幾口馬鈴薯泥（通常她是不吃的）。

接著魚和南瓜登場，她們的防衛拉高。克萊兒沒吃到點心的氣還沒消，這會兒放聲大哭。蘇菲放下叉子，雙臂交抱，眉頭緊蹙。我拿起叉子叉滿魚肉，一手一支，並打定主意，在這頭一天，我是不會由著她們的。

但是我忘了另一個再明顯不過的飲食準則（放諸四海皆準的準則）：逼孩子吃是沒用的。如果孩子真不想吃，他們（被逼急時）會咬緊牙關，死不張口，而且他們會彼此慫恿。我現在知道我錯在哪了：她們很可能吃薯泥吃飽了，所以不覺得餓。況且蘇菲稍早前才吃了三個藍莓馬芬。

絕望之餘，我想到我的祕密武器：甜點。

「如果妳不吃魚，就不能吃甜點。」我堅決地說。隨後我從冰箱取出巧克力慕斯，放到她們眼前。壞主意。克萊兒哭得更大聲，蘇菲則氣炸了。

「我要吃慕斯！」

「如果妳不吃魚，就不能吃慕斯！」

「我討厭南瓜！」蘇菲大吼，她妹妹馬上哀嚎地附和：「我也是！」

「不能嫌食物不好吃，」我厲聲說：「嫌的話就要多吃一份！」於是我舀了另一匙的南瓜放到蘇菲盤子裡。

「好，」經過幾次來回的攻防之後，蘇菲下結論道：「我**什麼**都不吃。」然後她把椅子往後挪，離開了餐桌。克萊兒用留下來的人往往會有的那種機警的、盤算的神情（我也可能脫身嗎？）看著我和她姊姊，然後迅速跟進。

我氣得把巧克力慕斯撤走。我忘了飲食準則二：食物不是懲罰，也不是獎賞。

我多少知道這個晚上的情況只會繼續走下坡了。我咬牙帶她們上樓，開始進行就寢前的例行公事：洗澡、換睡衣、刷牙，上床蓋被、說故事。說故事是我和女兒們之間很重要的儀式。搬到法國來的頭幾個月，她們最適應不良的期間，我為她們倆各別編造了一個童話人物。「床邊故事」變成很重要的儀式，沒有床邊故事她們就不願意睡覺。就連保母也會事先被交代故事情節，並準確地照著情節走，不能有任何變動。

就在我向蘇菲傾身，開口要說故事之際，她突然大聲說：「我餓了！我要吃睡前宵夜！」

我暗自微笑，搬出我的說詞。「妳餓了是因為妳晚餐應該多吃一點。不過別擔心，明天有豐盛的早餐喔。」我用雀躍的口氣說。

蘇菲卯起來撂出她所知道最狠毒的話：「妳不是我的朋友了，妳很壞！」

「蘇菲，」我輕柔地說：「我是妳媽媽，不是妳的朋友。現在，妳想聽故事嗎？」

「不要！」蘇菲答道，把臉轉過去背對我。

「妳不想抱一下嗎？」

「走開！」

出房門時，我聽到輕輕的啜泣聲。我的淚水也幾乎要奪眶而出。這是蘇菲生平頭一回不聽床邊故事。與此同時，克萊兒也在她房裡哭。我認輸，並熱了另一瓶牛奶，希望至少可以讓她平靜地入睡。

我感到噁心反胃。她們倆都吃不好。蘇菲又餓又氣地上床，克萊兒退回到用奶瓶喝奶。這是我和她們吵得最兇的一次。我發現我把事情搞得更糟。這計畫是行不通的。這絕不是教孩子喜歡食物的方法。

這不是我最後一次痛苦地後悔搬到法國來。我們沒什麼朋友，女兒們過得慘兮兮，我們住在比發

霉的風洞好不到哪去的屋子裡。我們離開朋友、很棒的工作和有趣的城市，搬到人們認為帕瑪森乳酪是舶來品的村子裡。而且他們要我改變**我的**飲食習慣？

幸好菲利浦的火車誤點，所以他進家門前女兒都睡了。那晚稍後我簡單跟他說當天的情況，他的回應很貼心（我最愛我老公的一點，是他從沒〔嗯，幾乎沒有〕對我說過「我就說吧」）。

「法式的飲食對孩子比較好，對我們也好，」他溫和地堅持：「但是妳不能用處罰她們的方式來做到。那些規則是好主意，可是妳太過嚴格的話，是沒辦法說服她們去熱愛食物的。飲食是一種享受，不見得充滿了趣味，而是單純地令人愉快。」

菲利浦指出我做錯的地方。我以為自己是在建立新規則，卻使得這過程變成親子之間的角力攻防。我太拘泥於規則。運用不當的話，飲食規則會淪為對個體缺乏尊重的一種情緒暴力。

我想起我最喜歡的一本教養書，珍．尼爾森（Jane Nelsen）的《正面管教》（*Positive Discipline*）。我想我的錯誤在於，過去對孩子太放縱，現在則矯枉過正，變得太過專斷（嚴格、掌控、處罰）。我需要的是**有威嚴的**方式（堅定但溫和，而且溫柔地支持）。

回首過去，我也發現我忽略了法國飲食文化的另外兩個「支柱」：飲食乃社交之樂的來源，以及，食物要好吃。我也許不該第一個晚上就端出南瓜。也許我應該更有彈性一些。

我想，法國飲食準則從沒形諸於文是有理由的，畢竟這些是習慣和風俗，而不是**規定**。我想起蘇菲級任老師說過的話。規則不是要（不必要）壓制個人的偏好，而是培養個人的品味。就像孩子需要全面的教育，他們也需要全面的味覺。這不可能從逼迫我的孩子吃大量她們討厭吃的每一種蔬菜來達到。計畫宣告失敗。

我們的飲食實驗一展開就觸礁後，我便放棄了。聖誕節一步步逼近，可是我沒有力氣再試一遍。我的心情呼應著天氣：寒冷、陰雨、悲慘。我很寂寞，很後悔舉家搬到法國來。我之前是怎麼想的？這裡甚至沒下雪，我們將有一個濕濕冷冷的聖誕節，不是白雪皚皚的聖誕節。我花很長的時間跟在蒙特婁的姊姊通電話，她徒勞地努力讓我打起精神。

唯一會讓人心情好一些的是，女兒們熱烈期待著第一次在法國的聖誕夜家族聚餐。搬來之前，我們從沒辦法在法國過聖誕：機票太貴，而且菲利浦和我也不能請長假。她們一想到所有堂表兄弟姊妹圍在餐桌旁就樂得很。她們想要幫忙準備食物，這次的大餐由夢妮卡張羅（我們家對這七道菜餐宴的貢獻是一些前菜），並開開心心陪我臨時抱佛腳上超市採買。她們甚至跟我在聖誕節前上農場。我去取預訂食材，她們一如往常地奔向農場裡的動物。她們最愛的是小豬亞瑟，但牠很讓人傷心地不見了（「到加拿大度假去了，」農夫修伯特邊眨眼邊這麼說）。

縱使沒下雪，聖誕節還是充滿夢幻氣氛。美麗的燈泡點亮整個村子，商家的櫥窗滿是精巧迷人的展示（看著女兒們鼻子貼在窗玻璃上看得入迷，我忽然懂得逛街欣賞櫥窗在法國為何稱為faire du lèche-vitrine，字面上的意思就是「舔櫥窗」）。她們甚至跟聖誕老公公會面，他每年會在聖誕節前幾天搭船抵達。村子裡的小孩擠在碼頭邊的舊石道上等著。一當乘著小艇的聖誕老公公彎過海角出現，孩子們便

踏上鵝卵石砌碼頭前去見他，跟他告解自己犯的錯，並說出想要的禮物，任憑細碎的小浪打在他們的靴子上。然後聖誕老公公駕艇離開，消失在岩石陸岬一帶。蘇菲和克萊兒回來時容光煥發的模樣，比在家鄉時上購物中心回來後要夢幻得多。

所以當聖誕前夕（傳統上法國人家庭團圓晚餐）來臨，我有點（只有一點點）不想出席。她們要在所有親戚幾乎都在場的情況下撐到半夜以後，我還是對女兒們可能的表現感到焦慮。在我們開車前往菲利浦姑媽家過節的路上，他溫柔地盡力鼓舞我。

「試著放輕鬆，」他說：「她們看到妳緊張也會緊張，如果她們看見妳嘗試新的食物，也會跟著做。如果她們看見朋友和家人吃新食物吃得很享受，這一切會輕鬆很多。」

我試著記住他的話。我們抵達時那裡已經滿屋子人，生動的談話已經如火如荼展開，所以一切比我們原先料想得要輕鬆。那裡少說有三十人，光是禮貌性問候和吻頰就起碼花了半小時，在這過程中我已經不知蘇菲和克萊兒的去向，她們被一票年齡較大的堂表兄姊護送到兒童桌去了。我決定不讓自己太擔心她們在餐桌上的表現。人們似乎不太會去注意這件事——在場的小孩子太多了，不可能一一緊盯著（大家族的另一個好處，我想）。此外，餐前小點已經登場：燻鮭魚（聰明地用小巧的白色調羹盛著一口大小的量，周圍擺著滑順的檸檬奶醬），還有裝有柑橘慕斯的小玻璃杯。

最後，晚餐進行得比我想的要順利得多。在學校和幼兒園食堂用餐教會她們的，顯然比我在家裡教的還多；她們「跟其他哥哥姊姊一樣」，從頭到尾端莊地坐在椅子上。儘管克萊兒和蘇菲都有禮貌地回絕肥鵝肝（我也不敢吃），但她們津津有味地吃光了入口即化的珠雞。其他的東西她們吃得不多，但似乎沒人注意到。

如同在雨果和維吉妮家一樣，小孩子離席到一旁玩耍，留大人繼續享受交談。吃過排場直比麗池飯店的乳酪盤（蔓妮卡真的用一台乳酪推車推出乳酪盤，上面還附有切乳酪專用的刀子）之後，所有人回到餐桌上享用bûche de Noël——傳統上在聖誕節吃的木柴蛋糕，覆有樹皮（巧克力奶油）並點綴著聖誕葉和漿果（杏仁糖）以及白雪（糖霜）。身為還醒著的小孩子當中最小的一個（嬰兒已經被放到床上睡覺），克萊兒最先得到蛋糕，顯然陶醉在獲得眾人矚目的每一秒。

其實，我本來以為克萊兒會在十點左右鬧脾氣，但她一直很有精神。這讓她願意嘗試新食物，一道比一道好吃的菜不斷從廚房裡送出。她的堂表兄姊表現得彷彿這一切都很自然也有幫助。到了午夜，我開始在想要不要讓她和蘇菲上床睡覺。但是我對孩子就寢時間的明顯清教徒式堅持，多次被大家族聚會徹底推翻（「何必這樣，妳不能現在叫她們去睡覺，她們會錯過最精采好玩的部分！」）。

所以蘇菲和克萊兒設法撐過了午夜，還喝了香檳（只啜了一小口！），然後就寢。孩子一個接一個在某處（克萊兒在沙發上，蘇菲在某個鋪有地毯、放了枕頭的角落）蜷縮著身子，心滿意足地遁入夢境。坐在餐桌上五個多鐘頭，我也睏倦得很想加入她們。到了要離開的時候已經過了午夜兩點，菲利浦和我一人抱起一個，讓她們靠在我們肩膀上，就像我們在餐廳看到的法國娃兒那樣（彷彿是幾世紀之前的事）。克萊兒同樣把大拇指塞入嘴裡，平靜地被帶離屋子，沒發出半點聲音。

開車回家的路上，我對當晚進行得如此順利感到開心。我承認，菲利浦是對的。法國家庭鼓勵孩子們吃得好，但他們做到這一點的過程中多半沒有直接的衝突。父母很早就建立了良好的飲食常規，

孩子們透過淺移默化，透過跟周圍的小孩和大人看齊，來養成好的飲食習慣。我必須把這些規則看成是習慣，而不是長期目標。我必須把其他人納入孩子的法國飲食教育裡，就從我自己開始。我一直想改變孩子的飲食習慣卻不想改變自己的，這樣是錯的，我得先從自己的飲食習慣改革起。我得讓用餐這件事是有趣的。所幸，我近來閱讀的東西給了我很棒的點子。

6

大頭菜實驗

學會喜歡吃陌生食物

這個小不點煮了一鍋湯
這個小不點啜了一小口
這個小不點埋首湯杯裡
這個小不點喝光光
這個小鬼
遲到了
　都沒得吃
哭得咿咿哇哇！

——這是傳統法國版的〈小豬仔上市場〉
（This Little Piggy Went to Market），
唱的時候大人一一數著孩童的手指頭。

我的新年新希望很簡單。希望到了三月時，女兒們願意吃十樣新蔬菜，而且喜歡吃。聖誕晚餐（以及緊接而來同樣豐盛的新年晚餐）激起我捲土重來的鬥志。不過這一次，我會更有謀略。我告訴自己，孩子要學會吃陌生食物，同時要學會怎麼讓吃飯變得有趣——整家子人都覺得有趣。我會（暫時）把嚴格的飲食時間表和細嚼慢嚥的要求放一邊。我也會鬆綁嚴格的零食規定。就目前來說，我們單純只把重點放在培養孩子享用多元食物的飲食能力；這一點達成之後，再著手實行其他的飲食規則。

深夜上網偶然發現的一些科學研究也增強了我的決心。十年前，兩位美國研究者設計了一個新奇的實驗，基於數十年來的研究發現：孩童的食物品味和習慣，自幼兒時期起便慢慢在成形。這實驗很簡單，但非常巧妙。九家幼兒園被選來參與實驗，總計將近一百二十名年齡介於三到五歲的孩童。科學家把他們分成甲、乙、丙三組。

實驗第一天，三組的孩童都被供應蔬菜當點心，他們的選擇則被記錄下來。選項之一是實驗者特意挑選的一樣罕見蔬菜：大頭菜，切片後整球端上。用完點心後，每個孩子一一接受訪談，但沒有一個說得出那個蔬菜是什麼（如果你也不知道大頭菜為何物，別擔心，我先前也不知道。它是喀什米爾的國民菜，屬於甘藍菜家族，外觀像打了類固醇而毛髮旺盛的蕪菁。然而，它甜而溫和的滋味倒是透漏出，其科學怪人似的長相不過是虛有其表：幼嫩的大頭菜菜心，可媲美清脆多汁的蘋果）。

第二天，一名大學生在點心時間前對著每一組小朋友讀一本圖畫書。甲組聽的故事說的是有個小男孩到爺爺的菜園裡晃蕩，發現自己很喜歡蔬菜，但大頭菜除外。這圖畫書被更動過，每一頁均提及小男孩一再說的一句話：「至少我不必吃大頭菜。」乙組聽到的是同樣的故事，但一再出現的是正面的話：「簡直跟大頭菜一樣好吃。」丙組聽的故事長度差不多，但完全沒提到食物。

聽完故事後，孩童再度接受訪談。乙組的孩童（接受「正面」訊息的一組）有三分之二可以正確認出大頭菜。所有的孩童再次受邀嘗試大頭菜。唯一拒吃的小孩來自甲組（接受「負面」訊息的一組）。嘗試過大頭菜後，超過三分之二的小孩都表示喜歡大頭菜。

無可否認，這實驗很詭詐。但是它顯示一個重要事實：小孩子的食物品味比我們很多人以為的更可以改造。更重要的是，這實驗告訴我們，要讓孩子喜愛某食物有多麼簡單。只要大人開心地、用心地把關於食物（**所有**食物）的正面訊息融入日常生活裡，孩子便學得會吃各式各樣的東西。再者同儕壓力也很有幫助：如果其他的大人小孩都吃了，就算最不情願的孩子大抵也會跟著吃。

我了解到，在法國，這類的大頭菜實驗實行了有數百年之久。到了三歲大，大多數的法國小孩還沒嘗過的東西就剩酒精和內臟，而這類的法國珍饈，大多數的孩子很快便會愛上。當然，法國人不是異數。在我們家鄉溫哥華，這類的情況也屢見不鮮。住我們對街的印度小孩，喜愛扁豆湯和薑黃之類的香料。蘇菲的墨西哥朋友喜歡辣椒醬。克萊兒的波蘭朋友午飯裡會有德式酸菜。換句話說，小孩子的食物偏好比大多數美國父母認為的更有可塑性。

當然，法國小孩（一如世上其他小孩）有時候也會對吃陌生食物感到不舒服。和菲利浦的表姊克莉思黛拉（她在法國里昂經營一間幼兒園）聊天當中，我學到一個科學用語來描述這種對陌生食物的恐懼：恐新症（字面上的意思是，恐懼新事物）。她告訴我，恐新症通常出現在兩歲左右（約莫是孩童開始自己吃飯的年紀）。據她說，科學家們對於這種恐懼何以出現眾說紛云。它也許是一種保護行為：

害怕吃新奇食物的幼兒比較不會中毒。它可能也有演化上的根基：在自然界裡，甜的、有油脂的或鹹的食物比較有營養價值，也比較不會有毒。或許它基本上是心理層面的現象，出現在小孩子進入到會跟爸媽唱反調的發展階段（聲名狼藉的「兩歲叛逆」和恐怖的「凡事說不！」階段）。有些專家相信，恐新症可能和小孩子味蕾的發育有關，在這過程中他們會拒絕苦味（往往出現在青菜裡），而且偏愛甜味、油脂和鹹味這些先天上更討喜的口味。

克莉思黛拉告訴我，不管有多少種說法，法國專家一致同意兩件事。首先，儘管對食物的好惡有基因上的生物因素在，文化的因素也占有重要的地位。孩子喜歡什麼，或不喜歡什麼，是**學習來的**，而且很早就開始學習。一些研究指出，早年的味覺經驗會影響到對食物的接受度，甚而日後對食物的偏好。其次，恐新症是發展性的**階段**，不是一輩子不會改變的狀態（雖說萬一父母處理不當的話，可能會發展成人格特質的一部分）。

和克莉思黛拉聊過後，我感到希望無窮。她的想法呼應了我從法國父母聽到的說法。他們說恐新症（雖然他們不用這個詞）主要是心理上的。法國父母料得到孩子可能會拒吃陌生食物，但他們把這現象視為正常，而且認為是一時的。聽我問起這現象時，大多數父母都認為，那是孩子在測試限度何在，而不是真心表達他們對某食物的厭惡。而且這些父母都堅信，別陷入親子之間的角力拉扯很重要：如果孩子拒絕某食物，爸媽將之撤走便是，別小提大作。不過他們也不會端出替代食物，而且他們堅守這一點。

從法國親子教養書節錄的這段文字很經典：「假使沒有對立的一方存在的話，對食物的反感不會持

續下去。看到孩子不吃某樣食物時，父母的最佳反應是淡定以對。做爸媽的要提醒自己：『這情況會過去。只要我不多做反應，孩子就不會繼續不吃。』」淡定不是我向來有的態度，可是我必須承認，這比起我常用的方法，感覺上壓力小很多。

法國父母也相信，很少有食物是真的難吃的，所以他們認為大多數的孩子都有能力品嘗大多數的食物。當然，有些食物很可能會引發反感，像是生大蒜的濃嗆味。不過小孩子不愛吃的食物（譬如青花菜），客觀來說多半不是真的難吃。在法國人眼裡，小孩子對食物的反感大多是心理因素居多，非生理因素。

法國人把這些觀念內化到日常的親子教養文化裡。他們相信，孩子天生會對食物好奇，而且大多數的飲食都是後天養成的品味，父母的職責就在於讓孩子習得這些品味。因此，教育幼兒享受形形色色的食物，是父母最重要的教養任務之一。我所認識的法國父母都會試著培養嬰兒天生對嘗試陌生食物的好奇（以及愛好）。事實上，只要在網路上多加搜尋一下，就可以找到支持他們的研究：嬰兒一致對嘗試新奇食物感興趣（就像他們總是偏愛房裡的新玩具一樣）。孩子在年幼時嘗試新奇食物，將影響日後對食物的偏好。不僅如此：克莉思黛拉寄給我的法國研究顯示，很多小孩子（每四個就有一個）不太有恐新症，或者完全沒有；只要父母教得對，他們會快樂地繼續嘗試新奇食物，從不會對新奇食物產生反感。

法國父母首重把飲食當成享樂，也代表他們不會過度掌控小孩。他們本能地知道，父母的焦慮和壓力會產生反效果。餵養孩子不在於強迫孩子吃，這樣做往往只會適得其反，讓孩子更不配合（就像我在聖誕節前吃了苦頭得到的教訓）。因此處罰性規則不會被採用。相反地，規則關乎正面的紀律，輔之以無可質疑的慣例，讓法國孩子覺得嘗試新奇食物是再自然不過的一件事。這減輕了孩子的壓力，也減輕了父母的壓力。法國父母用來鼓勵孩子嘗試陌生食物的有效準則就是一例：

法國飲食準則第6條之1：
應付挑食的人：你不必喜歡它，但你必須嘗嘗它。

對於這項準則，妞兒們的爺爺特別有一套。訣竅在於讓孩子主動張口吃，而非強迫。比方說，他會選在大家正享用晚餐前的開胃小點的時機下手，這時候所有人會喝喝某種雞尾酒，吃吃鹹味小點，譬如橄欖、餅乾、餡餅或堅果。法國小孩很喜歡開胃小點，也許是因為可以隨意地吃喝。這些食物是社會唯一認可的大人可以吃的點心。此時也是全家人不必坐在餐桌旁進食的唯一時間；開胃小點是可以舒舒服服坐在客廳裡吃的點心。對小孩子來說，對被嚴格禁止站著（或被禁止在餐桌以外的地方）吃東西的人來說，開胃小點有種嘉年華狂歡的氣息——儀式化地打破規則，讓人感到歡樂有趣。

因此，當爺爺要她們在吃開胃小點時嘗試新食物，她們通常會高高興興地接受。一顆橄欖可能會

若無其事地被遞上。如果某個孩子抗拒，大人和年紀較大的孩子會輕柔地說鼓勵的話（比如說，「吃啊！」）。不過孩子不會被迫去做任何事。大人持續交談，沒有人會大驚小怪。

我的小孩通常會小心翼翼地嘗試陌生食物，通常是上面沒有長眼睛的那種。她們的反應（不管喜歡或不喜歡）都會被溫和地接納。小孩子可能會有禮貌地說：「不，謝謝。」「不喜歡吃？沒關係，等會兒你說不定會想嘗嘗看。」或者，「好棒，你喜歡那種橄欖？試試看這個。」另一個裝著各色橄欖的碗隨而被遞過來。這樣的情節一而再發生，每隔一會兒就會來一次，經過一、兩個月，孩子最後往往會開始吃陌生食物。

爺爺這一招顯示了法國人培養孩子飲食習慣的一個關鍵因素。他們不小題大作。他們不在孩子身旁打轉。沒有人焦慮。父母的態度爽朗但實事求是。最重要的，要是孩子不吃，父母就是把食物移開而已，不會多說什麼，也不提供替代品。而且基於「不給零食」的原則，他們知道孩子下一餐會更餓，這樣對他們教養孩子更有利。

如此一來，食物從不會變成親子間的角力拉扯。相反地，食物成了慣例的一部分，是充滿大量新奇事物又可以聯絡情感的有趣慣例，但依舊是慣例。孩子毫無異議地來到餐桌，接受爸媽準備的食物，期待著驚喜，而且大半時間裡都享受著每一口食物。這當中透露的某種純真，總是令我驚奇。大多數的法國小孩純粹就是不會和食物過不去。

法國父母是怎麼辦到的？部分的答案在於，從孩子還很小的時候起，他們便在安排餵奶時間上展現權威。蘇菲還是嬰兒時我也體會到這一點。就像我們認識的多數寶寶，蘇菲一餓我就餵母乳，也就是說，每三小時（或往往更短）就要餵一次母奶。蘇菲八個月大時，她的進食時間表大約如下（雖然每天都會變動）：

凌晨一點：餵奶
清晨四點：餵奶
上午七點：餵奶
上午八點半：嬰兒麥片
（小睡二十分鐘）
上午十一點半：餵奶
下午十二點半：蔬菜泥，嬰兒餅乾
（小睡二十分鐘）
下午二點半：餵奶
（小睡二十分鐘）
下午五點：餵奶
下午六點：燉水果或優格
（小睡二十分鐘）
晚上九點：餵奶

（就寢）

這看起來很累人，的確是。我老公和我每晚就寢前總會交換眼色，一再希望蘇菲可以一覺到天亮（她頭一回一覺到天亮已經十四個月大，每年那一天我還會默默慶祝一下）。她一天可以睡上十三個鐘頭，而我們平均睡不到六小時，而且分成三段，半夜一點和四點要起身餵奶。我簡直像行屍走肉。

這使得我陷入好一陣子的「產後輕鬱」（雖然不是十足的產後憂鬱症）：沒被睡眠不足搞得崩潰痛哭時，一見有關嬰兒睡眠的任何書，我就狂熱地拿來讀。我試過「寶寶不哭睡眠法寶」（No-Cry Sleep Solution），也試過親密育兒式的搖晃寶寶入睡。最後，絕望之餘，我試了法柏式的方法（Ferber，又叫做「哭飽了就會睡」），但沒一、兩分鐘我就心軟了。什麼法子都不管用。蘇菲依舊一分不差地在半夜一點和四點醒來，只有在喝飽奶水，我的奶水，心滿意足之際才肯回頭去睡。

讓這一切多少還可以忍受的一點是，我以為這是全天下的媽媽共同的命運，直到我們拜訪了我老公的幾個老朋友——法國朋友。有對夫妻有個八個月大的寶寶，我以為我可以跟那個同樣累得慘兮兮的新手媽媽一起吐苦水。沒想到她絲毫沒有累得慘兮兮。

八個月大的寶寶克萊門的進食時間表如下：

上午八點：醒來，二百四十毫升奶水

（小睡二～三小時）

下午十二點半：蔬菜湯，水果泥或優格

（小睡二～三小時）

下午四點半：二百四十毫升奶水

（小睡一小時）

晚上七點：二百四十毫升奶水加寶寶麥糊

（就寢）

我們造訪的頭一天，我看到克萊門猛吸奶（到了進食時間，可想而知他餓得很），大口吃果泥，每餐之後心滿意足地睡好幾個鐘頭，驚訝不已。夜裡他睡得香甜，一覺到天亮，夜夜如此。

克萊門每天四餐都準確在固定的時間進行。從不提早，連提早個五分鐘也不成，餐和餐之間，他只能喝水。克萊門很快學會，是大人決定他吃什麼、在哪裡吃（只在他的高腳椅上）以及何時吃。他的耐心很是驚人：他從來不曾，或者很少，餓得大哭。事實上，從他每餐吃的量看來，我真懷疑他有餓肚子的時候。

大多數的法國小孩都像克萊門這樣被養大（順道一提，克萊門也長成了一個不挑食、快樂健康的孩子）。到了幼兒階段，法國小孩已經知道，他們的飲食規律是由爸媽作主的。這意謂著他們樂意接受「必須嘗試陌生食物」這一點。一旦他們習慣這一點，法國父母接著採取下一步：

法國飲食準則第6條之2：
應付挑食的人：你未必要喜歡吃，但你必得吃。

法國父母利用孩子通常會高高興興吃的食物下手，來實行這個準則。這個準則在我孩子身上也發揮了神奇效果（對我也是）。之前，我煮她們向來喜歡的食物，她們卻說「我不喜歡吃」時，我會馬上憂慮起來。我會試著改變她們不喜歡的那個味道（多放一點奶油？多放一點鹽？加一點醬油如何？番茄醬？）我很不智地把飲食的決策權交到孩子手中。回首過去我發現，我困在一方面想培養孩子的個人選擇權和自主性（不吃某個食物沒關係），另一方面又想要孩子吃優質食物（不吃某個食物是**不行**的）的矛盾裡。在北美（推崇個人選擇權的文化）孩子可以不吃他們不愛吃的東西，父母卻又因為孩子吃得不好而憂心忡忡。這導致一個惡性循環：我們對食物感到焦慮，因為這層焦慮，我們的孩子往往吃得更不好。

法國父母沒給孩子同樣多的選擇。能夠吃得好是一種社會生存技巧，在學校或在職場都是。公然表達個人對食物的偏好，會被視為不懂禮節，這在法國文化裡不會被等閒視之。假使孩童從前吃過某樣東西，而且喜歡吃，那麼那食物被任意地加以變化後，孩子會很難接受。不過他們會被溫和但堅定地告知說，吃下它。而且大多數時候他們照辦（古怪的孩子會拒絕吃。不過真正的拒食症，相對上是罕見的醫學現象，有拒食症的孩子並不多見）。

法國父母也會被告知一些北美父母聞所未聞的事。法國小兒科醫師對法國家庭提出關於恐新症的警語，說年齡介於兩歲到四歲的孩童胃口縮小，而且變得多變。這現象部分是身因性的（孩子的發育速度減緩），部分是心因性的（法國孩子就跟世上其他小孩一樣也會經歷愛唱反調階段）。法國人甚至還有個正式名詞來稱呼它：叛逆期。他們知道，要認識新奇的口味、風味和質地並建立健康飲食習慣是有時限的，所以他們集中火力在孩子人生的頭兩年內，引介大量形形色色的食物。

我不得不承認，法國父母在引介陌生食物給寶寶和幼兒時所依循的「合理」順序，有時候還真令我困惑。譬如說，軟質乳酪先於硬質乳酪，因為比較容易咀嚼。因此洛克福藍紋乳酪可能會被拿給九個月大的寶寶吃（一般來說，他們喜歡那濃濃的鹹嗆味），而切達乳酪則是要到很後來才會嘗到。不管你對他們的邏輯有什麼意見，他們的目標似乎合理得很：訓練孩子的飲食品味、體驗和喜好。目標是幫助孩子喜愛多樣性的食物。

不過法國人所理解的多樣性和北美人理解的不一樣。我們的親子教養書（以及父母）傾向於注重微量營養素的攝取，譬如omega-3脂肪酸或鐵質。法國人反而沒那麼在意微量營養素，而是把心思放在教導孩子習慣多樣化的口味、口感和色澤。因此法國父母得到的建議，不光只是哪個特定食物含有哪種特殊的營養，也包括哪些具體做法（例如每一餐的蔬菜泥在顏色上有所變化）有助於灌輸孩子對陌生食物的預期。從提供給孩子大量蔬菜、未加工的食物和高品質的點心，他們訓練孩子享受「真正」食物的味覺。

事實上，很多法國人相對地還是很不習慣任何加工的「便利」食物。我嫁給菲利浦後很快便發現到這一點。婚後某天深夜，他神情緊繃地來找我。

「妳買的那個冰淇淋裡加了什麼東西？」他問，一副很想吐的樣子。

「我們家沒有冰淇淋呀，」我不解地說：「冰淇淋上禮拜就吃完了，之後我還沒再去買。」

「可是有一大盒在冰箱裡，」他說：「而且吃起來，嗯，有點怪怪的。」

「我去看看。」我說，擔心著某盒被遺忘在那裡的陳年冰淇淋已經讓我新婚丈夫食物中毒。我腦中不安地閃現他奄奄一息躺在病床上的景象。我衝向冰箱，抓狂地翻遍每個塑膠盒。我鬆了一口氣，我是對的。我很確定家裡沒有冰淇淋。可是菲利浦究竟吃了什麼？

我奔回臥室，發現他抱著胃蜷縮在床上。

「冰箱裡沒有冰淇淋呀！你吃了什麼啊？」我問，努力讓自己的口氣聽不出憂慮。

「當然有啊！」我老公氣沖沖說：「就是裝在白色大塑膠盒裡的！」

我奔回廚房，再次打開冰箱。我眼花了嗎？那裡有個白色塑膠盒沒錯，可是裡頭裝的是做巧克力碎片餅乾的冷凍生麵糰——那種在超商裡買得到，可以做「新鮮」餅乾當零嘴的生麵糰。我抓起那一盒，快奔回臥房，這會兒他的臉色更糟了。

「你是吃了這個嗎？」我不敢置信地問，彎下腰在他半閉的眼睛前晃了晃那盒東西。看著他的表情，我讓口氣鎮定。「這不是冰淇淋——這是餅乾麵糰！」

這下子換他一臉震驚。「那就是妳用來做餅乾的東西？我從來沒聽過這種事！」

「你吃了多少?」我逼問他,訝異著一湯匙的餅乾麵糰怎麼會讓他胃痛成這樣。

「呃,滿滿一碗。」他坦言。「味道有點怪,但我以為這是美國新口味,我不想浪費,所以全吃光了。」

我發現(在我歇斯底里地笑了好幾分鐘之後,可惜菲利浦沒辦法和我一同大笑),這是法國飲食訓練的潛在壞處之一:多年來嚴格奉行「別對食物大驚小怪」的原則,使得他們會委婉地吃下不能吃的東西,甚至罔顧他們更好的判斷。不過在我老公眼裡,問題不是出在他的味蕾,而是我的採買習慣。他花了很長的時間才原諒我買這種「假食物」。

這是法國父母飲食方程式的另一半關鍵,而且可以歸結成簡單的一點:給孩子吃非加工的、非工業化產製的、自製的食物,他們就會學會喜歡吃這類食物,而且它們也會變成他們的撫慰食物。所以法國人基本上關注的不是監管孩子吃了什麼,也不是禁止所有的「假食物」。不如說他們的目標是訓練孩子飲食均衡,並讓他們深深了解到,假如他們吃的大半是「真正的食物」,他們會健康得多。

從法國小孩食用的蔬果來說,這個準則的成果斐然。在我真正信服法國取向之前,我確實查過統計數字。法國人建議,孩子每天要吃五份(大約兩杯半)蔬果。不到一半(百分之四十二)的法國小孩達到這一點,其餘的很多所差不遠。相反地,據估計,美國孩童和青少年大約只有一成(以及兩成的幼兒)達到美國政府建議的每天食用兩杯半蔬果的標準。在北美,最受歡迎的「水果」事實上是果汁(幼兒有食用水果的不到一半)。美國兒童最常吃的「蔬菜」是薯條(在某些研究裡,食用量高達所有蔬菜的一半),在法國的統計裡,薯條則不算蔬菜。

我知道你在想什麼。我也有同樣的疑問。法國父母是怎麼讓孩子吃下這些蔬菜水果的？

這大半可以歸因於，法國小孩多早接觸到各式各樣的食物，以及帶著什麼樣的心態來接觸。首先，法國父母不光只看重孩子吃青菜水果，了解這一點很重要。他們也對訓練孩子的胃口感興趣。法國人把「胃口」理解成一種心理狀態，由特定食物所引起的想吃（以及感到滿足）的狀態。因此，對法國人來說，胃口不止是食量的大小；它也是一種心靈狀態。如果說飲食是某人會去做的一件事，那麼胃口便是他／她有多麼**想**去做那件事。這有賴很多因素：處在一天當中的哪個時間、吃的欲望多強、對吃的環境感覺如何等等。法國人刻意訓練孩子的胃口，不管是情緒上的、心理上的還是生理上的，而且他們的做法和北美的父母差別很大。

在北美，父母們傾向於從少數幾樣食物著手，而且緩慢地把這些食物引介給孩子。此外，他們得到的指引也很少。從美國小兒科學會在他們親子教養的網頁上張貼的資訊可見一斑：「對大多數嬰兒來說，最先吃到的固體食物為何無關緊要。」該學會出版（並且在網頁上促銷）由多位醫生合著的《食物之戰》（*Food Fights*），用了一整章的篇幅談拿番茄醬當兒童食物佐料的做法。書中的某些觀點肯定會讓法國小兒科醫師直搖頭（最明顯的是，該書宣稱用番茄醬來鼓勵孩童吃蔬菜，對於孩童日後對新食物和新口味的接受度不會有長遠的影響）。

在法國等同於美國小兒科學會的機構是法蘭西小兒科協會（Société Française de Pédiatrie）。在關於嬰幼兒營養的一本刊物裡，有篇名為〈食物多樣化〉的文章。裡頭完全沒提到番茄醬。通篇（以及法國小兒科醫師刊登的其他文章）對於法國父母如何促進嬰兒飲食的多樣化，提供了許多吸引人的見解。

首先，他們精確地指出引介陌生食物的年齡和階段。食譜書（以及嬰兒食物網站）基本上分成以下幾個類別：四～五個月大、六～九個月大、九～十二個月大、十二～十八個月大，和十八～三十六個月大。每個階段都有新類型的食物，目標定在三歲左右幾乎可以吃大人吃的所有東西。

法國人餵給孩子吃的東西也很不一樣。法國寶寶在四個月大時最先吃的食物不見得是麥片（北美常見的嬰兒副食品），而是稀的蔬菜泥或蔬菜湯。小兒科醫師給的標準建議是加牛奶來稀釋，裝到奶瓶裡給寶寶喝。第一天，把少量的湯（譬如說，韭蔥湯）加進奶水裡，讓他們嘗嘗味道。接續幾天，湯的量增加（牛奶的量減少）。不到一星期，寶寶便是喝蔬菜湯當每天主食，而不是奶水。接下來是慢慢增加湯的濃度，再轉為用杯子啜飲，繼而使用湯匙。到了寶寶發展到可以用湯匙進食，他們已經學會喜歡吃蔬菜。

蔬菜上場之後，沒多久水果隨即加入，通常當作下午的點心。深知法國父母會熱切地盡量引介各種滋味給寶寶，法國小兒科醫師溫和地提醒：「每天引介一種水果是比較好的做法，這樣孩子才能學會去欣賞每種水果的特定滋味。」

到了九個月大，選項急劇擴充，這時寶寶吃的蔬菜已經相當多元。對有些寶寶來說，這些蔬菜是以湯湯水水的形式裝在奶瓶裡喝；也有其他寶寶漸漸接受以湯匙餵食（喝母奶的寶寶居多）。菜單上包括了胡蘿蔔（但是量不能太多，免得便祕）、青豆、菠菜、櫛瓜、嫩（白）韭蔥、嫩菊苣、嫩唐萵苣和南瓜。同樣地，父母被鼓勵每餐只供應一種蔬菜，以呵護寶寶發育中的味蕾。麥片很少派上用場，除了每天早晚餵奶時加一、兩匙到奶水中（法國人的做法我也不是照單全收：雖然所有研究都指出餵母

奶好處多多，法國卻是所有工業化國家裡餵母奶的比率最低的國家之一。法國媽媽假使有餵母奶，通常也是兩個月後就停止了）。

更進階的多樣化階段從一歲大開始，持續到三歲左右——法國人形塑（有些書甚至用「建構」這個字眼）孩童品味的關鍵時期。他們偏愛採用的蔬菜，往往是古怪的選擇，至少在美國人看來是如此。譬如說，我婆婆就很訝異我從青豆開始，因為她覺得青豆的味道和口感「太強烈」。說真的，法國人依照他們的品味，把蔬菜分成「溫和」和「強烈」兩類（總有那麼點太過隨意的感覺，至少我這麼覺得）。就像她對我說明的，「溫和」的蔬菜（譬如嫩韭蔥）應該先於「強烈」的蔬菜，諸如甘藍菜、蕪菁、洋蔥、番茄、甜椒、茄子和歐芹。我們的朋友勞倫斯住在南法，最先給寶寶吃簡單的櫛瓜泥，幾個月後才加歐芹和番茄。到了寶寶安東尼一歲半時，茄子和甜椒相繼加進來，口感從滑順轉為濃稠中帶有小碎塊，這會兒安東尼吃的已經是近似普羅旺斯燉菜的東西了。

這「強烈」蔬菜清單可能會令大多數美國父母卻步，可是法國父母通常不假思索地餵這些「罕見」蔬菜給孩子吃。有沒有聽過南歐刺菜薊？我也沒有（它是朝鮮薊的一種）。法國小兒科醫師協會把這種菜列入建議清單，而且在大多數的法國市場都找得到。婆羅門參也在清單之內。我也是查了字典才知道它是名叫「耶路撒冷之星」（Jerusalem star，或者又叫「蔬菜中的牡蠣」）的一種植物，我從沒看過這種東西，更別說煮給孩子吃了。

法國小兒科醫師協會的清單上沒列的一點，倒是出現在北美的標準裡：

一次引介一種新食物，每兩、三天一次。假使有拉肚子、嘔吐或起紅疹的症狀發生，立即停止食用並就醫。

當我還是新手媽媽時，這類的陳述令我心驚膽跳。給寶寶吃嬰兒食品會造成拉肚子和嘔吐？天哪！因此我極度謹慎。到了一歲大時，蘇菲接觸過的蔬菜相對上算少（番薯、青豆、馬鈴薯、南瓜和胡蘿蔔），她的飲食極其倚賴麥片（奶油麵包和餅乾）。

她的堂兄弟姊妹，在同時間裡已經慢慢適應了韭蔥、櫛瓜和更多蔬菜。這情況很常見。法國小孩到了一歲大時已經在吃大量的蔬菜。他們每餐都有穀物和麥片，但這些相對上只占很少的量。到了兩歲這很可能會顯現恐新症或愛唱反調的年紀，大多數的法國小孩已經嘗試過（而且願意吃）的食物比多數美國成人都多。這情況持續到他們十多歲。克莉思黛拉寄給我的研究報告裡，也包括了法國營養師關於反感食物的研究。這些報告我越讀越吃驚，實在不敢相信法國小孩顯然嘗過的食物種類如此之多。名列前二十名的「反感食物」有牡蠣、牛舌、煮過的菊苣、蕪菁、肝、腦髓（沒有指明哪種動物的腦髓）、牛肚、栗子糊和腰子。除了蕪菁之外，這些食物很多美國父母（包括我在內）吃都沒吃過。可是法國小孩經常吃各式各樣的食物，而且看著他們的父母吃著、享受著這些食物。這就是他們之所以相信法國飲食的黃金原則「人必須什麼都吃一點」的原因。

越是思索這一切，我越發擔心。時間已經來到一月中，從我草擬計畫起，已經過了好幾個星期。前一次的失敗讓我感到很無助，尤其是面對蘇菲時，總覺得一切已經太遲。我擔心她已經大到難以改變（雖然她才快滿六歲）。她討厭嘗試陌生食物。這種心情我懂——我也很不喜歡嘗試新食物，儘管我知道顯現個人對食物的偏好，對法國人來說是極其無禮的表現。

珊卓恩安慰我說，蘇菲在學校食堂裡表現得很好，要我無須多慮。午餐時間有時是蘇菲在學校最快樂的時間，這是事實。就在上禮拜，聖誕假期過後，蘇菲有天放學回家，臉上閃著光彩。「媽媽，我得到fève（豆子）！」見我一臉茫然，她大笑並解釋，學校食堂那天端出一道特別的甜點：國王派。一尊小玩偶被藏派裡面，只有一尊。吃到藏有小玩偶的那塊派的幸運小朋友，當天接下來的時間就可以當皇后或國王。蘇菲把她的紙製皇冠拿給我看，還有她緊握在手心的fève，那當然不是豆子，而是一尊小巧瓷玩偶，戴著皇冠的迷你皇后。是了！在國王節（天主教的主顯節）這一天，全法國的小孩會吃唯有這一天才有的特殊蛋糕，開開心心當一天國王（注：耶穌出生後，三王帶著三樣禮物來朝聖：國王派、豆子，和皇冠。按法國慶祝習俗，豆子會藏在派裡，誰吃到誰是國王。現今派裡不再放豆子，而是改放陶瓷娃娃或塑膠玩具）。

想到蘇菲的經歷，我明白珊卓恩說得沒錯。蘇菲已經準備好開始適應在家的法國飲食準則了。可是我不確定自己是否準備好了。我還是感到力不從心，在教養和全職工作之外，還得實行孩子飲食多樣化的計畫，像是我要培育她們成為米其林三星主廚似的？我的第一個念頭就是反抗。可是那些食譜書好誘人，我一翻再翻欲罷不能。有天我在晨間邊喝咖啡邊翻看其中一本寶寶食譜書，忽然閃過一個念頭：何不把她們帶回到起點從頭開始？她們的確從沒嘗過這些蔬菜泥，何不讓她們現在開始嘗嘗看？我越想越感到興奮。我可以拿蔬菜泥當湯，這會消除女兒們對陌生食物最常有的反感——明顯的外觀和口感。只要她們喜歡上湯裡新食物的滋味，我就可以慢慢用其他形式把新食物引介給她們。畢竟，法國寶寶是從湯認識食物的。事實上，湯品依然是法國人最喜歡的晚間菜色。

這會是某種的「食物重生」，我想（儘管這說法聽起來很嬉皮，只有我自己知道）。我們選了十二種蔬菜，打算用一個月的時間讓女兒們重新認識它們。這將是我們家的大頭菜實驗。我在李尼亞克的食譜書裡找到靈感，我從蘇菲的老師得知這位學校食堂改革鬥士。我從圖書館借來他的一本料理書，愉快地閱讀他精闢的見解，其巧妙地總結了法國哲學。我最喜歡的一句話是：「要喜歡某個食物，你得先**馴服**它。」我喜歡這個想法，這意謂著和某事物相互認識，進而熟悉親密的漸進歷程。就像克莉思黛拉借我的另一本書，心理學家娜塔莉・麗葛（Natalie Rigal）所著的《品味的誕生》（*La naissance du goût*），這本書談到了運用所有的感官來探索新食物——視覺、嗅覺、觸覺、味覺，甚而聽覺。

這給了我一些有趣的新點子，可用來應付女兒們可能不吃我煮的新食物。我們會試著進行試吃訓練，就像學校做的那樣。如果孩子一開始就不願意嘗試食物，我會請她們先聞一聞，或者試著形容它。她們還是要接觸新食物（有所進步，從法國人的觀點來看）。我也從尋找資料的過程中學到，真正讓孩子嘗到食物（就算是一小口也行），是教他們喜歡它的竅門所在。因此，第三次端上桌時，孩子就**必須**嘗嘗看。不過他們未必要吃下它。我會依照法國人的做法，不會準備替代食物，但也不會強迫她們吃。

鑽研過這些食譜書後，我興沖沖擬出一星期的「品嘗菜單」，我決定這麼稱呼它。我每一餐都要引介一樣新蔬菜，以湯的樣貌出現。它會被當成前菜。小小猶豫了一下之後，我挑了韭蔥和菠菜。根據法國人的說法，這兩樣都是「溫和」蔬菜，深綠的色澤會是個挑戰。我列入了紅色甜椒，因為這是我最愛吃的蔬菜之一。我也納入紅扁豆泥，因此至少有一道湯的口感濃厚些。我也選了胡蘿蔔，因為它可以帶來熟悉的撫慰，但願她們這個冬天過得輕鬆。

我決定，湯要力求簡單，而且和嬰兒吃的蔬菜泥一樣稠。每一道只放一、兩個主要食材，好讓蔬菜的滋味鮮明。湯裡也一概不加鹽或香料（除了一丁點放在湯面的含鹽奶油）。一旦女兒們喜歡某道湯，那樣蔬菜就會出現在當週的主菜裡（或者以生蔬的形式出現）。一旦她們習慣了每晚的新滋味，我就會把其他的法國飲食規則加進來，譬如不吃零嘴。不過在一開始，我們只著重於讓新食物變得有趣。

這些點子讓我受到鼓舞，但有件事讓我遲疑。製作蔬菜泥的混亂和額外要花的功夫，不是我所期待的。不過，說到和料理相關的事，法國人再次證明了他們的天分。某個聰明人發明了我所需要的東西——也是很多法國父母的得力工具。「副食品調理機」（BabyCook，我老公總會裝可愛用娃娃音發成「嗶嗶酷」）在我們家爐台上光彩亮相。形狀像小巧切碎機，一側附有水槽似的裝置（很像飯店裡的咖啡機），這副食品調理機可以蒸煮、拌勻、把蔬菜攪打成恰恰好的稠度，全在一個容器裡完成（而且需要的話，稍後還可以再加熱或解凍）。搞定啦！

這會兒我們一切就緒，準備要展開（第二版）計畫的第一階段。我得意地把菜單貼在如今塞滿的冰箱上。

星期一	星期二	星期三	星期四	星期五
奶滑胡蘿蔔湯	可愛的韭蔥湯	快樂的甜椒泥	好吃的扁豆湯	特調菠菜糊

給每道湯取個花俏的名字是我老公的主意。孩子看不懂無所謂，我們會唸給她們聽，大家都同意這樣感覺上會更好吃（或至少很有趣）。菲利浦是從當地學校食堂學來這點子，那裡的菜單看起來比我們家鄉的高檔餐廳的更誘人。

「這全是行銷手法。」有天開車載蘇菲回家途中，他在聽完蘇菲和瑪莉說起當天午餐吃的甜菜根沙拉時，這麼跟我說。「一半在視覺呈現上搞花樣——桌布、餐具、餐巾、餐盤；另一半在名稱上搞花樣。如果名稱取得好，連小孩子也會更感興趣。」

在那當時，他的說法我不怎麼信。不過那是他頭一次對計畫主動做出貢獻，所以我決定迎合他。我記得曾在飛機上讀過雜誌裡一篇如何把對食物推銷給孩子的文章——把蔬菜水果擺在美美的盤子裡，取有趣的名稱等。法國人稱之為「展示的藝術」。

我們的法國朋友聽到我們的計畫都很開心，紛紛提供建議，尤其是讓小孩子感覺到餐桌是很特別的地方這方面。為孩子購置可愛的餐具就是建議之一。我們宣布要添新餐具，妞兒們樂得有大象巴巴、泡泡先生、丁丁和小王子的圖樣可選。她們奶奶帶來數只小碗，上面有手繪風景，畫著穿著布列塔尼傳統服飾的兒童；那是特別訂製的碗，外表有著以美妙草寫字體刻著妞兒們名字的浮雕圖案。餐桌墊布畫著馬棚裡的馬——爺爺的禮物，他很愛帶著孫女們騎小馬。希望這一切真的會在女兒們接觸新食物時帶來更多樂趣。

不過我還是躊躇著是否真要重新開始。萬一失敗了怎麼辦？一星期過去了，我依舊一拖再拖。我得承認，部分的原因是我自己也很挑食。小時候，我只吃幾樣喜歡的東西（麥克雞漢堡、炙烤乳酪和番茄醬、蘋果醬）。十多歲時，我通常自己微波食物獨自在餐桌旁吃晚飯。我們爸媽稍晚才吃，有時在電視機前吃。家人大多數時間都待在各自房裡。我放學後在麥當勞打工，後來在當地藥局打工（持續在麥當勞用餐）。因此，我想，我沒讓女兒們接觸各色食物也沒什麼好奇怪的，我自己的飲食也不多元。不過問題是，如果蘇菲和克萊兒不開始嘗試新食物，尤其是她們在更小的時候沒有過吃新食物的經驗，她們很可能會變成慣性的恐新症。

另一個星期又快過了，我遲遲沒有行動。最後我婆婆插手了。星期五下午稍晚時，她沒說一聲就突然拎著滿滿一籃的蔬菜上我們家來。「我來做晚餐。」她快活地說：「妳去忙妳的吧！」她堅持，溫和地把我趕出廚房。幾分鐘後，炒洋蔥的香味從廚房飄了出來。跟大多數法國女人一樣，我婆婆是個出色的廚子。她的家常料理最令我驚訝的地方，是她用的調味料、辛香草和香料僅有寥寥幾樣：洋蔥、歐芹、大蒜、白酒、鹽和胡椒。僅靠這些，我婆婆可以神奇地變化出各色菜餚，所需時間不到我的一半。而且烹煮完之後，她自己和廚房永遠乾乾淨淨。我羨慕她可以這麼不慌不忙、有條不紊地下廚，而且感到些許不解。簡簡單單料理出來的東西怎麼會如此美味？

我們的孩子也愛吃她煮的菜。「奶奶，麵包香噴噴！」當我從學校接兩個女兒回到家時，蘇菲歡呼道。她們的點心是真正的美味，也是奶奶的拿手好料：新鮮而依然溫熱的棍子麵包切成五吋長的小段，從中央縱向畫開一道口子，內裡抹上買自地方農場的含鹽奶油（色澤幾乎每週不同，端看牛吃了什麼而定）。然後她把一條黑巧克力扳成碎塊，一一塞進每個口子裡。棍子麵包的一端包著紙巾（所以她們的小手可以保持乾淨），遞給在一旁迫不及待的小孩子。好好吃唷！

我婆婆說，這道點心的訣竅在於它感覺像是難得的享受（就像點心時間端出的許多傳統食物一樣），同時又確實相當健康。黑巧克力含有很多礦物質（譬如鎂），原味麵包和奶油提供好動孩子所需的碳水化合物。更重要的是，孩子不許吃第二份。這相對上高熱量的食物能讓孩子在離開餐桌時感到滿足，同時依然保有飢餓感以等待晚餐。

我婆婆是對的。部分是因為她過了兩小時之後才叫她們吃晚飯。將近七點時，女兒們被喚入屋內。只消一聲「開飯了！」就足使她們從花園跑進屋裡。

她們在外頭玩耍時，婆婆在晚餐上花了些心思。餐桌上擺著餐巾、餐具和女兒們專屬的碗（她們頭一次看到）。每一份擺設旁放著一張寫著菜單的小卡片。「特製菠菜糊，」我大聲唸給她們聽，她們的表情相當好奇。

這頓飯從兩只小碗登場開始，分別有一個權充蓋子的小碟子覆在上面。蘇菲探身向前。

「裡面是什麼？」我問，也往前探身想瞧瞧。我婆婆輕輕把我伸向蓋子的手擋開。「讓她們自己開！」她說。

蓋子底下是一小份看起來像深綠色醬汁的東西，表面散布著點點奶油，正慢慢融化到透明的小綠池裡。絲絲熱氣繚繞。女兒們先是盯著看，當她們意會到那散布的奶油是巧妙勾勒出來的一張露齒笑臉時，哈哈笑了出來。

「快！趁它變不見之前把它吃掉！妳們想先從哪裡開始吃？眼睛還是牙齒？」奶奶問。

克萊兒先動手。舀了一個奶油眼睛和一丁點綠糊送入嘴裡。沒反應。一會兒之後，又把第二匙吃得乾乾淨淨。蘇菲跟著動手，把連同兩顆奶油牙齒的一匙綠糊送入嘴裡。她猶豫著要不要吃第二口。這一回，吃得乾乾淨淨的湯匙從嘴裡退出的速度快了些。奶油勾勒的笑臉很快不見了，兩個小女生火速往碗內開挖。當她們把碗底刮乾淨，那裡出現兩張笑嘻嘻的兔臉。她們默默點點頭，伸手再要一碗。

奶奶給了我們一個很棒的起頭。「歡樂又有趣，」在每天接近晚餐時分之際，我會這麼提醒自己。「餐桌應該是家裡最快樂的地方。」每當我因食物而緊張時，老公總這麼提醒我。我的確會緊張，在我向來覺得是一天當中壓力最大的時候，也就是午後稍晚（菲利浦和我稱這段時間為「砒霜時間」，理由可充分了）另外花力氣準備餐食的時候。所幸，我們不如在家鄉時那麼忙。法國小孩要到五、六歲才開始真正上課，放學後沒什麼活動可參加，所以我們每天很早就回到家，我有充裕的時間可以準備食物，而且有神奇的「嗶嗶酷」（它現在已經正式改名了）當我的靠山。

我也新想了一些好用的說詞，確保這回它們對孩子是種鼓勵而不是打擊。

「妳不喜歡吃？那是因為妳吃得不夠多次，說不定下次妳會喜歡！」

「妳不喜歡吃？沒關係，等妳更大一點就會喜歡了。」
「妳肚子餓？很好。妳會珍惜妳的（下一餐）。我們要吃很好吃的菜唷：（某菜名）。」

雖然壓力重重，但令我驚奇的是，計畫持續奏效。每一次端上新的湯時，我女兒不見得都有喝。但是經過兩、三個禮拜，她們已經嘗試過我清單上的每一道菜。這是我從教養書上學到的另一點：以一星期（或數星期）為一段期間來評估孩子食物攝取的質量，而不是要求他們坐下來吃的每一餐都要營養均衡。

我也擺明了，如果她們不吃某樣食物，食物會一直留在她們面前，我和菲利浦則享用著自己的那一份。看見我們吃，女兒們通常會被說服，也會把一丁點食物放進嘴裡嘗嘗看。不過有時她們就是得等到下一頓才有得吃。不消說，克萊兒比蘇菲更熱切地嘗試（蘇菲通常是看見她妹妹吃了，她才會跟著吃）。

從我找的資料裡，我學到「點對點的行銷」也很有效。我發現最好玩的一個實驗是，科學家發明了一道新奇的藍色食物給學童吃，並追蹤同學的正面或負面訊息如何增加或減少它被食用的頻率。結果是可預料的：同儕壓力會起作用。不過這實驗有意思的地方在於，接受同儕正面訊息的學生，隔天更可能嘗試另一種新食物，甚至是在獨自一人的情況下。

讀過這份資料後（並思索過「正面訊息」），我們也試圖改變用語。我會避免說某食物「好吃」或「難吃」，一概只用正面的字眼，譬如「好吃」或「可口」。如果我認為某樣東西不健康，我會直接說它「不健康」，不用「糟糕」等字眼來描述，而且會解釋原因。我也鼓勵女兒們用自己的話來說。

為了說服女兒們進而吃更像大人版本的蔬菜（也為了扳回一城，因為我內弟曾經取笑我們家的「液態飲食風」），我確保她們在湯裡喝到的蔬菜會在一週之內以固態形式（不管是生的或煮過的）出現在餐盤內。一旦我預先擬好菜單，這就沒聽起來的那麼複雜。我只需在製作蔬菜泥之前挪出部分蔬菜留待備用，兩天之後再從冰箱取出即可。蔬菜切成細絲，只用少少的量，稍微蒸過也會讓女兒們更容易食用。我提醒自己：「重點在於她們嘗過這些東西，不在她們是否吃下一整把。」小分量的料理減輕了我的壓力，也減輕了她們的壓力。此外，我也確保她們嘗試新蔬菜的同時，也吃得到她們愛吃的食物，因此在那頭幾個星期裡，義大利麵出現的次數遠比我想要的還多。不過義大利麵出現時，總是和蔬菜拌在一起，而且我們（連我和菲利浦也是）都遵守「一口麵，一口蔬菜」的規定。菲利浦假裝要多偷吃幾口麵的花招很快逗得她們大笑，而他好脾氣地自願被「逮」也讓女兒們更容易遵守新規定。

最重要的，我老公和我確保至少有一方要坐下來和孩子一同吃飯。我們以前常有的模式是，一方在上班，一方趁孩子吃飯時在家裡忙東忙西（洗衣、打掃、發電子郵件、拆信）。現在我們騰出時間和孩子一起坐在餐桌旁。我們跟她們吃一樣的東西，因為我從搜集資料中學到，父母以身作則坐在孩子面前吃食（而不是告訴孩子該吃什麼），是孩子飲食習慣的最佳預測指標。

為了符合「歡樂又有趣」這主軸，我也決定廢除處罰。不過，我婆婆跟我說，法國的飲食有它自然的邏輯順序。最重要的是，以合乎邏輯的順序進食：前菜、主菜、沙拉，然後甜點。不依循這個順序，就是打破規則，便要面對後果：假使不吃前菜或主菜，就沒有甜點可吃。我感同身受地跟女兒們說明這一點，她們比我預期的更快接受。不少法國童書幫了我很大的忙，因為它們也傳遞了這個訊息：譬如說，有隻名叫米歐的「調皮」老鼠總是先吃甜點，或者名叫艾蜜莉的小女生因為不吃胡蘿蔔所以吃不到甜點。小小的宣導無傷大雅，所以我們會定期讀這些故事書給她們聽。

不過蘇菲幾乎餐餐抱怨，克萊兒也直接受影響。當簡單的鼓勵阻止不了她發牢騷，我會搬出奶奶要求的規矩：嫌棄食物就沒有甜點吃。蘇菲不怎麼相信我會照辦，但是我事先對她耳提面命，她也只以身試法過一次。我堅定地告訴她，這不是處罰，而是她的行為自然合理的結果：我很用心準備一頓美好的餐飯，她的抱怨（加上「喔，好噁心」的言詞）對我是一種侮辱。我們教她說，她可以簡單地說「不了，謝謝」，但不要抱怨。我想，做爸媽這些苦口婆心的話，她應該是有聽沒有懂，但不管怎樣還是發揮了作用。被禁吃甜點一次後（她當然是嚎啕大哭、猛跺腳，大肆鬧脾氣），她很快就適應了新規則，像施魔法一樣神奇。與此同時，我們鼓勵她在餐桌上要說正面的話。「妳覺得這頓飯什麼好吃？」我會這麼問她，她通常真的會說些好話，令我驚喜（也令她自己驚奇）。結果皆大歡喜——連蘇菲也開心。

「多樣化」階段如今進入第二個月，我學會了耐心地靜觀其變。此外，坐下來和女兒們一起喝蔬菜湯，菲利浦和我發現了意外的驚喜。我們原本是想以身作則，沒想到到頭來我們也很享受那些新滋味。而且同樣的蔬菜要在當週內以「成人版」的形式出現在餐桌上的要求，激勵我要在烹飪上前所未有地更加發揮創意。

而今晚餐時間拉長了——多少是因為我們確實也花更多時間哄孩子嘗試新食物，不過我們在餐桌

旁的時間也更有趣得多。我們想出了聊聊「你今天過得如何？」的新慣例：最棒的事、最糟的事、好笑的事、我學到的事、我幫助別人的事。克萊兒常常每吃一口食物就會說「看！我的頭髮長長了！」，把我們逗得哈哈笑（她自覺到自己沒什麼頭髮，我告訴她，可以像她姊姊一樣有一頭可以誇耀的秀髮的唯一方法，就是多吃青菜，攝取大量她所說的「維搭命」）。

我們也在餐桌上分享更多的故事。蘇菲最愛聽的是她小時候的趣事。打從兩歲起，她就不愛吃白色的冷食，這包括乳酪、優格、酸奶、奶油乳酪、發泡鮮奶油，連冰淇淋也不愛。即便在生日派對上，如果她認為蛋糕甜點裡有上述成分，她會碰也不碰。但是現在，她學會喜歡吃冰淇淋，不過餐桌上要是出現乳酪（即便是如切達乳酪味道這麼溫和的種類）還是會反應強烈。每當蘇菲吃飯時變得難纏，我們就會提起冰淇淋的故事，讓她知道她這樣有多傻。

「還記得妳以前有多討厭冰淇淋？」我們問她，她聽了之後，通常會不情願地拉長聲音說「好啦……」。

「嗯，這個就像冰淇淋一樣，以前妳不喜歡冰淇淋，現在妳喜歡吃了。妳只是吃（某食物）吃得不夠多次，所以還不喜歡它。」這番話通常會引來微笑，繼而是張開的嘴巴，隨後一丁點的食物很快會被送入嘴裡。最後，她會勉為其難地接受（有時是熱烈接受）新食物。蘇菲依然強烈拒絕吃乳酪，但我們還是有所進展。

我公婆最初會熱心地頻頻給意見，後來幾個禮拜便沒再說什麼。我把這看成是認可的跡象。

「小妞兒們開始吃很多新食物是不是很棒？」有天在市場排隊時我這麼跟婆婆說。我情不自禁感到驕傲。

一聽到她用「是啊，不過……」來起頭，我就知道我聽不到我想聽的答案。「小孩子應該吃大人吃的東西。」她溫和地對我說教。「妳花很多時間準備特殊飲食。如果打從一開始她們就吃得跟你們一樣，在同樣的時間吃，用你們的方式吃，會簡單得多。」

聽了真不是滋味，但我沒什麼話好說。和其他法國小孩比較起來，我們的女兒仍是難纏的挑食小孩，這也是事實。可是我很自豪我們有進步。我覺得，孩子有長足的進步，可是我們做爸媽的努力付出彷彿不怎麼被認可。

我老公再次居中調解。「孩子還只在第一個階段，」他溫和地說：「認識各種滋味就像認識字母，學會了字母，她才能繼續學習，學會喜歡法國菜，就像學識字一樣。」

結果我們家餐桌上開始了沒完沒了的字母遊戲。「A，Apple（蘋果）；B，Beets（甜菜根）」是我最愛進行的遊戲。咧嘴笑的女兒會附和唱著：「C，Chocolate（巧克力）！」這和樂的景象似乎是法國飲食風格的寫照：食物是嚴肅的娛樂。

我花了一、兩天（老實說吧，是一、兩個禮拜）才對我婆婆的批評釋懷，可是我知道我老公說得沒錯。該是邁入第二階段計畫的時候了。既然她們已經學會吃各種食物，我們應該開始認真地執行其餘的法國飲食規則。我的孩子能不能吃得像法國人，真正的考驗才要開始呢。

7

每天飽餐四頓

為何法國小孩不吃零食

我肚子餓！
吃你的拳頭吧，
如果還餓，連手腕也吃下去，
如果還想吃，
慢慢啃你的一隻腳，
另一隻留待明天享用！

——法國傳統童謠

到了三月初，我們遇到了轉捩點。我們達成了我的新年目標：女兒們現在會吃十種新食物：菠菜、甜菜根沙拉、普羅旺斯燉菜（多虧我們住普羅旺斯的朋友勞倫斯）、油醋沙拉（感謝珊卓恩）、維琪冷湯（馬鈴薯韭蔥湯）、紅甜椒（甚至是生的）、青花菜（一大勝利）、番茄（同上）、酸豆橄欖醬（主要是克萊兒，她愛上了橄欖）和鹹派（包含大量的燉雜蔬，所以也許不太能另外算一種）。在爺爺的溫和激勵下，蘇菲甚至吃了一顆貽貝。

連菲利浦和我也受益：我們倆本來都不吃白花椰菜，但為了討女兒歡心，過去一個月白花椰菜經常出現在我們教養用的餐盤上——雖然加了大量香濃的貝夏美白醬。頭幾次，克萊兒和蘇菲看見我和菲利浦吃著白花椰菜的誇張表情，咯咯笑得不可遏抑。「吃下去！吃下去！」她們會開心地催促著。我們慢慢喜歡吃白花椰菜，有一半是裝出來的，只為了讓孩子吃新食物的過程容易些。

我們真的有進步，我感到驕傲。但有件事讓我苦惱：零食。我的孩子現在願意嘗試不少新食物，其中有些甚至吃到相當合理的量。只是她們吃的零食還是很多，而且吃的量和正餐的量不相上下（或者超過）。

對我們認識的法國父母來說，孩子吃零食似乎不成問題。事實上，我們見過的法國小孩似乎沒有一個吃零食。沒見過他們在公園吃零食，也沒見過他們在車內吃零食。我從沒見過哪個法國小孩翻廚櫃或冰箱找零食。不僅住在我們這小村子裡的法國小孩如此，住巴黎和里昂大城市的親戚家小孩也一樣。

「小孩子什麼時候可以吃零食？」最後我終於問婆婆。

「他們當然不吃零食。」她答道，臉上驚訝的神情再次暗示著，我又問了個愚蠢的外國人問題。我洩氣得住了嘴。不過我一直在思忖她的回答。不吃零食？真的？在北美，跟孩子相處的時光意謂著吃零嘴的時光。我做了小小的研究，發現蘇菲和克萊兒屬於常態：北美的小孩平均一天吃三次零食（在每天三餐外）。而且我驚訝地發現，美國小孩每五個就有一個每天吃零食高達六次。

其實我婆婆說得沒錯。法國小孩不吃零食。我從村子裡周遭的家庭觀察到這一點。他們的孩子每天飽餐四頓，用餐時間固定：早上吃早餐，十二點半左右吃午餐，下午四點半左右吃點心，晚上大約七點到八點之間吃晚餐。就這樣。薇吉妮確認了我的觀察。她甚至送我一本法國官方的飲食指南，這指南強烈建議不給孩子吃零食。然而，這項建議其實也不怎麼必要。因為對大部分法國父母和小孩來說，這個飲食作息是深深內化、無庸置疑的習慣，不必經常掙扎著要自己別偷偷把食櫥洗劫一空。在正餐之外的其他時候，他們純粹就是很少會想吃東西。假使有人誤入歧途，法國電視上的零嘴廣告會打出大大的警語（就像菸盒上的警語）直言不諱：「為了您的健康，餐餐之間避免食用零食。」

為什麼法國小孩被這麼教？部分原因是法國小孩（就像其他地方的小孩）被當成大人來受訓，而法國成人大多是不吃零食的——至少不會公然地吃。他們不會在大街上邊走邊吃馬芬或邊走邊喝咖啡，他們的包包或口袋裡不會備有零嘴（起碼他們理當不會這麼做）。經常公然地吃零食，是足以招人口舌的反常行徑。我聽說過一位知名法國政治人物的軼事：在卡恩（Dominique Strauss-Kahn，法國前經濟部長，後來擔任國際貨幣基金組織總裁）登上國際頭條之前（注：指卡恩於二〇一一年涉嫌性侵酒店女服務生，被紐約警方逮捕拘留），就因為經常喜歡在午後稍晚享用一塊塔餅——一種迷你派餅，而有點臭名昭彰。從薇若妮卡（她寫了一本關於卡恩的書，卡恩在法國赫赫有名）那兒聽到這件事時，我想我最好還是別聲張我以前更可議的吃食習性——譬如我試過的「少量多餐」（nibbling diet），而且還挺喜歡的。

不過我還是不太相信法國人不吃零食。「巴黎街頭的那些咖啡廳又怎麼說呢？」一天下午我在電話中問薇若妮卡。

「沒錯，巴黎人愛上咖啡廳，喜歡在街頭晃蕩（flâner），」她說（這個字粗略地翻譯是「沒有目標地漫步，邊走邊享受眼前的一切」）。「不過如果妳仔細瞧那些坐在咖啡廳裡的人，妳會發現，正餐時間外在咖啡廳裡吃東西的都是觀光客。法國消費者也許會點一杯濃縮咖啡，但通常也就這樣而已。」聽她這麼說我大感詫異，後來我問維吉妮以確認薇若妮卡的說法。

「大多數的法國人不會每天吃零食，有將近一半的法國人壓根不吃零食。」維吉妮說：「假使他們吃零食的話，大半也只是在午後稍晚吃一塊點心，因為他們晚餐吃得非常晚，說不定九點或更晚才開始。」

就連她們描述吃零嘴這檔事的措詞也有玄機。維吉妮用了en cas（意思是「萬一」，暗示著偶一為之的逸軌行為）和grignotage（從grignoter變化而來，意思是小口啃食或嚙咬）。言下之意是，吃零食是不尋常又有點可悲的事。維吉妮解釋說，事實上，直到幾年前法國研究人員開始進行飲食日誌做研究，法國人才知道成人其實也吃零食。這「吃零食的流行病」的消息一公開，法國上下為之譁然，政治人物和專家無不對健康飲食習慣走下坡表示惋惜。維吉妮寄給我一些剪報。當我看到那些悲慘的頭條時不禁放聲大笑。我難以想像他們看到百分之九十八的美國成人每天吃零食，將近一半的美國成人每天吃三次零食這些數字會說些什麼。而且我懷疑，美國人會吃法國人在點心時間吃的東西：水果和茶或咖啡居於榜首，其次是優格及麵包抹奶油。

因此，法國小孩不吃零食的原因很簡單：他們向父母看齊。而且不吃零食的規矩顯然帶給父母許多好處。他們車內的兒童座椅和幼兒推車不會布滿零食碎屑（我家人的最愛之一，新鮮的白長棍麵包，是世上最會製造屑屑的東西）或黏黏的果汁殘留（黏住碎屑的絕佳黏劑）。他們的包包也不是裝有會誘使孩子大哭大鬧因而血糖降低的物品（而且會悲慘地滲到鑰匙、梳子和信用卡上）的神祕倉庫。用我初到法國頭幾個星期便觀察到的一個驚人事實來總結應該很貼切：法國製造的嬰幼兒推車沒有置杯架，法國車也沒有（至少傳統的沒有）。

這代表不吃零食是法國飲食規則的不成文規定之一。學校不供點心——某些學校附設的給三至四歲幼兒念的幼兒園是少有的例外（在法國，全面禁止這多少有爭議的做法的聲浪越來越高）。沒有哪個法國父母會想買不是在家庭廚房製作、特殊節日才有的現成食物，生日派對的食物則另當別論（會安排在傳統的下午點心時間來進行）。事實上，在「不對」的時間拿零食給孩子吃絕對是一大失禮。我想起上禮拜我們去公婆家的情形。我們待在那裡的時間比預計的久。我趕著要在六點離開，知道蘇菲這時肯定餓得發慌（大多是因為我自己當時餓得發慌），於是停下腳步拿零食給她。

「都快要吃晚飯了，」我婆婆看不過去地說：「妳會破壞她的胃口！」然後當著我的面，令我不敢置信地從蘇菲手中拿走那些餅乾，任憑她嚎啕抗議也無動於衷。蘇菲就是得餓到晚飯時間才行。我緊閉著嘴拖著蘇菲上車，臨走前只扔下一句：「妳才對！她當然就是得挨餓！」蘇菲得挨餓，但沒餓很久，待車子一出車道，我就塞給坐後座的她一根棍子麵包。「啃到妳高興吧！」我跟她說，感覺出了一口氣。

這樣的情況不止發生過一次。自從來到法國，吃零食逐漸變成家庭氣氛陷入緊繃的主因。剛搬到法國時，我們家吃零食的習慣無疑比較像北美人而不像法國人。我們的女兒打從一出生，只要她一覺得餓我就餵母奶。隨著她們越來越大要求越多，她們最常要求的一樣東西就是食物。大致說來，任何時候只要她們想吃，就有得吃。為了應付隨時隨地會出現的飲食需求，我在任何可能的地點存放食物：車內、推車內、包包內、尿布袋內。

這樣看似正常，因為我們認識的大多數人都如此。在溫哥華，我們認識的小孩子經常在吃零食。上學或放學都吃。在課後活動、在運動練習、在公園，在幾乎任何長達十五分鐘以上的聚會吃零食。他們在車內吃也在推車內吃。車鑰匙插入點火器轉動，會引發我孩子的巴夫洛夫式反應：「我想要**吃**東西。」吃零食的現象如此之普遍（如此根深柢固於北美的教養方式中），我視為理所當然。不管上哪，我都帶著零食（或者由一群烘焙手藝比我好得多的熱心義工媽媽們提供）。

所以我從不覺得我們家很奇怪，我也不想改變我們的習慣。我是這麼想的，小孩子的食量不大，他們必須定期進食，每兩個小時左右吃一次，否則會餓壞了。

「嗯，」當我在跟婆婆因為孩子吃零食搞得彼此不愉快而說出這番理論時，我老公這麼回應。「妳是那樣長大的哦？」他溫和地問：「我可不是那樣長大的。」

他點出一個很好的觀點。我不記得小時候吃很多零食。我們肯定不在車裡吃零食（八軌播音機傳出的音樂是我們最主要的消遣，不是食物）。我好奇地找了更多的資料，找來的資料確認了我的記憶：我們的孩子比我們在他們的年紀時吃的零食更多。在我成長的一九七〇年代，大多數孩子每天只吃一次零食。有四分之一的小孩根本沒吃零食。

回想我的家族史，這也很合理。我祖父母一代經歷過經濟大蕭條和兩次大戰，因此他們過得很節儉，而且餐餐在家開伙。我爸媽都是這樣被養大的。在我小時候，我們很少上館子吃飯（即使當時速食已經很普遍），因為我爸媽就是不時興這一套。下午我總和鄰居在外頭玩耍，不是坐在車裡被載著從這一堂課趕到下一堂課。我們放學後就回家，換過衣服便跑出去玩，直到吃晚飯時才回家，中間沒吃零食。

我成長過程中沒吃零食。「但這不代表吃零食不好，」我一辯再辯（固執，如同我老公老愛說的，是我的美好情操之一，只是我有時候不知如何適可而止）。

但我老公也很固執。他私下請維吉妮寄給他一些研究，然後審慎地留在餐桌上。我一拿起研究資料來讀就欲罷不能。結果，吃零食也不是那麼無害。理由之一是小孩子的零食（出乎意外！）沒有特別健康。含糖甜點居於最受歡迎零食之冠，其次是含鹽零食和甜味飲料（譬如汽水和運動飲料）。比起我們小時候，我們的孩子喝的牛奶少得多，吃的新鮮水果也少得多。基本上，就跟大人一樣，他們的肚子在點心時間裡裝滿「假食物」，結果吃進更多熱量，更少營養素。在其中一篇文章裡，憂心的營養師把這現象描繪成「時時在吃」的危險趨勢。思索這一切時，我開始納悶法國小孩的過重比率。我們村裡似乎很少人過重，蘇菲班上則沒半個過重兒。我看到的統計數字確認我的觀察：美國有兩成的小孩肥胖，法國只有百分之三。

儘管如此，我還是擔心放棄吃零食並不好。為反駁我老公找來的研究，我找到其他資料，其顯示吃零食可以改善心情、提升記憶力和血糖值。

「不吃零食會讓孩子有壓力，」我得意洋洋地說，指著我找到並列印出來的一些資料。

「我看哪，」菲利浦溫和地說：「是不吃零食讓**妳**有壓力。」我的孩子沒零食吃會沮喪、不安、抱怨、神經緊張是事實，但她們沒零食吃時，我會沮喪、不安、抱怨、神經緊張也是事實。我決定搬出我下一個論點。

「蘇菲沒吃零食，在學校的表現就沒那麼好。吃零食可以穩定血糖值。她**需要**吃零食，不然沒辦法專心。」我陰森地補上一句：「你也知道我血糖低時是什麼樣子。改掉吃零食只會讓我們家有更多爭執、更糟的行為。」

「她今年到目前為止都表現得不錯，」菲利浦回嘴：「而且她在學校根本不能吃零食。」這是真的。事實上，蘇菲法文學得很棒，在學校也適應得很好，而且年紀這麼小就捱得起一天八小時的學校生活，對此我忍不住會自鳴得意。不過我錦囊裡還有一計。

「搬到法國對孩子們來說壓力真的很大，零食可以讓她們安心。她們需要睡前宵夜——這是她們周遭有這麼大的變動時，唯一不變的慣例。而且她們很喜歡週末早上吃的零食；那是她們很期待的東西。我們別對她們太苛刻。」我懇求著。

「我想，」菲利浦堅定地說：「如果我們限定她們一天吃一次，只在點心時間吃，就跟其他法國小孩一樣，我們不會那麼常為了零食吵架。現在，孩子們知道吃零食這件事是可以討價還價的。她們早上吃零食，下午吃，睡前也吃。她們會得寸進尺，所以她們會時時要零食吃，即便我們不准她們吃還是一直吵。這就是吃零食這件事造成的壓力。」

我不禁在想，他母親是不是一直在暗地裡調教他，不過我也必須承認，他也許是對的。儘管我有決心貫徹法國飲食規則二，但我還是用零嘴來取代管教。短期而言，這樣會讓事情輕鬆些：當我們排在銀行或超市的隊伍中時，我不必叫她們耐心等候，因為零嘴可以達到同樣的結果，毫無壓力。這樣有個缺點：一旦我讓她們存有事情辦完就有零嘴吃的期待，這習慣就難以打破。結果她們在很多地方、很多不同時間裡期待著零食吃，有時差不多是一整天都在吃。小孩子對零食的需求會在下午稍晚開始增強，在晚餐前來到高峰。如果我讓步，她們肚裡通常會塞滿餅乾、麵包抹奶油，以及棍子麵包。結果我花寶貴時間用嗶嗶酷烹煮的食物，只換得她們從我端出的晚餐裡挑挑揀揀一些好吃的、健康的來吃。我看得出減少或禁止吃零食的好處，可是又怕隨之而來的抱怨、哭鬧和發脾氣。

我們周遭的法國小孩不會因為沒零嘴吃而鬧脾氣，這是真的。事實上，他們甚至不想吃零嘴。他們愛吃他們的**點心**，可是他們從沒見過周遭有人在正餐之間吃零食，所以他們基本上不會想到要吃零食。

我依舊不怎麼相信**我們的**孩子會跟法國小孩一樣。於是，我公婆默默發起了一場遊說。我婆婆會不經意地帶出零食的話題。菲利浦的堂表親也是。接著我小姑也加入。這一切讓我更加護衛自己的立場，縱使我必須承認他們說得有理。回想過去，我現在才明白，當時我很想家，不想當個示弱的外國人。吃零食變成我主要的慰藉之一，也是對村民顯然沒興趣和我做朋友的宣洩出口，我想堅守吃零食這件事，有如孩子氣地主張我的身分認同。

轉捩點出現在復活節的前一晚。家鄉有位朋友被診斷出罹患第二型糖尿病。此外，蘇菲在溫哥華的一個好朋友蛀牙蛀光了一顆臼齒；她爸媽帶她去看牙醫，才發現她滿口蛀牙，牙齦發炎。她必須動手術拔掉臼齒，安裝植入充管當固定架直到恆齒長出來。我老公把關於蘇菲朋友的那封電郵唸給我聽時，我正熬夜整理要藏在花園裡的兔子、小雞和雞蛋，並為我精心設計、打算跟她們一起玩的尋寶遊戲寫線索。他唸完後，我盯著成堆的糖果和巧克力好久好久。菲利浦知道他占了上風。

「寫家庭飲食日誌這點子如何？」他問。他拿這個建議糾纏了我好幾天。「這樣做又沒有壞處，而且我們會更知道孩子吃了什麼，還有**我們**吃了什麼。」

這一次我軟化了。

「好吧，但只寫一個禮拜。」我爭辯：「而且等復活節糖果吃完才開始。」

「好，」他堅持：「但是我們吃的**每樣東西**都要記錄，也要記下她們倆每樣東西吃了**多少**。」

我同意，沾沾自喜地想到我目前煮給孩子吃的所有美妙食物。因為多樣化飲食的霹靂行動，從前被拒吃的菜餚（菠菜、甜椒、韭蔥、番茄、萵苣以及各種魚類）如今出現在每週菜單上。日誌會證明他是錯的，我心想。

沒想到，結果證明是我錯。菲利浦是對的：飲食日誌顯示了女兒們吃了什麼（以及沒吃什麼）。她們吃的零食品質也不好：大部分吃白麵包和甜食（譬如果醬、蜂蜜、巧克力、餅乾）。而且她們肚裡塞滿了零食：放學後的零食、睡前宵夜、（週末）上午吃的零食。至於量的部分（至少根據我的推測，因為我不願意如菲利浦原先建議的將零食秤重），女兒們吃的零食比晚飯多。我明白這也許是她們吃晚飯時只挑挑揀揀我用心準備的大多數青菜吃的原因。我為了讓她們嘗試更多元的食物所鼓勵出來的「取樣」式飲食，在晚飯前一小時內吃零食的情況下，最常發生。

執行家庭飲食日誌讓我了解到，**端出**多樣化的食物並不夠。重點不止在於我們提供**什麼**食物給孩子，我們也必須思考，**何時**提供、**如何**提供。從這個角度來想，法國的飲食作息開始顯得越發有道理。如果她們上午沒吃零食，到了午餐時間就會餓。假使她們下午只吃一次點心，到了晚餐時間她們會更餓。再者，假使我們不讓她們在睡前吃宵夜（雖然這是最難改掉的一樣），她們很可能就會安分地好好吃晚餐。通常的情況是，她們吃晚餐時挑挑揀揀的，等到睡前吃宵夜才津津有味地吃穀片或麵包抹奶油。菲利浦說得沒錯：吃零食會讓孩子肚子裡塞滿品質糟糕的食物。我承認，也許，他對女兒們行為的看法也是對的。也許我們的兩個女兒們如果不被容許隨意吃零食，她們也會表現得一樣好（或更好）。

我跟我們的朋友席琳提到飲食日誌，她在溫哥華住了很多年。除了菲利浦之外，她是我認識的唯一真正了解北美文化的法國人。現在她已經回到法國，我在想她會怎麼回應吃零食的問題。

「我初到溫哥華時，覺得那裡好粗野喔！」我跟她通上電話時，她這麼說：「首先，有人就當著你的面獨自用餐，而且不跟你分享。他們往往站著吃，或邊走邊吃。看見不是坐著吃食的人，法國人會覺得很難受，而且我不敢相信他們總是弄得很髒亂！」

這是真的：吃零食會弄得很髒亂。碎屑會撒下來，咖啡會濺出來，手指油膩膩的，衣服會弄髒。對講究的法國人來說，這是很窘的事。他們的小孩一般而言比北美小孩要整潔得多。就連我們這個小村子，孩童上學的衣裝打扮看起來更像「盛裝上教堂」（Sunday best），而不像我們家鄉孩子那樣隨便穿搭、邋裡邋遢。法國小孩的衣服（就像法國大人的一樣）被仔細燙得平整（我頭一次拜訪菲利浦家時，很驚訝地發現他媽媽燙全家人的衣服，**包括**牛仔褲、T恤和內衣褲。而且跟我同輩的法國女人也一樣。我對燙衣服完全沒興趣，這一點後來變成菲利浦家人認為我不會是個好太太的警訊。我最後還是勉為其難地燙起我們的衣服，不過內衣褲除外。結果，看到我願意燙衣服，他家人好似放心多了）。

席琳說的另一件事激起我的好奇。「美國人沒有自制力！」她一直重複這一點。這又再次反映法國人的觀點：在吃這件事上，人應該要有自制力。這意謂著零嘴很少見，只能偶爾吃，而且應該淺嘗即止。此外，這也意謂著，食物應該只在用餐時吃，而且要在餐桌上吃。美國人打破了法國所有的飲食規則，罪在缺乏自制力。基於這些原因，在法國人眼裡，美國人吃零食是有點怪異而且隱約令人反感的，尤其是喝飲料時經常發出聲音。當然，這些事實我早都明白了（假使我之前不明白，街上陌生人側目的次數之多，想不明白也難）。

席琳的意見真是一針見血。我不禁慢慢想通了法國人的邏輯：給小孩子吃零食也許行得通，但成年後如果繼續下去就是一種壞習慣。於是我取下貼在冰箱上的飲食規則，加了新的吃零食規則：

法國飲食準則第7條：

限制零食，最好一天一次（頂多兩次），而且晚飯前一小時絕對要避免。

要孩子了解這項規則需要花一些口舌。在法國，餵食孩子很像搭瑞士火車：永遠準時。法國小孩跟他們爸媽一樣，在他們的每日作息裡在預定的時間準時吃飯（在特殊節日或上館子用餐時則另當別論，說不定這就是有些美國人為何會覺得法國人吃飯時間很隨性的原因）。同樣重要的是，法國小孩不會在預定的時間之外吃東西。不過，定時吃東西不代表（也不被視為）挨餓。法國人**期盼**吃食。他們精通烹理各種美味佳餚的藝術，而且經常縱情享受其中。點心時間也不例外，而且結合了很多愜意的儀式（有點像傳統的英國下午茶）。這時通常會提供牛奶和新鮮水果，美國人視為點心的食物往往是焦點。加餡麵包片（新鮮棍子麵包切片抹上奶油和甜的餡料，譬如果醬、蜂蜜或巧克力醬）是我老公小時候家裡最常有的點心，至今依然是他終極的慰藉食物。吃下兩片抹了蜂蜜和奶油的厚片新鮮棍子麵包之後，要覺得餓也難，即使那是你一整天下來唯一的零食。

當天稍後菲利浦晃進廚房裡時，我驕傲地把新規則指給他看。他端詳了好一會兒，沉思著。

「很好，」他說：「但還不夠。我們必須改變她們覺得隨時**需要**吃零食的心態。這不是說我們要防止她們衝動地吃零食。她們必須養成新習慣，這樣她們才不會**想要**吃零食。」話一說完，他拿起麥克筆，加了另外兩行字：

> 在正餐之外的時間覺得肚子餓是無妨的。
> 吃正餐時，吃到你覺得滿足而不是吃到撐。

看在非法國人的讀者眼裡，這一條很可能顯得殘忍至極。在我眼裡它無疑很殘忍。你孩子餓了，你卻不給他們東西吃？真要這樣？我最先的衝動是想槓掉這條規則，取消定時吃零食的實驗。但我決定聽他把話說完。

「當然，我不認為孩子應該**挨**餓，」他開口道：「在法國沒有人應該挨餓！我要說的是，**覺得**肚子餓是無妨的。」他又說：「這樣一來，孩子會習慣空腹的感覺，這是很正常、很健康的。」

這就是為什麼法國父母不介意他們的孩子在吃飯前**感到**飢餓的原因。他們認為，等久一點，在固定的用餐時間吃多一點，吃健康一點，是比較好的。法國人甚至有個諺語表達了他們如何看待飢餓：Bon Repas doit commencer par la faim。這諺語（直譯過來是：美好的一餐必須始於飢餓）的意思約莫是：「飢餓是最棒的調味料。」菲利浦的說法讓我想起我婆婆說過的話：「胃是肌肉構成的，就像其他肌肉

一樣也需要休息，不應該經常被要求上工。」根據她的哲理，吃得太頻繁會導致胃酸過度分泌，結果反過來刺激了胃。我懶得去查這個民間智慧是否有科學根據，但她深信不疑。

「況且，」我老公得意洋洋地總結：「法國小孩不會真的覺得餓，因為他們每一餐都吃得很好！」

這是真的。我以前就注意到這個很奇怪的效果。每當我跟他家人吃飯而且吃他們煮的東西，我總會飽足好幾個小時。而且當我覺得胃又空了時，我還是覺得很有體力，不會真的覺得餓。這不是因為我們吃得很撐，那些分量通常比我小時候吃的要少，而且我從來沒有偶爾上我們最愛的溫哥華吃到飽自助餐之後，肚子撐得很難受的那種感覺。

在家鄉時，我通常上午會吃一次零食，下午某個時間再吃第二次零食。我們搬到這裡後，我漸漸不這麼做了。這不是刻意的；只不過是正餐之外的時間我不再覺得餓了。我幾個月後了解到，部分的原因在於這裡的食物好吃極了，我真的不太需要零食。就像我們當地巧克力專賣店的自製巧克力，有各種迷人的口味（譬如伯爵茶口味、玫瑰花口味和薰衣草口味），又如此濃郁可口，我往往只吃一小塊就整個滿足到不行。

直到後來我才發現這種感覺（滿足的感覺，很有體力的感覺）有著科學的根據。原來，傳統的法國飲食比慣常的美國飲食含有比例更高的「高飽足感」食物。這些食物基本上會讓你感覺飽足，但是所含的卡路里較少。關於飽足感的研究很多，不過基本的訊息不外乎，有些食物比其他食物更能帶給我們飽足感：全穀類、豆類、扁豆、燕麥、瘦肉、魚類、多葉蔬菜、含水／纖維量高的蔬菜和水果。從上述清單看來，這類食物通常富含蛋白質和纖維。它們會延長飽足感，直到你下一次感到餓，尤其是吃下適量（也就是少量）的高脂肪食物（這樣會刺激內分泌系統釋放「飽足訊號」，因此使我們的飽足感拉長）。而這正是學校食堂提供給法國小孩的食物組合：蛋白質、蔬菜以及乳酪或甜點裡所含的少量脂肪。由於這樣的飲食方式，孩子感到飽足的時間拉長了。

反觀北美，當美國小孩感到肚子餓，父母馬上就慌了，不顧一切地拿東西（任何東西）給孩子吃，好趕走飢餓。如果被問起，很多美國父母寧可給孩子吃不健康的東西，也不想孩子餓到吃飯時間。相反地，假使法國小孩餓了，他們只會被承諾說，下一餐將會吃得很好。就某些例子而言，這樣的訓練打從出生就開始。我從我老公的朋友瑪歌那裡有過第一手的經驗。瑪歌產下寶寶湯瑪斯隔天，我們打電話到醫院去祝賀她。我們聽到湯瑪斯在電話另一頭哭嚎，那哭聲清楚得有如他就在我們旁邊。

「可憐的傢伙，」我說：「聽起來他好像哭得很兇。」

「是啊，」瑪歌無奈地說：「他哭得很兇，還要再兩個鐘頭才是餵奶的時間。」我震驚得說不出話來。蘇菲和克萊兒跟他一樣大的時候，她們一餓我就餵奶，也就是說，有時每一、兩小時就要餵一次，尤其是傍晚時間乳汁分泌較少或較稀而必須「密集地餵」（cluster fed）。假使我有教養的座右銘的話，肯定是：餓肚子的寶寶是不快樂的寶寶。而讓寶寶快樂最簡單的方式，當然就是餵飽他。不過，這顯然不是瑪歌的作風。因為不知道該說什麼好，我無力地跟她道賀，快快結束通話。她這樣對待寶寶令我震驚，在我看來這殘忍得匪夷所思。不過我們的法國親戚和友人倒不這麼看。他們認為，健康的飲食作息，要從寶寶一出生就開始訓練起，寶寶越早體認是爸媽決定什麼時候吃，不是寶寶決定，大家就越輕鬆。因此，規律是打從一開始就要施加到孩子身上。我近距離地見識過這一點，當時我和我小姑都生了第二胎，前後差三個月。我們前幾個月都餵母奶，但是姪兒阿努克是每三小時餵一次（嚴格到早個一分鐘都不行！），克萊兒則是餓了就有母奶喝，也就是說差不多是時時在喝。身為人母，我們都認為對方的做法不可思議。我敢說她一定在想（就跟我一樣）：她怎麼那樣餵小孩啊？

可是薇若妮卡的孩子如今快樂又健康（湯瑪斯也是）。事實上，我們周遭的小孩大多快樂又健康。這一點，是我們願意試著採行法國小孩吃零食方式的關鍵。假使他們做得到，我心想，為什麼我們不行？再說，公婆坐進我們滿是零食碎屑的車內時，我已經到了會覺得尷尬的地步。所以到了三月下旬，菲利浦和我決定開始進行計畫的第二階段。為了維持我的熱度（以免我鬆懈下來），我決定提醒自己定時用餐和限制零食的好處。在菲利浦的協助下，我列了一個清單：

1. **不再接受搓商**：我不需再搓商「可不可以吃零食」或爭辯。
2. **沒有情緒性的飲食**：實行其他的法國飲食規則會簡單得多，譬如不拿食物當安撫物，不拿食物來轉移注意力。這可以幫助我的孩子避免情緒性地依賴飲食——她們不會學到用食物來殺時間或填補空虛。
3. **精神壓力少**：我不必計算她們吃了什麼，或何時吃，或擔心她們會不會餓過頭。
4. **節省時間**：我不必再經常查看各個地點（袋子、推車、車內）的零食存量夠不夠，也不必加以補充。飲食規律可以讓我更省事。
5. **節省金錢**：我們的伙食開銷會降低，因為我們用新鮮食物取代成包的加工食品。

6. **更有營養**：少吃零食代表多吃「真正食物」。

7. **吃零食的誘惑減少**：跟著孩子吃零嘴已經變成一種習慣，而且我往往會把孩子吃剩的吃掉。如果她們沒吃零食，我也很可能不會吃零食。

寫完之後，我發現好處還真不少，但是我也知道，需要一段時間才看得出效果。我們要經歷一段過渡期，直到孩子適應新規律。她們的胃也要跟著適應：她們要開始在正餐時間裡吃多一點，這樣其他時間才不會覺得餓。不過這也需要一段時間才成——我不曉得需要多久。

為了讓過渡期平順些，我決定，我應該讓孩子也參與其中。我翻出維吉妮借我們的食譜書。每本都特別闢出部分甜點的章節。讓孩子計畫每週點心時間的內容，也許可以緩和「再不能想吃零嘴就吃零嘴」的打擊。花三星期的時間來「過渡」到新規律大概差不多。

我等著某個下雨天來臨，屆時瑪莉會上我們家玩，我知道她在飲食上比蘇菲和克萊兒都大膽得多。

「我們要選定幾個有趣的點心。」我快活地宣布，希望聽起來有說服力。

「妳們每人都要計畫出一整個禮拜的點心內容，這樣不是很好玩嗎？」我繼續說，希望我學的社群行銷技巧管用。

「瑪莉，何不從妳開始？真正特別的點心可以額外加分喔！」我鼓舞她們。

我在餐桌上貼了三張紙，每張上面畫了七個縱列，標示著星期一到星期日。當姊姊的女生開心地翻食譜，「寫出」她們的內容（或多或少還可辨認），在紙上畫出五歲大的妞兒會畫的精美花樣。克萊

兒也高高興興地在一旁跟著塗鴉。我們只有三個規則：同樣的東西每週不能吃超過一次；蔬菜和水果必須和「甜食」交替；巧克力只能在每週的選單上出現一次。我最終希望達成的目標是，點心時間只吃蔬果。但我知道不可能一蹴可幾。

我們最後把規畫出來的點心單，驕傲地貼在廚房牆上，並在菲利浦當晚回家後秀給他看。孩子們輪流說明她們的選擇。我的策略似乎奏效了。

瑪莉挑的一些相當古怪的東西，譬如辛香蘋果露，屢屢出現在蘇菲的選單上。至於甜食，她們選烤蘋果可麗餅（我最先上手的法國料理之一，不過這只是因為我可以在當地市場買到現成餅皮）。蔬菜的部分，妞兒們的選擇有些很棒，譬如小黃瓜佐優格醬。她們「最愛的」選項也叫我驚喜：胡蘿蔔、櫻桃番茄，甚至油醋酪梨。蘇菲近來愛上了我自製的油醋醬，混和橄欖油、醋和芥茉醬即成，而且我明智地摻了一些些我從家鄉帶來的珍貴楓糖漿。

孩子們擬點心內容的同時，我也在擬晚餐菜單。我知道我必須確保她們的正餐吃得好，因而新的飲食規律實行下來，她們才不會太覺得餓。因此，我挑選經過嘗試後受她們青睞的菜色當每餐主食。在稍加協助下，妞兒們畫出有可愛卡通圖案的菜單，得意地貼在冰箱上。我也翻出前幾個月買的、內容涵蓋相關訊息的故事書，以便在說床邊故事時派上用場。

不過我還是掛心著一件事：取消睡前宵夜。吃宵夜是我從小到大**我家的**儀式之一，我自己幾乎每晚也會在睡覺前吃點小點（通常是吐司抹上大量奶油，也許再來根香蕉）。甚至連菲利浦也養成了吃宵夜的習慣，很令他爸媽難過。在晚上九點半或十點左右，當孩子入睡後，屋內安靜下來，坐在廚房裡吃宵夜變成我倆一天當中最喜愛的時光，通常也是我倆可以獨處、最放鬆的時刻。所以我很能夠同理女兒們的感受。

最後，我決定，最好的辦法就是改變晚間整個作息。我們在四點半，也就是放學回家後，吃一頓豐盛的點心，然後孩子們大概可以撐到七點或七點半再吃晚餐，而晚餐一吃完，就開始進行就寢前的慣常活動。菲利浦的爸媽總建議我們在孩子吃晚飯前幫她們洗澡：吃完晚飯後，孩子們（已經穿好睡衣）就可以馬上準備上床睡覺。至目前為止，我們還是延續北美「早早吃晚飯，睡覺前洗澡」的規律，因此孩子早早就吃飯，公婆的建議也就行不通。可是我想法國人「先洗澡，晚點吃飯，吃完就睡覺」的做法，有助於我們戒掉宵夜，並讓她們早早上床。這樣一來，我們在晚間也會有更多的「夫妻時間」，在這念頭的誘惑下，我決定就這樣辦。

當晚我跟菲利浦說起計畫將有這般轉折時，他也忍不住嘻嘻笑。

「聽起來是個好主意！妳怎麼不早點想到呀？」他溫和地揶揄道（我之前說過他人很好，不會說「我就說吧！」這種話，不過話說回來，他這人也沒那麼好）。

「記住，」他說，嚴肅了起來：「假使我們不堅定，就不會有用。所以如果妳保證會堅持到底，我才會幫妳。」

「如果你答應至少有一半的時間是由你來下廚，我就會堅持到底。」我說。這似乎是衡量利弊得失的好時機。

我們一言為定，從星期一早上開始實行計畫。令人驚奇的是，計畫進行得一帆風順。經過秋天那次的親子爭執，還有這陣子為了讓孩子吃更多元食物的掙扎努力，我原本預期會有幾個月的硬仗要打。不過這一次，孩子感覺到更可以作主，也對自己擬的菜單感到興奮開心。她們正餐吃得飽，也很愛她們的點心，似乎也聽得懂我們要求她們正餐要吃飽，而且餐餐之間不再進食的原則。點心單上的可麗餅（克萊兒的選擇）和油醋酪梨（蘇菲的選擇）也幫了大忙：女兒們覺得滿足，也可以輕鬆地等到七點吃晚餐。我們也煮一些她們喜歡的新菜色：菠菜泥湯、燉雜蔬鹹派，以及烤蘋果。晚飯結束就開始準備就寢也順利得出乎意料。喜孜孜想到我們會有的「夫妻時間」，菲利浦和我心情出奇地好，這也讓一切進行得更快速。孩子八點前就已經上床就寢，對我們來說可是難得的奢侈。

那星期其餘的幾天也進行得很順利，我簡直不敢相信。蘇菲在車上可以克制不吃零食，因為家裡有很棒的點心在等她，而克萊兒跟她姊姊看齊，儘管她對在推車上不能吃零食有點抱怨。無論如何，我們的朋友席琳事先指點我用貼紙和貼紙書來轉移她的注意力，貼紙書是法國父母最喜歡的學齡前教材，可以訓練孩子手部的靈活度，又不會製造必須清理的髒亂。

既然我不再用食物來轉移注意力，貼紙書是我目前列入考慮的新活動之一。我也開始刻意騰出更多時間跟女兒們在戶外玩耍（沒下雨的時候，這裡雨下得頻繁，令我吃不消）。迫於必須想出一些新活動好讓我們有得忙，而不是吃東西打發時間，我想到了一些很棒的遊戲，譬如在屋內玩尋寶遊戲，以及吊死鬼之類的拼字遊戲（為了蘇菲，她正開始學識字）。孩子們有更多時間蓋房子和玩捉迷藏。

而且事實上，我開始和女兒們一起做手工藝（儘管我幾乎毫無藝術天分或美勞的才華）。我以前總認為做美工很麻煩又惱人，所以通常最後就是塞給她們零嘴吃，而不是額外花力氣做美勞。但現在，只要蘇菲要求，我就會配合。事實上，大多是菲利浦陪著她做，因為他的手比我巧。所以到頭來是他陪孩子們做了很多藝品和美勞，結果額外的好處是，她們和爸爸相處的時間變多了（某些在我看來沒什麼教育價值的活動，譬如菲利浦買「給女兒們」的大城市醫院系列數百片的樂高組，玩的時候她們客氣地看著他組，我會很識相地看在眼裡什麼也沒說）。

三星期過去，一切進行得簡直順利得不得了。女兒們要零食吃的情形已不多見，她們似乎適應了飲食新規律。我們甚至不需要繼續擬新的點心選單。週末她們會翻翻食譜，挑一、兩樣新東西，不過她們對目前吃的點心幾乎都很滿意（我也是）。

最令人訝異的是，她們似乎不想念睡前宵夜，儘管我很想念。我想念深夜和女兒們坐在餐桌旁吃點小東西的那些默契十足的時刻——她們睏得很，所以都乖乖守規矩。我們把燈光轉柔和，一種奇幻的安定感瀰漫整個廚房。我也想念女兒們都入睡後，我和菲利浦吃的二度宵夜。不過我和菲利浦找到了其他可以一同做的事。我公公樂於支持我們改採法式飲食規律，他經常在週末晚上孫女們入睡後看守她們，好讓我和菲利浦外出看電影——一週只在當地村鎮大廳放映一次，那裡也兼做社區中心、電影院、婚宴場地和室內體育場。我們也會外出和艾瑞克及珊卓恩小酌，並認識了其他幾對夫妻。晚上可以外出放鬆一下，菲利浦開心到不行；自從克萊兒出生後，我們就不再有「晚上約會」了。

沒想到，不吃零食比我預期的要簡單、愉快多了——至少對我和菲利浦來說。可是我還是很納悶女兒們對放棄零食的真正感受為何。她們滿意飲食新規律嗎？有天下午我不經意聽到女兒們的對話，得到了答案（知道我們一家子已經度過難關了）。

「我好餓哦！」克萊兒抱怨著。

「我也是。」蘇菲附和。「不過別擔心！」她繼續爽朗地說：「這表示妳會很珍惜妳的晚餐。再過兩小時就可以吃飯了。我們去看看今晚的菜單吧。」

於是，她們起身往冰箱走去。

8

慢食國度

重點不僅是你吃什麼，還有你怎麼吃

媽咪！我跟妳說
有件事叫我好難過
爸爸叫我要講理
好像我是大人似的
我說我的糖果
比講理更寶貴

——這首十八世紀的法國歌曲，
依然是法國最受歡迎的兒歌之一，
是〈一閃一閃小星星〉的旋律原初的歌詞

到了四月，我們搬到法國的九個月後，我們家的飲食實驗穩當地上了軌道。女兒們吃的新食物比我想像中的多得多。我們餐餐按時吃飯（法式的飽餐四頓）。食物不再是誘餌或獎賞或消遣，反而是家庭歡樂和凝聚力的源頭。而且「吃得像法國人」一事，原來沒我想的那麼耗時間；我用的簡單食譜其實不用花很多時間就可以準備好。

沒錯，退步的情況偶爾會發生。一整天工作下來，我有時累得偷懶，乾脆煮一鍋義大利麵了事。女兒們有時還是會在餐桌上抱怨和鬧情緒。雖然我們的菜色經常變化，但還是有點一成不變，不像一開始那樣經常引介新食物。不過整體而言我們有進步；我們家的餐桌時光，儘管離完美還很遙遠，但充滿歡笑。

不管怎樣，我得坦白，我還是不怎麼喜歡下廚。我通常會拖到最後一刻才進廚房，匆匆忙忙搞定一餐。我想這多少是我個性使然：我說話和走路都快，步調緩慢的事往往會讓我不耐煩。事實上，我倔強地對我明快的飲食習慣感到自豪。在你有其他事要做的情況下，何必浪費時間在吃飯上？所以我經常火速用完餐就起身洗碗，無視於其他人都還坐在飯桌旁。我改不掉一心多用的習性曾讓菲利浦很沮喪。他希望吃飯的時候可以很輕鬆，一如每個法國人所期待的那樣。可是他一抗議，我就更執拗。

「吃飯這麼快對我來說很正常啊！」某晚我三兩口把晚飯扒光後便起身離開餐桌，我老公見狀訓我幾句，我大聲吼回去（準確地說，他是命令我，當著眼睛睜得斗大的兩個女兒的面，口氣惱火地說：「坐下別動！」）。

「我很忙！我們家鄉可沒有一週工作三十五小時的福氣。我沒那個閒工夫在餐桌旁坐好幾個鐘頭。

我喜歡努力工作！」我得意地總結，忍不住又加了一句：「而且比法國人努力！」

這真是失算。在一天之內，菲利浦就找到了統計數字來證明我是錯的。他請薇若妮卡再次確認後，把資料印出來得意地貼在如今相當擁擠的冰箱門上（我告訴自己：試著去看有一個巴黎財經記者當小姑的好的一面）。

法國與美國職業婦女（全職）之比較

	母親有上班（全職）的百分比%	每天平均工作時間（全職）
法國	66	8小時
美國	70	7小時

如菲利浦指出的，法國媽媽和美國媽媽有工作（而且是全職工作）的比例差不多，而且他急切補充說，美國媽媽每天平均工作時間實際上**比較短**。他含笑地說，最有意思的是，在法國每小時的勞動生產力和美國的一樣高。

他的觀點很清楚，法國人不是因為工作時間較短所以有更多時間準備餐食和用餐，他們同樣很忙碌、煩憂、努力工作，而且和北美父母一樣往往時間不夠用。但最大的差別是，法國父母**選擇**花更多時間買菜、準備食物和用餐，儘管法國家庭子女人數幾乎是所有富裕國家之中最多的。

一如大多數法國人，對菲利浦來說，唯有放慢速度吃食才可能好好享受食物：法國人喜愛品嘗食物，而且認為緩慢地吃食才能真正放鬆，甚至放空。可是我真不想聽到這種話。來到法國將近九個月，我深深感到不安。我們舉家搬來這裡是為放慢腳步過生活，可是我卻發現自己不太習慣這種「平靜的生活」。我反而享受著法國生活快速得驚人的一面。法國火車時速高達數百哩，是有效迷人的一種四處遊歷的方式。人們講話也很快，我沒多久便學會在問人「你可以再說一次？」時加上「慢慢地」這字眼。我們村裡小咖啡館老闆很是驕傲店裡義式濃縮咖啡的供應速度之快（足使我去過的幾乎每一家星巴克顏面無光）。法國人甚至走得很快；我第一次到巴黎時，很驚訝嬌小的巴黎女人竟走得比我還快，她們快步掠過我身旁之際似乎又神情泰若。她們走路優雅敏捷，相形之下我顯得笨重龐大又粗野——也就是說，直到我丟棄我那笨重的運動鞋（沒有哪個自尊自重的法國女人會穿運動鞋在城裡逛街），換上美妙的芭蕾平底鞋，這鞋舒適得像拖鞋，甚至可以讓我的腳顯得小巧優雅。

可是村裡的生活始終維持著冰河般令我快抓狂的悠緩節奏。我耗了很多時間在市場、烘焙坊、郵局和銀行的長長隊伍中等待。每一次和法國出了名的官僚體系交涉，似乎就有冗長的紙上作業（為蘇菲報名游泳課需要填妥一式三份的三種文件、醫生開的健康證明、兩張附有簽名的孩童照片、父母雙方附有簽名的照片各一張，以及出生證明）。

法國日常生活最緩慢的（也是我最難以應付的）時刻是用餐時間。下廚煮飯的時間倒還好（法國人平均每天花四十八分鐘下廚，美國人則只花三十分鐘，是已開發國家當中最少的），令我難以應付的是花在**吃飯**上的時間（或者更準確地說，坐在餐桌旁的時間）。

在家鄉時，我習慣在辦公桌前吃午餐，五分鐘或十分鐘內便吃完。忙著幫孩子準備上學之餘，如果有時間的話，我會狼吞虎嚥地吃完早餐。晚餐也一樣，孩子一起用餐時我也會急忙大口吞。我們也許花十五分鐘坐在餐桌旁，而且大半時候我經常起身張羅孩子需要的東西，擦拭飛濺物，或設法擺平姊妹之間的爭執。一整天下來（包括我寶貴的睡前宵夜時光），我平均花五十分鐘吃飯。我到底是個典型的北美人。我們每天花在吃飯上的時間不過一小時多。

反觀法國人，他們平均每天花兩個多小時吃飯：十五分鐘吃早餐，將近一小時吃中飯，吃晚飯則超過一小時。這還不包括買菜、煮飯和收拾碗筷的時間。用餐時間長度非常固定；法國人幾乎從不狼吞虎嚥，也不邊走邊吃。他們期待孩子也是如此，畢竟吃飯是一種社會性活動；更準確地來說，是一種社交**聯誼**，每天最重要的交談就在這當中發生（不管是在上班或在家中）。無怪乎法國人吃飯喜歡慢慢來。

如果說我孩子坐不住，那我也同樣坐不住。我們剛搬到法國時，我發現要在餐桌旁坐上一小時之久實在困難得可以。和家族親戚一同吃飯的話，時間又會拖得更久：他們也許十二點半開始吃，直到兩點半或三點才結束，如果有訪客的話，甚至會更晚（夫家紀錄是某年復活節午餐從十二點開始，最後一位客人搖搖晃晃離開時已將近晚上七點）。聖誕晚餐從八點或八點半開始，直到過了午夜才結束。這每一餐感覺上好似跑馬拉松，我總坐立不安，又頻頻偷看時間。我自願到廚房跑腿的心意從沒人認可；我被期待要跟大夥兒一樣坐著不動。

無論如何，這些漫長的家庭聚餐開始對我一點一滴起作用。部分是因為看到我老公那麼樂在其中，我體會到「慢食」的藝術。外國人很難體會法國人有多麼享受餐桌旁的歡樂時光。即使年少即離開法國，我老公依然懷念（甚至是渴望）和好友慢慢吃一頓美味餐飯的這些真正放鬆的時刻。

他們無止境地說笑，無疑使得吃飯時間拉長變得足以忍受，而且一些最爆笑的笑話每每一說再說，譬如菲利浦的朋友頭一次上我們家吃飯，也是我初次設宴款待法國**訪客**的事。當時一切進行得很順利，直到上乳酪時，奧利維耶切了一瓣我端上的在地有機康門貝爾乳酪，驕傲地宣揚它的好處。在說著另一個百說不厭的笑話時，他不經心地把乳酪送到嘴邊，卻被他太太及時攔下，她無言地指著在他就要吃下的小瓣乳酪上蠕動的白色蛆蛆。事後我嚇壞了的婆婆問起時，我才知道乳酪要密封包裹才不會招惹蒼蠅（尤其是在夏天），避免大自然遂行其道。不過沒人被觸怒（奧利維耶肯定沒有），而這糗事當下變成日後聚餐時乳酪上桌之際會被一再提起的趣事。「凱倫，這是有機的嗎？」某人要吃下第一塊之前會笑著這麼問。

這些聚餐讓我懂得，「歡樂」是法國人聚在餐桌旁最重要的目標。我見到的法國小孩似乎本能地知道這一點，我找到的法國小孩飲食習慣調查也確認了我的觀察。在至今規模最大的一項調查裡，獲得孩童「認同」的最高分陳述如下：「最重要的是享受食物。」

一如研究者下的結論：「父母和孩童均強調，愉悅是養分最關鍵的一面。」其中，孩童的態度呼應了他們爸媽的態度，就像世上各地的孩子一樣。根據國際性的調查，北美人對食物的聯想多半與健康有關，關乎愉悅的聯想少之又少。法國人則是另一個極端：他們多半聯想到愉悅，最不會聯想到健康。而對法國人來說，愉悅的飲食代表放慢步調吃食。急急忙忙地吃是不會有什麼樂趣的。這一點也相當重要，足以列為另一項法國飲食準則：

法國飲食準則第8條：不管是下廚或用餐，一切慢慢來，慢食即樂食。

這準則看似簡單明白，然而意蘊深遠，因為它意謂著，**如何**吃、**為何**而吃對法國人來說，和北美人所認為的差別很大。營養不是吃食的主要目標。補充能量（感覺飽足）不是吃食的主要目標。個人健康不是目標，減重也不是。

享受才是吃食的目標。狼吞虎嚥地吃，或擔心體重，或計算卡路里，記錄微量元素的攝取，或是在趕往某處的車上匆匆忙忙地吃，是沒辦法享受吃這件事的。飲食多樣化是該取向快樂的副作用（因為新奇食物也多半有趣，因而使得法國人快活），不是主要目標。目標是從食物中（**所有的**食物）獲得樂趣。吃得好無須引發罪惡感，吃食也無須是焦慮的活動。

對法國人而言，放慢速度品嘗食物，體悟與他人同食共飲的深刻意義，飲食之樂自然樂無窮。比如說，正午的一餐，是白天之中半神聖的活動。不管他們從事什麼工作（無論壓力多大、多麼忙碌、多麼吃力），法國人會刻意暫停下來，品嘗好吃的食物，與家人、朋友或同事分享這一刻，好似全民集體大大地喘一口氣休息一下，然後再回頭跳進你爭我奪的現實生活裡。

因此我們搬回法國，難怪我老公如魚得水。每到吃飯時間，他便生龍活虎、笑語不斷。和朋友飽餐一頓後，他總活力旺盛。說來有點諷刺，那用餐的步調似乎慢得讓我昏昏欲睡。這似乎也很矛盾，畢竟法國人在做其他很多事時快得像急驚風。

我問維吉妮，希望她為我解開謎底。「我們加快生活的腳步，是為了在用餐時放慢下來。」她告訴我：「放慢下來意謂著吃得比較少，但更加樂在其中。」她的說法我不怎麼採信，直到她提出一項科學研究，兩名研究者（一個法國人，一個美國人）量秤巴黎和費城的麥當勞同樣套餐的分量。結果差很大，費城麥當勞的中薯比巴黎麥當勞的要多上百分之七十二。研究者也計算人們的用餐時間，巴黎是二十二分鐘，費城是十四分鐘。

和菲利浦的家人共度無數的餐桌時光，我知道法國人在餐桌上做些什麼事：細嚼慢嚥，鑑賞食物，刻意「喊停」，時時聊天，笑話不斷（在麥當勞用餐的法國消費者很少獨自進食）。他們吃得很專心（這樣做的明顯好處是，在你掃光盤裡的一切之前，你的身體已經發出飽足訊號）。這是法式「慢食」取向的弔詭之處：法國人吃得很慢，所以吃得更少。維吉妮對我解釋說，其實用的優點在於幫助孩童（及大人）敏察飢餓感和飽足感。這是基於一種平衡感，換句話說，和適度原則有關：從自制而來的愉悅，基於對品質（而不是量的多寡）的鑑賞。我婆婆吃甜點的方式貼切地說明這一點：「我只要一點點就好，否則就沒辦法充分享受它。」

即便是餐桌上的用語也耐人尋味。法國人不說「我飽了」，而是說「我不再餓了」。法國爸媽會鼓勵孩子「吃到你滿意」。他們不會問「你吃飽了嗎？」，而是「你滿意了嗎？」或「你吃夠了嗎？」。

最後，我明白為什麼我們的朋友維吉妮會覺得美國人飲食習慣很孩子氣。她真正要說的是，我們還沒學會大人吃食的方式。大人最重要的飲食能力是，聆聽你身體發出信號的能力，感知你的飢餓感何時消除，而且滿足於合理的分量。〈媽咪！我跟妳說〉的歌詞說得貼切（我唱了好幾年後才自問它到底是什麼意思）：長大並採取合理、理性、負責的生活態度，意謂著放棄孩子氣的品味和行為。

說不定這就是為什麼「速食」就某個程度來說，無法在法國真正蓬勃發展的原因。我剛搬來時，我以為法國沒有速食，因為我們村子裡沒有一家速食餐廳，也沒有外帶餐廳。後來珊卓恩告訴我，炸薯條的小攤子隱身在小艇船塢後頭，而且大一點的城鎮都有速食店，包括麥當勞。千真萬確，最近的大城鎮的公路旁就有家麥當勞，而且每次我們經過總看到停車場停滿了車。

我很好奇法國人吃多少速食，於是請薇若妮卡幫忙找一些統計資料。結果，美國人將近一半的伙食費花在外食上，在法國這類花費只有兩成，而且其中大部分花在孩子（和父母）在學校（公司）食堂吃的高品質餐飲上。只要不是用恰當的傳統方式料理的食物，都被稱作「la mal bouffe」（壞食物、刻意帶有貶抑的詞）。法國人對食物的區分涇渭分明：唯有「真正」食物才被稱作nourriture（或aliments〔滋養品〕），其餘的多少都可疑。法國人尤其不希望他們的食物速速揮就即成（他們的假設是，快速煮好的食物想必是草率煮出來的，品質不佳）。一家土生土長、頗受歡迎的法國版速食業，冷凍食品龍頭碧卡第（Picard），掌握到要「快」又要「好」的巧妙。它在巴黎中央區的門市比地鐵站還多。巴黎人會在碧卡第門市買東西，但他們上那兒買的是蛙腿和碳烤鴕鳥肉。即便「速」食也可能是「慢」煮出來的。

我女兒們無疑從她們爺爺奶奶那裡聽到這個觀點。我們頭一次開車經過公路旁的麥當勞，都上了跨文化的一課。我們拜訪過菲利浦在海灣的另一頭經營一家藝廊的表姊克麗絲汀，正在回程路上。當時天色已晚，我們都又餓又累。

「那個好吃！」蘇菲說：「我要吃麥當勞！」

「那裡的食物很糟糕！」她奶奶說。

「不會花很多時間的！」蘇菲執意要去。

「這就是那裡的食物很糟糕的原因！」她爺爺說，用一種最終定奪的口氣說。

「我們做更好的薯條給妳吃，在家從頭做起。」她奶奶說，而且說到做到。

不用說，我們沒去麥當勞，我公婆想都沒想過要帶孫子去麥當勞。可是村裡的一些年輕人想的不一樣。我們的保母卡蜜拉就常去。

「你為什麼喜歡吃麥當勞？」有天下午我出於好奇問她：「妳有很多很棒的法國餐館可以去。」

「嗯，我爸媽不喜歡我去麥當勞，可是那裡便宜，我也喜歡那裡。」她答道：「那裡沒有規則，有點像美國，對吧？」

把上麥當勞說得像青少年的叛逆行徑令我莞爾。不過它有趣地捕捉到很多法國人說到美國時會聯想到的自由。自一九六〇年代末期反社會成規的風潮興起以來，法國年輕人（我老公也是其一）一直很叛逆，吃速食是展現叛逆的方法之一。菲利浦仍記得他念大學時看過的一則電視廣告，當時麥當勞進駐布列塔尼遠端他的學校附近。那廣告有著童音旁白，歷數一長串的餐桌禮儀（「不可以把玩食物」、

「不可以把手肘靠在桌子上」），與此同時螢幕上出現人們打破每條規範在麥當勞吃喝的景象。他記得那明亮的色彩、硬質塑膠擺設、陌生卻親切的員工和即食的餐食很吸引人。「那感覺起來，」他回憶道：「像是小孩子設計的餐廳，有點像遊樂園，只是擺的是大人尺寸的家具。」

我們有些朋友憂心速食對法國年輕人的吸引力（雨果輕蔑地稱之為「麥當勞化」，維吉妮則說是「懶散的攝食」）。珊卓恩帶給我看的一部紀錄片〈我們的孩子將控訴我們〉（Nos enfants nous accuseront）總結了法國人的恐懼：農工業（agro-industry）、農業污染、垃圾食物、速食和全球化加總起來，危害了大眾健康、法國文化，甚而法國的風景地貌。看到電影尾聲，我倆都掉下眼淚。

電影裡有個名叫約瑟・博維（José Bové）的法國農人，曾因為搗毀南法家鄉米洛鎮的麥當勞遭到逮捕。我們搬到法國時，博維已經是法國民族英雄，而且被選為歐洲議員。不過他反麥當勞的抗爭行動，是法國人對他印象最深刻（最欽佩他）的地方。他聯合其他抗議人士，持斧頭和工具，一磚一瓦地砸毀了麥當勞大半的建築物，並且在警方來得及阻止之前，把碎塊運到當地鎮公所前的草地上傾倒。法國綠色和平組織負責人布魯諾・拉貝爾（Bruno Rebelle），總結了從全國各地湧入的支持聲浪：「你瞧，在美國，食物是燃料；在這裡，則是個愛的故事。」

不過問題是，食物對我來說不是愛的故事（至少一開始不是）。我逐漸體悟到，真正的問題是，我如何把用來準備和享受好食物所需的時間擺優先（或者說，沒把它擺優先）。我不喜歡花時間下廚，卻樂得每星期花數小時載蘇菲上音樂課並敦促她練習（不管她多麼反抗）。我必須承認，在我內心深處，我把孩子的成功看得比教她們吃得好還重要。我頓悟到這一點，是某天從瑪莉家吃完漫長而美妙的一餐後散步回家的路上。那一餐有在地農場的烤雞、些許初春的野苣淋自製油醋醬，最後是我最愛的翻轉蘋果塔（我依然搞不懂是這玩意兒怎麼做出來的）。女兒們在花園裡玩了好幾個鐘頭後，開開心心地吃光盤裡的東西。瑪莉家充滿遊戲和笑聲，完全沒有我在家裡製造出來的壓力（算數！拼字！音樂課！）。艾瑞克和珊卓恩覺得，由於法國教育體制是世上最嚴苛之一，孩子的生活很快會變得壓力重重。

我對「慢食」的抗拒已經削弱，再經過五月初差點釀成的一樁悲劇，則突地消失無蹤。當時菲利浦從墨西哥出差回來。那陣子爆發豬流感，墨西哥是疫情最嚴重的地區，我很擔心他會被限制入境，一直焦慮地等待他返家。然而，他終於抵家後，我放鬆的心情也沒有維持很久。一天之內他便發高燒，猛乾咳。隔天他耗弱地躺了一整天，咳嗽加劇。到了晚上，高燒不退。

聽到他蹣跚地走下樓來時，我已經把女兒送上床，在廚房洗碗。我出了廚房，看見他站在餐桌旁，呼吸急促，顫抖得很厲害，我以為他會昏倒。他的手上下抽搐著，身體前後晃動，牙齒和嘴唇不自主地咯咯打顫。

我先生就快死了，我記得當時閃過這念頭。我不知怎麼走到電話邊的。我們剛搬進來時，婆婆幫我們設定了最重要的緊急聯絡電話清單。我輕聲地感謝了她，撥電話到最近的醫院（在四十五分鐘車程外）。這時，我心臟跳得好快，快到我無法思考。我幾乎想不出要跟接線生怎麼說。

「我先生發燒，病情整個發作，他需要上醫院去。」我勉強擠出話來。聽到的卻是折磨人的片刻沉默。

「我們不派救護車到那麼遠的地方，」對方答道：「妳必須自己帶他來。」我愣住了，不知該說什麼好。我記得我禮貌地謝過接線生，慢慢放下話筒。菲利浦仍站在我身後，這會兒臉色死白。他還是抽搐得很厲害。我嚇呆了。屋裡只剩我和女兒們。我應該搖醒她們，四人一起上醫院去嗎？要是菲利浦得了豬流感怎麼辦？要是她們也得了怎麼辦？要是我得了呢？誰要照顧她們？我很快打給我婆婆。她答應要馬上過來，只是她在朋友家，需要半小時以上才會到。我掛了電話，心想要怎麼把菲利浦弄上車。如果他倒下，我不知道我扛不扛得動他。一分鐘之後，婆婆回我電話。

「打給薇若妮卡，她在轉角的餐廳，和艾妮思吃飯！」我忘了我小姑這週末回娘家。晚上她和班諾外出和她最要好的朋友艾妮思碰面。說來很法國，艾妮思也是我老公的前女友——事實上，她是他第一個真正認真交往的女友，也是個醫生。

不到五分鐘，艾妮思來了。她看了菲利浦一眼，便迅速要他上她的車。等到我抵達醫院時，他正接受一群穿著白袍、面有憂色的人員檢查。在等候室等了折磨人的幾個鐘頭後，我們才聽到好消息：大概不是豬流感，菲利浦應該沒事。但他們要他留院觀察，以防萬一。過了我這輩子最漫長的一夜後，我開車回家。

我公公在隔天上午稍晚時送菲利浦回來。我們直接把他帶上床，他迅速睡去。到了晚上，他還是一無動靜。上門來道別的薇若妮卡上樓去看看他。

「他沒事，」下樓時她這麼說。不過她一臉不高興。遲疑了半晌後，她開口道：「妳昨晚讓艾妮思很難過，還有我們。妳應該送她花或巧克力致謝。最好是兩樣都送。」

我有點震驚，趕忙道歉。「我很抱歉，」我說：「我知道讓艾妮思來幫我們想必很彆扭，妳知道，她是他前女友。」

「不，不！」薇若妮卡說，神情詫異。「沒有人在乎那檔事。」這下換我詫異了。「那是因為妳**毀了我們的晚餐**。」她不耐地解釋：「艾妮思才剛點完菜，連前菜都沒吃完就離開了。我們獨自吃完晚餐，那一頓飯很美味，但妳毀了每個人的興致。」

我目瞪口呆。我老公在死門關前走一回，薇若妮卡關心的只是她的胃？況且我們趕往醫院去時，她還坐在餐廳裡悠哉地吃飯⁉菲利浦事後跟我解釋，艾妮思和薇若妮卡不常碰面，更別說在外一起吃飯，而且那是一家新餐廳，菜色看起來很棒。他跟我保證，換作是他，他也會有同樣的反應。聽他這麼說，我更震驚了。只是剎然間，我覺得人生苦短，不值得為這種事起爭執。我必須去接受，因為法國人飲食風格的某些面向，我大概永遠也搞不懂。

豬流感的一場虛驚卻帶來了持久的效應：化解了我對菲利浦提議的全家「慢食」實驗的抵抗。復原期間，他趁機要我答應一件事：等他好了之後（感謝老天，他好得很快），我們要共同實踐慢食。因此，五月中，我們著手進行下階段的計畫：我們自個兒的居家慢食實驗，或者我們另外取的名稱——「我們的稍慢之慢食實驗」。我沒把握我做得到，但同意試著在用餐時稍微放慢步調。

我發現，慢食也意謂著，別那麼明明白白強調飲食準則的落實。法國飲食文化首重享受食物（精心打造的一套規範使然）。我們需要創造吃晚餐的新氣氛，好讓女兒們自然而然吸收規則。雖然稍微猶豫了一下，我還是撤走了貼在冰箱門上越積越多的紙張：規則清單、小訣竅、計畫、翻爛了的飲食日誌。清完後，冰箱門看起來乾淨整潔，這讓我興起了居家大掃除的念頭。我們把窗戶全打開，刮除累積了一整個冬天的霉斑，讓碗櫃通風，收拾好所有東西。連車子也進行了一次大美容，換上新椅套和新的腳踏墊。

屋子裡變乾淨，屋外天氣宜人（幾乎和去年剛抵達時的夏天同樣陽光明媚），我心情放鬆了。在法國，五月的節慶很多，而且通常很明智地排在星期二和星期四，好讓人可以在星期一或星期五請一天假，以便連休四天。我們的朋友大都趁機安排全家小旅行。我們周遭的人似乎都放慢了步伐。何不加入他們呢？

為了慶祝我們「稍慢之慢食」實驗啟動，菲利浦和我同意選出兩句座右銘。菲利浦選的是法國劇作家莫里哀的名言：「吃得好也要吃得對。」我的選擇（一如往常）沒那麼有文藝氣息：慢食即好食。不過這兩句座右銘搭得滿好的。菲利浦用他龍飛鳳舞的草寫字（法國小孩仍被要求要練草寫體）把這兩句話寫下來，（在女兒們畫上插圖裝飾後）並排貼在冰箱門上。

接著，我從婆婆那兒得到靈感（她是個法國音樂迷），搜集了一些晚餐音樂，並將之取名為我們的「慢／樂精選集」。到目前為止，我還沒真的留意過法國音樂。我依稀聽過幾個家喻戶曉的明星，譬如賈克・布萊爾（Jacques Brel）和艾蒂絲・皮雅芙（Edith Piaf），以及傳統法國香頌；其中有些收入了撥放清單，連同一些Parle-chante（法國的「半唸半唱」的唱歌方式，由塞吉・坎伯斯〔Serge Gainsbourg〕

之流的歌手唱紅的方式）。不過，稍微鑽研了一下，新世界音樂讓我耳目一新：楊．提爾森（Yann Tiersen）奇幻的美妙音樂（我最愛的電影之一「艾蜜莉的異想世界」的配樂家）、夢幻的法西斯．卡布瑞爾（Francis Cabrel）、瑪奴喬（Manu Chao，有趣的後龐克民謠）、活潑又沉穩的法國歌手，譬如侯瑟（Rose）、卡蜜兒（Camille）、薩絲（Zaz）和夏洛特．坎伯斯（Charlotte Gainsbourg，塞吉的女兒）。

我養成了邊放我們的慢／樂精選集邊下廚的習慣，結果每個人都慢慢放鬆下來。沒想到孩子在等待晚餐時聽音樂，竟完美地分散了她們對飢餓的注意力。沒多久，女兒們放學回家後就會要我放音樂，並在我下廚時在廚房內外跳舞。連菲利浦也參了一腳。「音樂安撫了兇猛的野獸，」他笑嘻嘻這麼說，晃進廚房來，拉著我搖擺起舞。

我們的慢／樂歌曲大體上讓每個人懷著好心情等待「用心吃的晚餐」。有趣的是，我在法國圖書館裡找不到任何用心飲食的資料。當我在圖書館或書店問起 manger en pleine conscience（菲利浦和我想得到的最佳譯法），聽者總是一臉茫然外加高盧人經典的聳肩（其中有個人最後指引我去找素食主義的書，誤以為我談的是飲食倫理）。一如其他很多法國飲食規則，用心飲食的習慣根深柢固，而且相當普及，以致沒人想到要發明一個詞來描述它。所以沒有所謂的法國「用心飲食指南」可供我參考。

於是我轉而去找美國一些隱約受佛學影響的書來讀，譬如蘇珊．阿爾伯斯（Susan Albers）的《每一樣食物都能吃：覺醒式飲食教你減重不復胖》（*Eating Mindfully*，有位朋友知道我們的實驗後特地從家鄉寄來）。在這書裡，我看到了一些我早有體會的觀念（例如，我們**如何**吃、**為何**吃以及吃**什麼**的重要性）。不過它大多著重於飲食失調的成人和想要減重的人所關心的問題，對我來說不是真的那麼

有幫助。我也讀了諸如法國醫生尚—米歇（Jean-Michel）和米瑞安・科翰（Myriam Cohen）合著的《良好的家庭飲食》（*Bien manger en famille*），和諸如心理學家麗葛寫的《打贏食物之戰》（*Winning the Food Fight*）。

沒想到我卻在《簡單生活指南》（*The Simple Living Guide*，《簡單生活通訊》前編輯珍・盧爾斯〔Jane Luhrs〕所著），也就是我們要搬到法國前我的教母祝福我「一路順風」的禮物書裡，看到一些令我真的感興趣的想法。這指南談了不少「用感官來飲食」（sensual eating）裡的概念，搬到法國前我認為這概念不過是縱情吃喝的饕客自圓其說的浮誇之詞罷了。如今我卻以更開放的態度來看待它。事實上我仔細閱讀，畫重點，一讀再讀以下這一段：

「下廚可以是出於愛與喜悅的一個作為，否則它不過是在忙與盲的生活裡——從沒花個一時片刻去留意、感受和品味——另一個自動化的動作而已。下廚作為一種愛的表現，會帶給我們新的能量與活力。」

我發現，這觀點極為類似我從蘇菲的老師那裡得知的法國學校「品嘗訓練」。但我沒想到這個取向同時適用於大人和小孩，也適用於下廚和吃食。廚房通常是我最有壓力的地方，所以這觀點給了我很大的啟示。

「下廚，」這指南繼續說：「就像給一個擁抱。」

這種說法，在我沒搬到法國之前，可是會讓我二話不說逃離廚房。可是它現在卻讓我想起我從麗葛的書上讀到的：孩子的飲食教育的重點不在營養（儘管這對大人來說當然很重要），主要在於官能上的感受，因為孩童透過這個方式學得最好。從熱愛飲食這件事當中，孩童學會傾聽身體的訊號（譬如「我飽了」的感覺），並慢慢學會重視品嘗食物。

這總總一切給了我足夠資訊來補綴我們的稍慢之慢食實驗。我決定，我們的用心飲食的目標，要定在讓孩子把注意力放在她們的食物**以及**她們的身體。不過做法必須很簡單，所以我們每餐只選一道菜或一種食物來體驗「慢食」。針對這特定的食物，我們一家子都要試著用心去吃：運用我們所有的感官，帶著鑑賞的心情慢慢地去真正品嘗它。

只是，眼下要怎麼解釋這一點給孩子聽呢？我決定用最簡單的話來說，因此我告訴她們：妳們吃東西吃得越慢，它留在嘴裡的時間越久，味道就越棒。我們用déguster這字眼來取代寫給成人看的這些書裡一長串的複雜字眼（譬如「覺察」、「感同身受」或「感官的」）。她們已經從爺爺奶奶那裡多次聽到這字眼，法國人談到食物時常常會使用這個字。一如很多和食物有關的法國字，déguster也很難翻譯。它往往被簡單地譯成「品嘗」（「讓我們品嘗那食物吧」）。不過法國人通常用「goûter」一字來指生理上的品嘗。「déguster」實際上意指緩慢地、仔細地去領略和鑑賞（而非大吃大喝，對此法國人則用「se regaler」一詞）。餐飲界用「dégustation」一字來指食物被以精準剖析的方式鑑賞的正式活動（譬如dégustation de vin〔品酒〕）。不過一般的法國人也會在居家情境裡用到這個字眼，多半是在他們叫小孩子吃東西要慢慢吃的時候。

「Il faut déguster!」我婆婆常這麼說，意思是「慢慢吃，細細體會你的食物！」。說的時候常常稍微帶有指摘或惱火的口吻——因為看到孩子狼吞虎嚥。不過，大部分時間，狼吞虎嚥不是我女兒們會有的問題行徑，因為除了甜點之外她們吃東西都是挑挑揀揀的。蘇菲吃飯尤其慢得令人頭疼，叉子尖的一丁點食物她似乎永遠吃不完。要她吃快一點也只會得到反效果。不過要是給她一塊巧克力蛋糕，她會搖身一變成為快食冠軍王，她簡直是直接叉起蛋糕便往嘴裡塞，大聲地嚼沒幾下就吞進肚裡，然後滿足地微笑。

巧克力說不定是很好的起點，我心想。回頭看我的座右銘，我推論出，假使我們挑好吃的東西下手，女兒們會把慢食和好吃的食物聯想在一起。此外，她們愛吃的東西也比較可能抓住她們的注意力。這麼一來，她們會夠專心，因而可以來聊聊食物；這一點很重要，因為用心飲食的關鍵在於細心觀察。我們會要她們談談她們吃的食物的味道、外觀和質地。

因此，我們稍慢之慢食實驗的第一天，我自己做了巧克力慕斯。和你以為的相反，這是法國甜點當中最好做的之一，因為材料只有四樣，而且不需要烘焙。老實說，由於北美人對生雞蛋有疑慮（在法國人看來是一種多慮的妄想），我也是有過一番掙扎之後才放心地製作慕斯。看了法國人吃下那麼多沒經過加熱殺菌的生食後，我的疑慮漸漸顯得有點多餘。我婆婆經常做慕斯給她孫子孫女吃。女兒們也很愛看我做慕斯；她們會在廚房裡晃呀晃的，等著舔碗裡剩下的材料（她們被准許這麼做有個前提，那就是**絕不**在爺爺奶奶面前這麼做）。

某個下雨的星期一下午，我們從學校回到家，在侯瑟和薩絲的歌聲陪伴下，女兒們在餐桌旁吃著點心，我開始融巧克力。由於我下廚一向匆忙，通常會先把巧克力放進鍋裡，把蛋白和蛋黃分開，然後一下子趕著打蛋，一下子又趕著融化巧克力地兩頭忙。我想，這不符合慢食的精神（再說，這樣做出來的巧克力通常比較乾硬——最後會結塊，結果變成有酥脆口感的怪怪慕斯）。因此，這次我就只站在爐前攪動，吸入那慢慢散發出來的氣味。我之前從沒注意到，那香氣隨著巧克力融化越發濃郁圓潤。

巧克力適當地融化後（而且拌入一匙的諾曼地酸奶油，才不會變乾變硬），我把它置一旁冷卻。接著我專心把蛋白和蛋黃分開（而且這一次沒讓蛋殼碎屑掉進去——我的慕斯通常會有脆脆口感另一個原因）。而且，在開始打蛋白之前，沒忘了先加一小撮鹽（以前匆匆忙忙的老是忘了這一步），有助於把蛋白打得堅實。

女兒們急切地在一旁轉來轉去時，我（慢悠悠地！）混合巧克力和蛋黃，然後（輕柔地！）把混物拌入蛋白裡，發現慕斯看起來比平常要更鬆綿和堅實。我大受鼓舞，把混物舀入小巧的小陶碗（或玻璃碗），法國人常用這種陶碗或玻璃碗準備食物和盛食物，這是法國人另一個烹飪的創舉，既美觀又聰明（自動控制分量！）。女兒們這會兒開心地舔著打蛋器，我把陶碗送入冰箱內冰個兩個鐘頭，直到吃晚餐。

隨後我查看一下計時器。出於好奇，我決定把稍慢之慢食計畫的每個環節加以計時，看看我們到底放慢了多少。計時器顯示的數字叫我吃驚——十三分鐘！通常我至少要花十分鐘才能做好慕斯（部分是因為我花了不少時間把碎蛋殼從碗裡挑出來。我只多花了三分鐘而已，但整個經驗與以往迥然不同）。

我把慕斯從冰箱取出時，相似的魔法也在晚餐時施展。這是我整個吃飯過程唯一一次起身。通常我會起身去拿我忘了的東西，來來回回不下十次，不過這一次我懷著彷彿要開車出遠門一般的心情備

妥餐桌上的一切——我把可能需要用到的所有東西擺放在桌上，而且在我徹底準備妥當後才喚孩子來吃飯。這樣帶來的平靜效果太驚人了，因為我不再不時起身去取忘了拿的器皿、圍涎、餐巾、紙巾、鹽、奶油、水或任何需要的東西。我甚至點了蠟燭，把燈光轉柔和。這在孩子身上起了催眠的作用，結果整個用餐過程她們都輕聲細語。

「現在，女兒們，on va déguster」我提醒自己以愉快的口氣說：「這是什麼意思？」我鼓勵她們說。

「Mangez leeentement, maman!（細嚼慢嚥，媽媽！）」她們回答，幾乎是異口同聲。有那麼一秒，我有一種當爸媽的看見孩子乖巧甜美得像天使似的時，陶醉在自己多麼教子有方的振奮時刻裡。

我的幻想不出所料地被打斷。「克萊兒的比我多！」蘇菲埋怨，臉皺了起來。我瞧了瞧，她說得沒錯。克萊兒的陶碗內有一邊稍微裝得比蘇菲的滿了點（陶碗的另一個好處是可以讓每一份精確地達到等量，不會因為誰的多、誰的少引起手足糾紛）。額外的少量慕斯解決了危機，我們開始吃。

或者說，開始dégustation（鑑賞）。雖然她們一開始不小心犯規，像平常那樣大口挖來吃，但後來兩人開心地用湯匙盡可能舀著少少的量，以前所未有的緩慢速度送入口中。這過程甚至不知怎地變成了遊戲：誰可以最後吃完？蘇菲一如以往地鬥志勃勃，努力誘拐她妹妹吃快一點，但克萊兒也不容易上當，她跟著她爸爸的節奏。

放慢速度吃讓我們有大把的時間可以真正地聊聊慕斯。妳把慕斯送進嘴裡時有什麼感覺？如果妳用舌頭含著它，它多久會融化？它是不是稍微有點苦？鹹鹹的？甜甜的？是不是沒有平常那樣脆脆的？為什麼？碗底的慕斯是不是比較不鬆軟？為什麼？它滑到妳肚子裡感覺如何？蘇菲有很多的觀察，連克萊兒都說了很有意思的話：把拔，它在我肚子裡搔癢！

「oh, la grosse gourmande!（喔，老饕唷！）」我老公逗她說。我最近才搞懂 gourmande 這字的意思：指享受食物、品嘗食物、樂在其中的人（也許稍微有點過度，因此當它用來指孩童時，帶有警告但縱容的意味）。相反地，Glouton（直譯就是貪吃者）指嘴饞的人，甚而吃過量，而且吃的不見得是好的食物。gastronome 則是對飲饌有研究、精通吃食之道的美食家。

又一次恍然大悟。我終於了解何以法國人那麼堅持一般人也可以是**美食家**：這些人單純是懂得**鑑賞**食物的人。我想得到的最貼切翻譯是食物「迷」（就像運動迷一樣）。就法國人看來，人人可以（而且應該）熱愛食物，就像美國人熱愛橄欖球，加拿大人熱愛冰上曲棍球，或英國人熱愛足球一般。飲食是法國國民熱情之所在，就像運動是我家鄉的人熱情之所在，雖說不是人人都運動。

那晚稍後我告訴菲利浦這想法時，他笑了。「別搞得太智性，」他提醒我：「不過是食物罷了！」在女兒們就寢後，我們坐在客廳裡享用法國花草茶。那天就寢前的準備時間比平常長了些，因為我們的賞味活動帶來了一個始料未及的副作用，那就是女兒們吃得全身是巧克力，尤其是克萊兒，因此晚飯後她意外洗了第二次澡。不過我們都很享受那頓晚餐，尤其是菲利浦。

在此之前，和孩子一起吃飯是他每天最提不起勁的時候。下班後累垮垮的回到家，看見飢餓的孩子在餐桌旁抱怨食物，幾乎總會令他頭痛。現在我知道為什麼了：他期待家人一起吃飯是放鬆舒展的時光，怎奈卻是壓力重重又不順利。而我又火上加油，匆匆忙忙下廚，乒乒砰砰關碗櫃門，掉落東西，鍋子燒焦，跑進跑出，把壓力（如果我夠誠實，應該是把怨氣）傳染給所有人，吃飯時還不停催

促大家，把情況搞得更糟。通常他一吃完飯就默默地退到電腦前。今晚是好幾個星期以來我們一起共度的頭一個快樂夜晚。

我把放慢步調的焦點擺在孩子身上，這使得菲利浦更開心。今晚他放鬆到很有聊天的興致。我也很高興，因為打從我們般到法國來，精神上一直很緊繃。我不止一次希望我們（我）沒決定搬來法國。也許，我心想，用餐是個意想不到的方式，可以讓我們再次開始享受彼此的陪伴。當我們一起在無言的幸福中洗完碗盤後，我拿起麥克筆，更動了我座右銘的一個字：慢食即樂食。

9

美法合璧

當我們小時候
我們採小蘿蔔
洋蔥和紅蔥
萵苣和胡蘿蔔
五歲大時，我們勉強搆得著
黑醋栗和紅醋栗
覆盆子和番茄
當我們長大
我們摘蘋果
李子和棗子
我們雙手高舉向天空

——〈小胡蘿蔔與黃香李〉（*Radis et mirabelles*），法國傳統兒歌

六月來臨，夏天提早到了。每天放學後我們幾乎都會到海灘去，慢慢忘記了濕冷悽慘的冬天。女兒們就寢後，我公公通常會過來看著她們，好讓菲利浦和我可以到海邊走走。晚間天還是亮的，要到將近午夜才會暗下來。我們沿著濱海的寬敞海堤來來回回走著，其他也在漫步的夫妻不時會掠過身邊。很多村民在那兒現身：市場裡的魚販、當地的藥劑師、蘇菲的老師。我們在學校見過面的家長們也來了，也經常會遇見好朋友艾瑞克和珊卓恩、席琳、耶夫。我們會駐足聊天說笑，通常是打屁閒扯淡言不及義。這些步調悠緩而氣氛融洽的夜晚，是我待在法國時最喜愛的時光之一。

我越來越有安頓下來的感覺，但是在無數的小細節上，我還是被提醒著，我終究不是法國人。最令我難忘的一件事，起初是出於天真爛漫到不行的念頭，這要從一回上農場例行採買說起。就在我和珊卓恩要離開之際，修伯特喚住我們，說起了即將來臨的節日：農業與生物多樣性節（法國眾多正式的「國定節日」之一，多到我乾脆不花腦筋去記了）。

「何不在學校辦個活動來慶祝慶祝？」他靦腆地問。

「我們的農場可以捐一些食物，其他在地的農場也可以，好讓孩子們認識目前盛產的蔬果有哪些。」約瑟夫提議。「草莓正熟成呢！」他補了一句，眼睛閃閃發光，有如香檳似的要冒泡泡。

我心想，這真是個好主意。蘇菲班上很用心栽培他們的小菜園，因此他們有一些新鮮蔬菜可分享。辦這樣的活動他們會感到驕傲的。而且老實說，我也會。以前在家鄉我常到學校當義工媽媽，但在這兒，我隱約覺得被學校拒於門外。我很想熱心參與，卻常碰軟釘子。我從沒受邀參加蘇菲班上的校外教學，一次都沒有。也許這是個破冰的機會？

一個禮拜後，在節日當天，我拎著裝滿了草莓、新鮮麵包、自製果醬和數個小罐裝的法式酸奶（一種奶製品，最貼切的形容是酸奶加凝脂奶油的混合）的柳編籃來到校門前。我對著等候的家長和爺奶奶們微笑，把食物擺放到一張鋪有新買的普羅旺斯風格桌布（橄欖和薰衣草的圖樣印在宜人的黃色底布上）的小折桌上。在一只大型托盤上，我仔細地鋪排來自孩子校園菜圃的一些產品：嫩蒜苗、細香蔥、萵苣心，以及在教室裡種出來的小巧青豆（當蘇菲發現她的豆苗是全班長最高的，整個人驕傲到不行）。

我想，再過十分鐘鐘聲才會響起，這段空檔足夠請大家吃點東西。於是我拎著柳編籃，走向聚集成群的家長。

「要不要嘗一嘗草莓？」我問。

「不了，謝謝！」他們答道，沒有一個接受。我微微感到詫異，但還是不死心地走向另一群人。

「新鮮草莓，有人想嘗嘗嗎？」我問，這次有點畏怯。只有一個人願意，拿了一顆小草莓，帶著歉意微微一笑。第三群人也一樣：沒人捧場。

直到這一刻，我才開始發覺事有蹊蹺。我環顧四周，期待看到哪個家長給出鼓勵的微笑。可是大部分人都移開目光，與我目光相對的人，無不蹙眉皺額。我心裡一沉，難不成我又觸犯了另一條不成文的規矩。

但我覺得此刻就放棄很傻。於是我從這會兒已經越聚越多的家長當中，鎖定一位上了年紀、老奶奶般慈祥和藹的人，帶著籃子走向她。

「您要不要嘗嘗在地農場產的草莓？」我問。

「正餐以外的時間不要吃東西！」她厲聲說，兇得令我愣住。我喪氣地退回桌邊，假裝忙東忙西，一遍又一遍地整理食物，淚水湧上我眼眶。

幸好這時鐘聲響了，孩子們湧出校門。他們似乎不那麼抗拒吃點心這念頭：折桌旁很快擠滿了熱切的孩子，他們開心地大口吃著莓果、鮮奶油、果醬和麵包，客氣地小口咬著蔬菜。但不是每個人都圍上來：我從眼角瞟見，家長們快步撲向前，伸手攫住孩子趕忙強行帶離，不顧發出抗議的子女以渴望的眼神頻頻回頭望。我甚至覺得有些家長經過時氣呼呼地瞪我。

這令我震驚。當天晚上我依然想不透，於是把這件事告訴我公公。

「他們為什麼那麼不高興？」我問。

「因為妳沒徵得他們同意就餵他們小孩吃東西。」他溫和地回答：「另一個原因是，他們認為妳不應該站著吃點心，或者不應該在正餐以外的時間吃東西。如果妳要把美式風格教給法國小孩，妳在這裡會交不到朋友。」他下結論。

我鬱悶地思索這件事好半晌。來法國將近十個月了，我還是不停出漏子。有人曾經跟我說，跨文化分析比心理分析要痛苦好幾倍。當時我不懂她這話的意思，不過這會兒我可懂了箇中深意。當你置身於不同的文化，你會花大量的時間在事後檢討自己。你跟周遭的人每一次的互動，都可能發生誤解、失禮、無心的冒犯，而且大體上甩不掉引人側目、格格不入的感覺。這些狀況越來越是我的真實寫照。

一開始我很不甘願地跟自己承認，**住在**法國真的很難，每天要面對大大小小的文化衝擊也很難受，何況我往往是落敗的一方。我厭倦了跟別人不同，厭倦當外國人。這不僅是專業的問題，也是個人問題。我法文說得不夠好也寫得不夠好，我也沒有任何法國學歷。這讓我沒辦法在法國找到我拿手的工作。菲利浦也找不到工作；他是在英國念大學的，所以他拿的「外國」學歷在這裡就是不算數。如果我們一直待在這裡要怎麼維持家計？

所以我對我們的未來感到憂心。我也覺得很寂寞。菲利浦的朋友都不住在附近。除了艾瑞克和珊卓恩之外（而我們兩家子變得很熟），我沒有交到一個我認為的好朋友，而且我不認為這情況有可能改變。村子裡沒有人講英文。我的法文進步很多，但還不足以讓我如魚得水。笑話也不再是笑話。涉及文化層面就像鴨子聽雷，就算是歐普拉之流也一樣。我太與眾不同，很難交到知心朋友。

沒錯，還是有些人對我們很親切。村裡的麵包師傅就把我當在地人看，當她在麵包店一百五十週年慶的活動上，送給我一副有浮雕圖案的防燙手套（她是等到她不怎麼喜歡的夏日觀光客走出麵包店後，才帶著微笑把手套遞給我）。我們接到幾次晚餐邀約，蘇菲參加過很多生日派對。我可以很自在地跟市場裡的熟人聊天。

可是我也逐漸看清，不管我在法國待多久，也不可能徹底融入，因為我始終**不是**法國人。我不可能如魚得水。而且我也看清我的**處境**：村子裡唯一的移民，唯一不講法語的人。再說法國人對移民也不特別友善。

這是因為我不夠努力嗎？我自問。我一直認為自己是有包容力的人，願意打開心胸接觸其他文化。可是我越了解法國人，就越發現我們和大家的差異有多大。我在生活最私人的領域裡碰上最懸殊的差異：友誼、教養小孩、感情。多年來我幻想著法式生活是如何，可是（就像菲利浦事前警告過我的），在法國**生活**的實際狀況卻完全是另一回事。

我也很想念家鄉。我想念在我們離開前，我甚至不會特別去珍惜的事物。我想念親人和朋友。我想念陌生人的隨和親切。我想念不必推著推車顛簸走在鵝卵石路上，也想念不用緊張地挨擠穿梭在人行道還沒出現之前就已經成形的狹小巷弄中。我想念我最愛看的電視節目。我開始懷念我愛吃的東西，像是抹了奶油乳酪再鋪上煙燻鮭魚片、嚼勁十足的貝果；在我們住的村子裡，這些都買不到。就連我們的楓糖也用光了。

最後我對自己承認：我好想回溫哥華。搬到法國來是很有意思的實驗，只是它（就我所在乎的種種來說）並不成功。時間到了六月底，我準備好要回家了。問題是，家裡沒人和我有同感。女兒們已經不把溫哥華當家了。她們倆事實上已經充分融入法國生活，都交到好朋友。她們的法文說得非常流利，一般的陌生人絕對聽不出她們是半個加拿大人，而且各有各的 amoureux（這個字直譯是「情人」，用在小朋友身上是「男朋友」或「女朋友」的意思）。在我剛到法國時，我很震驚法國父母鼓勵孩子談戀愛（玩玩柏拉圖式的小戀愛）。聽到大人用有點調侃的口氣問「他／她是你的戀人嗎？」是很平常的事。不過就像其他很多事一樣，我也漸漸習慣了。所以我在幼兒園看見小雨果擁抱克萊兒，或到學校看見皮耶跪著親吻蘇菲的腳，而她害羞地咯咯笑，我眼睛連眨也沒眨一下。

但是那慢慢矇住我孩子眼睛的布條可沒矇住我。我打定主意，或者說，打定胃口：我「用五臟六

腑來感覺」。我想回家。事實上，我已經**決定**要回家。問題是，原本不想搬回來的菲利浦慢慢發覺到他對自己的母語、親人和朋友有多麼深的依戀。他甚至興起了在村子裡買房子的念頭。形勢大逆轉。

我等待著時機，在某個晚上帶出這個話題。我們早早讓女兒們上床，我公公過來看著她們。菲利浦和我走到海邊在沙灘上散步。風停歇了，日落後經常不起風。潮水退去，蒼白平滑的沙在我們面前綿延近一哩長。

「我想回家，我是說回溫哥華。」我說，驚訝自己竟哽咽著差點掉淚。愧疚不足以形容我內心的感受。老實說，我有點驚恐，想到他家人和女兒們會怎麼反應。

「我知道。」菲利浦說，低頭看著沙灘。他彎腰撿起另一個扇貝殼，增添蘇菲越來越多的收藏。

「對不起。」我開口，隨後又打住。有那麼一度，我找不到話說。菲利浦調頭轉身，朝屋子走去。我追上他。

「我們走回海邊吧。」我說。

「不，」他說，沒停下腳步。「妳知道我不想搬回來，妳也知道我搬回溫哥華不會再覺得快樂。」他頭也不回地說。

胃翻攪得令我作嘔，我跟在他後頭。

「我們說好了只待一年。」我朝他的背說。

「女兒們真的很喜歡這裡，」菲利浦說：「妳不能這樣拿她們做實驗，妳不能一時興起拖她們來又拖她們回去。」

「這不是一時興起，」我說：「我沒辦法在這裡過下半輩子。我無法融入這裡。而且你知道我們找不到工作，如果我們離開超過一年，溫哥華的工作不會繼續等我們。」

沉默。菲利浦轉身，悶悶地盯著白沙。漫長的沉默。「妳知道，」他最後開口了：「我很想念那些山。還有貝果和奶油乳酪。」

我們慢慢對親友放出風聲。菲利浦的爸媽很失望，可是並不意外；畢竟他們警告過我們，要在這村裡安頓下來並不容易。皮耶，蘇菲的小男友，很是傷心。珊卓恩和艾瑞克一想到可以到溫哥華找我們就很興奮。消息很快在村裡傳開來。人們會順道上我們家來祝福我們，或在市場遇見時花片刻時間祝福我們，令我很驚訝（感動）。

我們當中，蘇菲最難接受事實。她對溫哥華的記憶大半已消逝，而且很快樂地融入目前的新生活。蘇菲和瑪莉已經建立出她們倆生平頭一次的「姐妹淘」情誼，要跟彼此說再見肯定會很傷心。

克萊兒相反地倒是平靜地接受事實。這多少是因為她還搞不清楚狀況；她唯一的明顯反應是興奮地期待著坐飛機。她雀躍的心情（小娃兒那種出奇的自足）在我們打包過程裡支撐著我們。旅法期間我們沒有增加很多家當，而且大部分都分送給親友了。剩下的剛好裝滿四只旅行箱。一年下來，我們的所有物增加了一倍。

天氣似乎也察覺到我們的心情。我們打算七月底離開，期待著臨別前可以享受海邊陽光普照的漫

長午後。沒想到那個月卻一直下雨（傾盆大雨），而且一連下了二十七天，破了歷年紀錄。風冷颼颼吹著，沉沉烏雲低懸：和我們即將要定居的溫哥華的天氣一模一樣。那個月說不定是我們這輩子最漫長、最鬱悶的一個月，因此我們只好退回廚房，把最後幾個星期的時間花在歡喜做菜和吃食上。女兒們的爺爺幾乎每天來，帶一些好吃的東西給我們，譬如當地的餡餅（加了辣味綠胡椒）、蘋果酒、貽貝（我已經學會喜歡吃它）和螃蟹。我婆婆則更猛，索性搬過來和我們同住，經常烤派餅，做家人愛吃的東西，譬如棗子燉兔肉。我也學會製作果醬；雖然天氣不好，但水果開始熟成，我們幫艾瑞克和珊卓恩從他們種的果樹上搖下好幾蒲式耳的黃香李（一種李子），接著花了幸福的兩天在他們的廚房裡跟黏黏的鍋壺、長柄杓和果醬罐為伍。

我們預定離開的前兩天，太陽終於露臉。天公作美，我婆婆要辦家庭聚餐。這是每年夏天的例行盛事，通常也是我們每年從溫哥華來看看他們時可以見到所有親戚的機會。這一回也是大家可以道別的機會。因此，要張羅的事也比以往要繁瑣。後院搭起兩座露天棚子，使得用餐空間比飯廳大上一倍。法式落地雙扇門敞開，架起五張餐桌，我們將招待將近四十人。我婆婆翻出她的亞麻桌布，孩子們從花園裡採一束束的薰衣草和各色花朵來點綴餐桌。

聚餐時間定在中午，過了正午後親人開始陸續抵達。拖著子女來的堂表親加上叔伯姑姨——菲利浦的親戚幾乎都現身了。我們在村子裡交的新朋友也到場。把香檳和開胃小點（夢妮卡帶來的烤餅乾，上面放有讓人看不出所以然的餡料）遞給每個人享用就花了將近一個鐘頭。直到下午快兩點，我們才真的坐下來吃飯（時間上當然正如我婆婆所盤算的，她太了解她的家人了）。

餐點內容盡是布列塔尼名產。我婆婆事先請當地一家小旅館（總共不過十個房間）的廚師，幫我們準備他最拿手的料理——魚肉凍，一道清爽的魚肉慕斯，綴有「高貴海藻」，我去取貨時，那廚師自豪地這麼跟我說（我試著很上道地表現出很驚豔的樣子）。接著我們吃聖賈克扇貝（干貝之王），那是直接從我們的小海灣裡撈來的，由我們市場裡那位親切的漁夫提供。修伯特和約瑟夫帶來沙拉和乳酪拼盤，我們最愛的那種來自海岸邊農場的小山羊乳酪。到了下午四點半，我們還在吃甜點法荷蛋糕（一種很像蛋糕的水果餡餅，填鑲白蘭地酒漬李子），隨後是由傳統的斯佩爾特小麥、蕎麥和栗子粉製作，有著濃濃堅果味的微甜精緻茶點。

儘管法國人在餐桌旁的妙語機鋒永遠不嫌多，但是他們很少舉杯祝賀。艾瑞克鼓起勇氣在眾賓客前對我們說：「不管你們要搬到哪裡，不管你們將來會不會回來，永遠有一小部分的布列塔尼留在你們心裡。」他微笑。我們舉杯，眾人賀道：「Toujours le vin sent son terroir.」飯後我們全走到海灘散步（家族儀式，用餐數小時後我最喜歡的活動），菲利浦試著把那句俗語翻譯給我聽：「好酒聞起來、甚至喝起來就像孕育它的風土，而人也一樣：你的家鄉永遠是你身上的一部分，不管我們到哪去，永遠會帶著身上那一小部分布列塔尼。」

溫哥華總有辦法提振你的精神，縱使你心情糟透了。我們飛越由山巒和海洋所環抱的市中心時，菲利浦精神大振，很可能想像著自己登上了冰封的山峰。我精神也來了，想像著自己吃著塗滿奶油乳

酪、新鮮溫熱的芝麻貝果。在當週稍後我們帶蘇菲拜訪她的老朋友時，連蘇菲也雀躍了起來。她的法國腔、得體的應對甚至穿著，在在令她的朋友們著迷。我們一雙本來像野孩子的女兒在法國待了一年後脫胎換骨，彷彿直接從兒童繪本《瑪德琳》（*Madeline*）走出來似的。

克萊兒則難以適應。從她雙眼睜得斗大的樣子，顯見她被周遭的「新」語言給徹底搞糊塗了。至少我跟她說英文的時候，她不會再皺著眉頭用法文說「不要，媽媽！」，但專心聽周圍的人發出的陌生聲音似乎占據了她全副心力，而且她變得非常黏人。看來八月將是另一個漫長的月分。

連我也覺得很難重新適應。我一直很想念北美式買菜的「便利」。當我載女兒上超市（路上交通比我想的要糟得多），找到停車位，來來回回在無盡的走道上逛，排隊結帳，把東西搬上車，再開車回家，我已經筋疲力盡。我懊惱地發現，在市場買菜比較省時，還有運動一下舒展筋骨、到戶外呼吸新鮮空氣、和他人社交聯誼的額外好處。

況且，在超市買的東西遠不如法國的新鮮。雞肉拆封後飄出的味道，令菲利浦忍不住咒罵了一句（飆髒話！）。吃了一年從農場買的新鮮肉品後，我很訝異超市雞肉那稍微令人反胃的味道，以及過軟又黏滑的肉質，就像包在塑膠膜裡過久的那種東西。下鍋煮後，那肉毫無滋味，而且怪異地鬆垮。即使是有機雞肉也好不到哪去（又貴得離譜）。菲利浦氣得揚言要吃素，激得他去找新的供應商。最後我們找到一位在地肉販，他的雞肉出自某個門諾教徒農場（雞翅被往內收攏的拘謹模樣，看起來有如合掌祈禱似的）。我發現我比自己原來所想的，更加懷念我們那村子的市場。

更令我訝異的，是我自己對周遭人的飲食習慣的反應。我以前從沒注意在街上邊走邊吃的人有多少，現在這景象令我怪異地感到窘迫。我驚訝地看見，每到中飯時段我們街區小學裡的孩子三三兩兩走出校門時，他們媽媽（她們舒舒服服地等在暫停的車裡）遞上的竟是麥當勞外帶餐點。在辦公室，當一位同事在上午十點進會議室開會時，打開一包薯片倒在桌上一張紙上，平靜地說「這是我的早餐，誰要來一點啊？」時，令我感到不可思議。我們辦公室的午餐室（我現在每天會在那裡加熱我自製的兩道式午餐）到了午餐時間空無一人；大家都弓著背坐在電腦前吃三明治。我搬到法國前情況就是這樣嗎？我納悶。怎麼以前從來沒注意到？

蘇菲在學校也有需要面對的挑戰。她很快就發覺到自己吃得和其他小孩不一樣。這大半和零食有關。起初我不想讓她帶零食上學，打算一如往常在下午點心時間讓她吃點心。但是她上全天課的頭一天我去接她放學時，她看起來蒼白又沮喪。「媽媽，我好餓！」她哽咽地說。我困惑地打開她的便當盒：裝在保溫盒的胡蘿蔔湯、抹了奶油的棍子麵包、優格和切片蘋果，幾乎原封不動。

「妳怎麼沒吃午餐呢？」我問。

「我來不及吃。」蘇菲說，然後放聲大哭。

學校寄來上課時間表時，我們著實很詫異。校方分配給午餐的時間，前後就只有十分鐘，從十二點到十二點十分，這還包括打開和收拾飯盒的時間。「則太過粉了！」當我把時間表拿給我老公看時，他氣沖沖說道（他一激動起來，法國腔就變得更明顯，這一點我至今仍覺得可愛到不行）。

「在這麼短的時間內，她要怎麼吃午餐？」他繼續說：「她會餓肚子的，這樣她怎麼可能專心上課！」這些話給我一種似曾聽過的怪異感覺。

「她必須吃快一點，就跟大家一樣。」我堅定且冷靜地（但願是）說。

菲利浦輕蔑地「哼！」一聲又繼續說：「他們要訓練孩子們連吃飯也要匆匆忙忙的，而且在成長過程中都要在課桌前吃品質很糟糕的午餐。我終於知道這些惡劣的習慣是怎麼來的。」他很是不屑。

我同意他的說法，可是（就跟在法國時一樣）我們能做的不多。我別無選擇，只好放寬「不吃零食」的原則。所以我開始不情願地讓蘇菲帶零食上學。起初我只準備水果跟蔬菜。可是隨著溫哥華濕冷的冬季來臨，我開始重新考慮，既然蘇菲午餐吃得很少，她需要更多熱量，縱使她是在雨中的下課時間大口吞下的。

我不情願地開始讓她帶餅乾上學（我發現有個店家有賣我們在法國時很愛吃的一款可愛的小呂餅乾）。可是蘇菲要的是不一樣的東西：水果軟糖、奧利奧餅乾、干貝熊軟糖。我不買給她這類加工零嘴，結果搞得母女失和；不管我費多少唇舌要她吃得健康，她只想跟其他同學一樣。唯一的問題是，有些同學吃甜甜圈當點心。挫敗之餘，菲利浦抱著蘇菲坐在電腦前，讓她看小孩子蛀牙的影片：牙齒蛀光光的恐怖景象令蘇菲（和我們）印象深刻。但她還是吵著要買其他同學吃的零食。我氣餒地理解到，我越是不給她吃，實際上是越激得她更想吃。這似乎和我在法國學到的事背道而馳。

即使我特地準備一些**不一樣**的點心也沒用。當蘇菲第一次邀請兩位同學到家裡來玩，我自豪地端出法式蘋果塔，以經典的法式風格製作，塔餅表面的蘋果片呈螺旋形鋪陳，撒上了些許檸檬皮和細糖，沒有北美蘋果派通常會有的蘋果餡和塔餅上的配料。迎接這蘋果塔的是困惑的神情。

「這是什麼？蘋果披薩？」其中一個女生大膽地問，帶著北美小孩看到陌生食物常常會有的那種責難的謹慎。受到一些溫和的鼓勵後，她用舌尖微微嘗了一下。那蘋果塔顯然過不了關。

「我可以改吃奧利奧餅乾嗎？」奧利奧餅乾事實上已經登堂入室進了我們家門。我最後受不了蘇菲的糾纏買了一盒。那禮拜稍早前，她滿心期待地塞了兩塊奧利奧餅乾到午餐盒裡。在她發覺那些餅乾「太甜」之後，它們又幾乎原封不動地被帶回家來。因此我們有剩下的一大盒奧利奧餅乾可以請這兩個小女生吃，在離開餐桌去玩耍之前，她們高興地吃得津津有味。

我放鬆地嘆了一口氣。我女兒通過六歲大的女生想出來的奇怪社交考驗，讓我決定要留下食物櫃裡的「正常」零食，以備諸如此類的不時之需。我也不想讓蘇菲覺得她被禁止吃東西（因此反倒激得她更想吃東西），因此我開始容許她吃零食，但我也鼓勵她去選擇相對上較健康的東西，譬如黑巧克力（而不是奧利奧餅乾）或以果汁為主的「天然」干貝熊軟糖。我也讓她認識人工色素和香料（因此她才會懂我為什麼不買給她某些零嘴）。雖然她會發一些牢騷，但她同意我選的「健康」零食，我也准許她可以一週兩次在校吃「甜食」：燕麥棒、天然水果乾、小呂巧克力餅乾。

我們甚至在速食上妥協。我仔細地跟她解釋我為什麼不帶她們上麥當勞（我少年時在麥當勞打工當過收銀員，所以我的話有一定的可信度，這經歷只要值得利用我每每不放過）。我沒把握克萊兒聽得懂我對產業化飼養牲畜（factory farming）和「假食物」的說明，但蘇菲肯定聽得印象深刻。我們同意吃另類速食：壽司，這在溫哥華很容易找到，幾乎每條街上都有夫妻經營的壽司小館。我也准許蘇菲接受朋友的邀請上速食餐館用餐，遵行「偶爾犒賞自己一下無妨」的原則。如果她朋友的父母帶她上麥當勞，我會微笑以對並拿出我的教養告訴自己說「如果妳說不出好話就……」。通常我會（真心地）

說：「蘇菲想必很享受她那一餐。」但是我只會對蘇菲說：「我小時候也喜歡吃麥當勞，但是妳長大後就不會喜歡吃了。」

不管怎樣，我們還沒解決在校的午餐問題。蘇菲繼續帶吃了一半的午餐餓肚子回家。我好說歹說，甚至額外讓步（譬如三明治的吐司邊都切掉，好讓她咀嚼起來容易些），但都不怎麼管用。蘇菲學會細嚼慢嚥而且吃得得體。我們灌輸給她鑑賞的重要，如今這概念卻回過頭來糾纏我們。

「妳為什麼不大口吃午飯呢？」有天下午我這麼訓她。我真不敢相信這句話竟從我嘴裡冒出來，在我花了那麼多時間教她怎麼用心地飲食之後。

「其他同學都吃得亂七八糟！我慢慢地嚼，而且嘴巴有閉起來！」蘇菲哭著說。她說得沒錯——這一年來我們對她飲食行為的叮嚀有了回報，她比以前更整潔（雖然就法國人的標準來說有時還是吃得很髒亂）。這有時會在學校造成問題。最糟的一次就是悲慘的杯子蛋糕事件，蘇菲依然記憶猶新。有天，學校舉辦那學期唯一一次的糕點義賣，蘇菲花了她精心存下來的銅板買了一個美味的杯子蛋糕。那杯子蛋糕頂端抹了一層厚厚的糖霜並撒了糖粉。當天下午她淚漣漣地跟我說事情的經過：她慢慢地品嘗杯子蛋糕，小口舔著糖霜，直到鐘聲響起，午餐時間結束。她的老師看見杯子蛋糕沒吃完，叫蘇菲要在她「倒數」的期間吃完蛋糕，聽到「五……四……三」，蘇菲緊張到噎著了，不小心讓她心愛的杯子蛋糕掉到地上。蛋糕最後進了垃圾桶，蘇菲傷心得要命。但她很快學會了在必要時狼吞虎嚥（雖然她經常跟我們說她想念法國的食堂，而且在家吃早餐和晚餐時還是會設法「慢慢地吃」）。

掉到地上的杯子蛋糕不是我們遇到的浪費食物的唯一例子。那學校沒有學生餐廳，但每星期仍然安排了三天的「熱騰騰午餐」。學童們可以在每星期一選披薩吃，每星期三選潛水艇三明治吃，每星期五選壽司吃。食物和飲料都是個別包裝，這樣學生才可以選擇自己想要的餡料（但選擇機會只有一次，選定後他們必須每星期吃同一種口味一連四個月）。我們實在不敢相信這樣做造成多麼大量的浪費，尤其是和法國比起來。在法國一切都要重複再利用——餐巾、桌布、餐具、餐盤、杯子，甚至餐桌上的麵包籃。我們之前沒想過這是法國作風的附帶效益：除了要求學童嘗試形形色色的菜餚和食物，法國的飲食作風也對環境友善得多。

隨著這一年過去，蘇菲也越來越察覺到我們對學校食物所持的態度。我們（尤其是菲利浦）毫不猶豫地讓她知道我們怎麼想。一天下午，她笑吟吟地回家來，手裡揮著一張許可單。她的班級在學校的長程競走中募到最多的金額，獎賞是……到麥當勞免費吃一頓。菲利浦碎碎唸地在單子上簽了名，但槓掉了「快樂兒童餐」上的「快樂」二字，憤慨地在單子上潦草寫下大大字樣：「快樂但很不健康」。

與此同時，克萊兒也重新發現吃零嘴的樂趣。她顯然很快樂地享受新幼兒園裡每天早上和下午供應的零食（高達三份！）。不久後她就開始不吃早餐，拒絕我用心準備的燕麥和新鮮水果，因為她知道幼兒園裡一早就有零食等著她。大分量的零食往往就在我們去接她回家前的下午五點供應。克萊兒會吃零食吃得飽飽的，然後在晚餐時把玩她的食物。我感到很挫折，這可是最含蓄的說法。當我跟其他幾個家長提到吃零食的問題時，我發現我不是唯一覺得挫敗的人。因此在下回的家長會時，我們委婉提出一個解決辦法：下午的點心時間只提供新鮮水果，而且四點之後不提供點心。幼兒園的人員也很

樂意配合。接著有個又大又漂亮的籃子放在幼兒園入口處，一旁有張登錄單，鼓勵家長們帶「新鮮水果來分享」。克萊兒驕傲地帶來草莓、甜瓜甚至西瓜。

午餐是較為困難的挑戰。幼兒園人員開始每個月為孩童烹煮一頓熱午餐。家長們為了報答幼兒園人員的用心，也開始幫忙他們製作餐點（我最自豪的貢獻是自製的烤蘋果大黃奶酥餅）。只是除了每個月的那一天之外，克萊兒的午餐往往沒吃完。保健法規定（可想而知是為了屏除食物中毒的疑慮）禁止幼兒園人員加熱學童從家裡帶來的食物。熱食可以裝在保溫器皿裡帶到學校來，但是要放上好幾個小時才會被食用，因此很難讓人有好胃口。我們只好準備冷食，但是選擇很有限，因為她們不習慣在中午吃冷食。她們不喜歡三明治（克萊兒還是不肯吃），可是我也不願意提供她們其他小孩吃的東西：果汁、蘇打餅和水果很受歡迎，但這些不算是實質的午餐。

只有我這個當家長的這樣覺得嗎？我開始在接送孩子時和其他家長輕鬆地攀談，但我態度上非常謹慎。我發現，關於家庭飲食選擇這話題很敏感。在這麼一個把食物和罪惡感而非樂趣連結在一起，而且專注於飲食的後果而非飲食經驗的文化裡，人們很容易被激怒。我不希望有人認為我妄加批判。

我最先的盟友是來自伊朗、義大利、中國、巴西和西班牙的媽媽們。她們有自己的傳統飲食文化，都很看重午餐。從跟她們聊天當中，我發覺我不是唯一對孩子拿零食填飽肚子因而早餐不怎麼吃、中餐吃更少的情況感到沮喪的家長。事實上，我攀談過的父母當中，幾乎每一個不是來自北美的人都跟我有同樣的感受。我們對照彼此的紀錄，發現我們的孩子一天吃三次零食：早上、下午和放學接送時。而且孩子多半是在點心時間而不是正餐時間攝取食物（起碼從熱量的角度來看）。

大多數的小孩都這樣嗎？我納悶。要如何知道實情？我可不想徘徊在幼兒園門口，對著行色匆匆的忙碌家長問東問西，但我也不想妄下結論，魯莽地去找幼兒園園長，建議如何改變孩童的飲食。像法國人那樣供應熱食給孩子吃是不可能的嗎？我心想。每家幼兒園（超過一打的幼兒園比鄰而立）都有完善的廚房設備，爐台和烤箱一應具全，卻很少使用——多半只用來加熱員工的餐食，或做馬芬之類的輕食點心。如果感興趣的家長夠多的話，有可能發起熱食午餐計畫嗎？

「妳何不做個問卷調查？」菲利浦有天晚上這麼建議：「應該不難做到，線上甚至有免費的問卷網頁。這麼一來，妳就有更多證據顯示其他家長其實也很贊同妳的想法。」

雖然有點卻步，但還是感到好奇，於是接下來我花了幾星期草擬問卷，全心投入線上問卷的世界。一個月（數次在深夜與線上免費問卷製作網站〔SurveyMonkey〕進行馬拉松式討論）後，我做出了第一份問卷：二十一個問題，涉及孩童吃些什麼，家長餵些什麼，以及他們對熱食午餐的興趣。某個星期五晚上，過了半夜不久，我困倦地按下電郵的「送出」鍵，將填寫問卷的邀請送達每位家長。有多少人會不嫌麻煩地作答呀？當我準備要就寢，知道克萊兒很可能一早六點不到就會起床時，我壞脾氣地納悶著。

兩個星期後，總計有一百二十六個家庭填寫了問卷，我真是開心到不行。那問卷在網路上爆紅，在幼兒園網路上被頻頻轉寄。回覆通常都很長、深思熟慮，而且很有意思。家長們要回答他們會列入孩子午餐的三份實際菜單。義大利麵輕鬆勝出奪冠，菜單從直截了當的「義大利麵和水果」，到更大膽的「義大利麵、菠菜餅、奇異果、優格」都有。三明治和蘇打餅乾緊追在後。雖然少數有異國風味的

菜單也脫穎而出（我最喜歡的是「豆子／酪梨墨西哥烙餅、蘋果醬、紅甜椒和葡萄」），少數證實是家長本身對料理的執著（「蒸的有機雞肉、蒸的有機胡蘿蔔、蒸有機豆類，水煮馬鈴薯、百分之十工業製造的優格加有機藍莓醬」），大多數的午餐菜單都簡短扼要，沒有法國學校食堂菜餚的那種精心構思、逗趣誘人的名稱。

我也請家長談談他們對孩童午餐的感想，以及他們對熱食午餐計畫的興趣。看過一遍家長的回應後，最鮮明的感受是家長們的疲憊與挫折。

「吃專人調製的熱騰騰午餐會是很棒的事，尤其是我女兒根本不吃三明治（她現在兩歲）。這樣可以大大省下早上準備午餐的時間，我也不用擔心食物變質。」

「如果可以不用再每天送午餐盒到學校，我什麼事都願意做……」

「這樣我就不必在床上輾轉反側，擔心隔天早上不曉得要準備什麼午餐才好。」

「我總是希望我兒子能夠住在北京，那裡有很多優質幼兒園，提供孩子營養又好吃的食物。」

被問及熱食午餐計畫的潛在好處時，很多家長的回應透露出，他們早就直覺地了解到我在法國體會過的飲食準則：

「我發現，當其他孩子也在吃相同的東西時，我的孩子會更願意嘗試陌生食物。她會在幼兒園裡吃她在家不吃的東西！」

「我在歐洲長大，那裡的幼兒園教育的一環包括了學習和其他人一起用餐，並且吃其他人為我們準備的食物（換句話說，我們學習等待食物被端上來，學習如何說『不了，謝謝你』，而不是『我不喜歡吃那個』。）

「我所出身的國家，把分享食物視為社交最重要的一環，因此每個孩童各吃各的餐點而不彼此分享很困擾我。這樣會造成忌妒。當媽媽的也要面對『約翰的媽媽比妳好，她會給約翰吃餅乾和香甜好吃的優格，妳只會給我吃麵包和原味優格』諸如此類的問題，對付甜食和垃圾食品的這一場『戰爭』實在很不好打！」

大多數的父母似乎都很願意花錢買熱騰騰的午餐（我原先還滿擔心這個問題）。問卷裡有個問題要求家長們計算他們花多少錢在子女的午餐上（大多數推估三美元），緊接著的問題則問他們願意為子女午餐花多少錢（百分之七十五的家長願意每餐花三美元或更多）。根據我的粗略計算，**如果**硬性規定所有學童都必須在校吃午餐的話，這將是能夠提供健康又營養的午餐很可行的額度（但對少數孩子來說，這樣的花費還是太高）。

這是問題所在。儘管每四個家長當中有三個認為熱食午餐是好主意，如果提議的午餐是硬性規定的，支持率則滑落到一半以下。

「幼小孩子可能很挑食，因此『所有人吃同樣的餐食』對某些兒童來說，可能時而成功，時而失敗。再說又該如何處理食物過敏和文化／族群禁忌？我認為午餐只提供一種選擇是不充分的，有些人可能會餓肚子。」

「我們要給孩子吃的是在家裡煮的食物，不是在大廠房裡煮出來的食物。」

「如果我被迫花錢買用來歷不明的食材做出來的糟糕非有機食物，我會很生氣。」

「我擔心到頭來孩子每天吃的都是披薩和壞品質的乳酪通心粉。」

「我想要掌控我孩子吃的食物。」

看到這些回應，我開始感到氣餒。當我看到家長對於「不想讓孩子吃些什麼」這一題的回答時，又更氣餒到不行。糖果、豬肉、牛肉、羊肉、雞蛋、巧克力、堅果、冰淇淋、草莓、帶殼海產、肉類、披薩、熱狗、白糖、花生醬、蛋糕、反式脂肪、所有脂肪、非有機食物、果汁、基因改造食品、番茄、味精、乳製品和黃豆，而這些不過是一長串清單的一小部分罷了（雖然有個家庭只簡單說「我們什麼都吃」——但也就只有這麼一個）。

如果每個個體偏好都要照顧到的話，一份營養完善又兼具多樣性的菜單恐怕很難產。填寫這份問卷的家長們顯然跟他們的孩子一樣挑剔。某些人的偏好，恰好是另一些人反彈的，包括熱愛素食者和反素食主義者，蛋白質狂熱分子和愛吃螃蟹的人士，堅信熱食的重要的父母，以及中餐只給孩子吃冷食的父母。企圖在多元文化環境裡供應共享的健康餐食給孩童這檔事，冷不防被擊中要害。

這是癡心妄想，我想，心往下沉。家長們不相信孩子們可以學會吃陌生食物。他們想要便利，他們不擔心孩子會挨餓：他們著眼於孩子吃了多少，而不是他們吃了什麼。況且，不同家庭對食物的偏好相互牴觸的情況如此嚴重，要提出一份人人都滿意又營養的菜單根本是不可能的。

熱食午餐計畫背後的概念，也就是在家長之外有個人會來掌控孩子的飲食，籌畫提供陌生食物給孩童吃，似乎令很多家長惴惴不安。對大多數家長來說，保有個人選擇權（即使是在有限的不同選項裡選擇品質差的食物）似乎比教會孩子學習喜歡吃陌生食物還重要。我想起好幾個月前，我和菲利浦的朋友曾有過的交談。我要怎麼說服這裡的人法國做法行得通？我納悶。在法國，我親眼見證了效果，但是在這裡，人們恐怕打死不相信有另一種方式存在。

左思右想了好幾個星期，我還是想不出答案。不過既然我已經投入將近一個月的心力，我決定不管怎樣還是把調查結果帶去給幼兒園的負責人看一看。我請他們讓我和負責人談一談，約了見面的時間，兩個星期後我盡責地現身，帶著我事先準備好的一本三十二頁報告，報告裡詳盡地分析了問卷調查的結果。

在兩位同事的陪同下，幼兒園的負責人和老闆耐心地聽我說明。我解釋說絕大多數家長都支持熱食午餐計畫，概述這樣做的好處：減輕家長負擔，提供更營養的食物給孩子，培養孩子好的飲食習慣。儘管家長們列的「不要供應的」食物多到不行，但我還是設法想出了一套樣本菜單。我想，援用蘇菲在法國學校裡的一些菜色，這菜單應該大家都會滿意。我有點不好意思地分享了一些樣本菜色（同時自嘲地承認說，一年前我也不相信我的孩子願意吃這些菜）：扁豆杏桃湯、糖煮蘋果、酪梨沙

拉、青豆燉飯。

所有人在瀏覽菜單時，房間裡一片沉寂。最後終於有個職員抬起頭，直視著我，以就事論事的口氣說：「孩子們反正只吃義大利麵和小魚餅乾，妳為何要煮這些東西給他們吃？這些東西只會被倒掉而已！」

「可是我知道大多數的小孩都能夠吃很多不一樣的食物，我在法國親眼見證過。」我說，覺得被刺傷。「我們上的那家幼兒園，有位職員專門每天負責準備熱騰騰的午餐給孩子吃，孩子學會吃很多東西——譬如甜菜根！」我說，口氣有點虛弱。我沒料到會遇到這樣的挑戰，震驚之餘也想不出更好的論點。

「嗯，法國人也給他們孩子立了飲食規矩，真的很有效！」我繼續說，稍微熱烈了些。「大多數的法國小孩都不挑食，而且樂在其中！」

我還沒來得及繼續說，有人插話了。

「我們的職員都受過進階的幼兒教育訓練，都是專業人員。下廚不是他們的職責，也不應該是。他們是教育者，不是廚師。」

「可是，教孩子如何吃得健康、吃多樣化的食物、吃得均衡難道不是教育的一部分嗎？」我無力地說。從他們的神情看來，沒有人被我說服。

「下廚不是他們的職責，也不應該是。」有人客氣而堅定地說。

「嗯，我們在法國住了一年剛回來，那裡的幼兒園老師和員工都認為下廚是他們的職責。甚至連學校課程也把烹飪包含在內。」我吞吞吐吐地說，不想冒犯任何人，但我真心希望法國的做法能給他們一些啟發。

「在這裡行不通的。」這就是他們的回答。「國情不一樣。」

聽到他們這麼說，我也無話可說。會晤很快便結束，離開那棟樓時我感到有點難以置信。縱使百分之七十五的家長（將近一百個家庭）支持熱食午餐的點子，我的提議還是被斷然回絕。我覺得自己有點傻。我好像是半路殺出來的食物激進分子，吃了敗仗灰頭土臉。我以為我是誰啊，竟想改變這世界？

儘管如此，我還是相信我們在法國學到的很有價值。我親眼見識過法國做法是行得通的。我們不能走回頭路。我們得想辦法把真正食物的文化灌輸給小孩，甚至是北美的小孩。家長們所認為孩子喜歡吃的食物（但願不止是義大利麵和小魚餅乾）是個切入點。想到這裡，我體悟到我在法國時不知不覺中採納的另一個準則：

法國飲食準則第9條：

盡量吃真正的、自製的食物，把零嘴留給特殊場合。

（提示：只要是加工的東西都不算「真正的」食物。）

我認為，這條準則是把北美小孩餵養得好的關鍵。首先，爸媽要提供（而且食用）真正的食物而非加工食品。其次，他們可以准許孩子吃零嘴，只要能確保孩子吃的大多都是「真正食物」。這條準則說實在的不是法國飲食準則，因為法國人吃的「真正食物」如此之多。不過我了解到，在溫哥華我們需要這樣的準則，才能維持我們已經和食物建立出來的健康關係。這準則總結了法國取向的一個關鍵面向：孩童的食物品質才是健康飲食的關鍵。這可以矯正北美飲食文化對於加工食品的偏差觀念。

這個與食物之間的健康關係部分源自於法國，原因在於法國所謂的**風土**（terroir）概念，這字眼和法文的土地（la terre）一字有關。風土指的是人和土地、氣候以及食物間的緊密關係。因此風土意謂著在布列塔尼喝蘋果酒吃牡蠣，在南法吃洛克福藍紋乳酪或喝玫瑰紅酒，或者在加拿大吃麋鹿肉和楓糖。法國人對在地食物有著很深的情感——例如，很多乳酪一出產地的風土就很難找到。住在不同區域的法國人，飲食習慣也有不同：由「黑麵粉」（蕎麥）製成的我們幾乎每星期都會吃的酥餅，在布列塔尼以外的市場是找不到的。就連我在法國逛的那家大型超市，從紅酒到乳製品等每樣東西都標示著讓消費者知道產品來自何處的「產地標籤」（AOC）。譬如說，我最愛的超市奶油加了從蓋朗德（注：Guérande，法國頂級海鹽「鹽之花」的產地，亦在布列塔尼地區）鎮上產的手工晾乾的鹽。我公公最愛的牛排來自卡馬格（Camargue）——南法的一個沼澤區，因牛肉而頗負盛名。我婆婆最愛的羔羊肉來自聖米歇爾山（Mont Saint Michel）周邊海灣的prés salés（字面上的意思是，含鹽分的牧草地），那裡的羊吃的是被潮水巧妙調味過的草。就連蔬菜也有AOC認證，譬如coco de Paimpol（一種美味的白豆），產自我們住的村子以西的小鎮，但是那裡的白豆全法國知名（而且全法國都買得到）。連鎖大型超商的貨架上充盈著這些「被貼了標籤」的產品，不比「沒被貼標籤」的貨品貴多少。

事實上，食物在法國是一樁大生意：一如薇若妮卡跟我說明的，農工業是法國最大的工業產業（甚至大過汽車工業），也涵蓋法國全國第二大的就業人口。法國的農工產業也是全歐洲最大的（產額將近歐洲總產量的五分之一），法國是世界第四大農產品和加工食品輸出國（儘管從人口數來說排名二十一）。最令我覺得不可思議的是，這高度發展的農工產業，和在地農人的密集網絡同時並存，這些農人住在自己的土地上，在自己的土地上工作，因而使得種植者和消費者形成一種在地連結。法國人從沒忘記，北美人現在正透過開闢校園菜圃和社區菜圃，或是推動諸如「百哩飲食」行動的「在地化飲食」（locavore），試著重新學習法國人早已身體力行的道理（注：100-Mile Diet，食用方圓百哩內所生產的食物，落實食用在地食材的觀念，近年來風行於北美的新生活運動）。因此，法國人在品味上要求很高，只要上法國任一處的當地市場瞧瞧便知道；法國人就是不會買嘗起來不像從農場直送那般新鮮的東西。法國的食物系統也相應地配合著。這是法國食物系統另一個顯然的矛盾：他們擁有高度現代化、高效能的食物系統，而且也能得到他們想要的食物——美味、新鮮、在地。

我決定，與其把我的想法推銷出去，不如反求諸己，引導我的孩子學習認識在地風土。我們搬到法國之前，《百哩飲食》一書掀起了關於在地化飲食的好處（及壞處）的激烈討論。讀了這本書，我對之前一無所知的溫哥華周邊地域多了幾分認識（誰曉得我們可以在雨林氣候裡種小麥呀？）。

受到那書的鼓舞，我找到了在地的農人市場——（很難為情的，我得承認）我們之前從沒去過。我們很快變成常客。我發現我們街區有家小小的巧克力專賣店（取了個美妙的店名叫「可可仙子」），他

們自製的巧克力有時會用當令的在地食材（譬如大黃、黑莓，甚至酸模）添加風味。售價不便宜，但（就像法國的一樣）濃郁美味，小小一顆就讓人滿足到不行。這些巧克力成了我們最愛用來犒賞女兒（也是犒賞菲利浦和我）的零嘴。至於市場裡買不到的，我們則加入了一個致力於把在地產品配送給城市居民的食物合作社。每星期三，一大箱的「蔬果驚喜」（如蘇菲所說的）會被宅配到我們家，很快地星期三成了一週當中我們最喜歡的一天。

我們也決定試著在全家出遊時讓女兒們認識在地食物：在週末「親近風土」而不是逛百貨商場。我們帶女兒們「踏城尋莓」，發現溫哥華的後巷和林子裡莓果之豐盛，令我們驚奇。八月黑莓盛產，我們把黑莓加進沙拉裡吃，拌著穀片吃，甚至直接抹在麵包上當即時果醬吃。我們錯過了鮭莓（salmonberry）的產季，但發現了黑木莓（huckleberry，克萊兒直說它是「blue-bellies」，把英文的藍莓blueberry一字，和它法文的翻譯bleuet，怪異地混成一個字）。

由於「踏城尋莓」很成功，我們乘勝追擊，去看鮭魚迴游。鮭魚奮力撲騰逆游而上的模樣，同時令女兒們和盯著牠們的老鷹以及大快朵頤的熊印象深刻，而那些熊因為確信漁產豐富，每條魚只咬了幾口後便隨意把剩下的往森林裡扔。之後的某個星期六清早我們殺到碼頭，帶回一大堆紅鮭，足以將我們新購入的臥式冷藏櫃塞得半滿。另一半我放滿了足以供整個冬天享用的在地水果——藍莓、李子和桃子。我們省下的錢正好可以支付第一個月的冷藏櫃花費。

我甚至在接下來的春天闢了一座小小菜圃：種覆盆子、草莓、菠菜和萵苣、番茄和葡萄（說來很大膽）。由於我們的後院陰濕又面北，我老公經常說風涼話（全都種不起來的啦！），但是看著女兒們拿水壺灌溉「她們的」植物，因收成（坦白說少得可憐）而興奮的模樣，他慢慢改變心意。我們的「夏日沙拉」點心，也就是在菜圃裡現摘現吃的新鮮菠菜、萵苣、草莓和覆盆子，成了全家的最愛。而且，我們甚至吃了自己種的葡萄（又小又酸又硬，大小像大顆的藍莓，但不管怎麼說還是我們自己種的），雖然花了好一會兒才嚥下去。

我們不是十足吃得像法國人，但話說回來我們也不想那樣。法國取向的精神是：在你居住的地方可取得的食物、你的風土和傳統廚技，以及有助於你落實用心烹煮與飲食的時間安排之間，找到平衡。至少就目前來說，我們找到了那個和諧的平衡，而法國飲食文化的核心準則正是在此。

10

最最重要的飲食準則

這裡是我小菜園
（大人拉著小孩子的手，掌心朝上）
我在這裡播種
（食指輕敲孩子掌心）
我把它埋在土裡
（闔上孩子的手掌）
輕柔的雨下在這裡！
（用手指輕敲孩子的手）
太陽在天空裡閃耀！
（雙手大幅揮舞）
開出一、二、三
（一一拉開孩子的手指頭）
四、五朵小花！

——法國傳統童謠

那麼，我們持續進行的法國飲食教育到底結果如何呢？

蘇菲現在七歲，克萊兒快滿四歲。今晚的晚餐有比目魚、藜麥、蒸青花菜，最後是巧克力慕斯。她們全高高興興地吃光。她們現在會吃幾年前碰也不碰的形形色色食物，從葡萄柚到燕麥混堅果，從豆腐到番茄。蘇菲甚至會吃白花椰菜（雖然我們還在克萊兒身上下功夫）。前些時候，有位鄰居帶了一把從她菜園裡摘來的甜豆莢給我們。克萊兒嘗了一口後神情一亮。「這跟巧克力一樣好吃！」她說得真妙（真的，我沒有瞎掰）。

比起我們搬到法國前，我女兒們持續以更開放的心胸面對食物，這超出了我原先的預期。事實上，我們跨過了終極難關：帶女兒們上館子和法國親戚吃飯時，我再也不焦慮了。

女兒們的表現引起我們一些朋友好奇，三歲大的李歐的爸媽就是其中之一，他們憂心李歐不吃蔬菜。和我們聊過法國人的做法後，他們試著取消傍晚的點心，把胡蘿蔔湯當晚餐的第一道菜，結果……李歐愛死了胡蘿蔔湯。他現在又愛上了菠菜湯。事情有解了！

至於我們家，我們設法在大多數時候奉行大多數的飲食準則。最最重要的一條是，一同用餐——每天起碼要有一次。在忙亂的日常行程裡，全家人一起吃飯的時刻成了心靈的避風港。我們聊著各人當天的遭遇，談論未來，問彼此問題，把想法說出來。一同用餐讓我們擁有不在一起用餐不可能有的交談。結果我們家更幸福快樂了。

我們吃的大部分是真正食物。準備真正食物需要花多一點時間，但我有自己的竅門：冷凍的自製湯品，以及我在法國學到的快捷版法國菜。我現在可以在五分鐘內做出好吃的鹹派，我對自己可是滿

意得不得了。這是我們家版本的「速食」。不過正如這件事所透露的，我還沒完全做到「慢食」這目標。我有時仍會聽命於「盡量煮快一點」的衝動。不過現在我用餐的速度慢很多了。我通常可以坐上一整頓飯的時間（雖然我老公有時還是會提醒我坐著別動）。我甚至發現了一家我很喜歡的餐館，就在我們這條街上，一間名叫「法喜廚房」的小而美的館子，而它「供應用心的食物」（在我們還沒去法國之前，這句話肯定會叫我退避三舍，但如今我卻迷上了它）。

就不把情緒依附在食物上這一點，我們家或多或少也有成果。我不再把食物當玩具、安撫物、誘餌、處罰或獎賞（雖然我必須承認，我不時還是用食物來分散孩子的注意力，不過只有在情非得已的情況下）。我很少為了食物跟孩子角力拉扯。吃得健康已經是生活規律的一部分，就像刷牙洗臉一樣。就跟我遇見的法國父母一樣，我會歡喜地端出食物，同時試著不去在意孩子有沒有吃它。我不會在孩子身邊盯著。我也不另外特別為孩子準備食物。我從不準備替代品。不過我還是會哄孩子吃東西，但只會試個一、兩次。如果蘇菲或克萊兒不吃，我單純把食物撤走，不會多說什麼。但我不太需要再這麼做了。

我們也養成了每天飽餐四頓的習慣。蘇菲和克萊兒已經接受就算有點餓也要等到晚餐才吃東西的原則。而且她們通常會乖乖地等，因為她們知道當吃飯的時間一到，晚飯會令她們滿意。我很佩服她們變得很有耐心。話說回來，還有個（大）例外。因為不可能防止她們在學校或幼兒園吃零食（從孩子的觀點來看也極度不公平），在週間我們同意她們和其他小孩一樣吃零食，但是在週末正餐以外的時間，則一概不准吃零食。事實上，她們也不會要求要吃，除了萬聖節、復活節和聖誕節免不了會狂吃糖果。對此我很不高興，但我告訴她們，她們終究會長大，屆時就不愛吃糖了（我想她們聽進了我的話）。

她們都吃哪些零食？儘管我們定期上風土課，可想而知她們愛吃北美社會所供應的那種成包的好吃零嘴。因此我們達成一種平衡。她們多半帶著蔬菜水果上學當點心，但我偶爾會塞一些裹著巧克力的小呂餅乾到她們的飯盒裡。我們只限在「以F開頭的那一天」（星期五）吃速食，但偶爾也會開只限女生參加的吃披薩睡衣派對（只能應付幾名女力的菲利浦，則得到一晚的自由）。這似乎皆大歡喜。雖然我隨時備有加工零嘴，在女兒邀同學上家裡來玩時派上用場，但是在點心時間吃奶油抹麵包和水果切片，女兒們也同樣開心。

我承認，我們的進步不盡然是筆直前進的。克萊兒最近對萵苣很不感興趣（之前她一直吃萵苣吃得很高興），我希望這情況會很快過去（就像她去年冬天有一整個月無緣無故不吃燕麥片，但現在又「愛上」燕麥片）。蘇菲現在還是抵死不吃大多數乳酪（不過她會吃三明治裡夾的炙烤乳酪），而且某個不合她意的東西出現在她的餐盤內，她有時還是會哀鳴抱怨（但她不會掉頭離開餐桌）。菲利浦和我還是常常對她的哀鳴抱怨反應過度，但比以前少了。我有時會忙到讓廚事又落入老樣子，而且比我所樂見的更常煮同樣的幾道菜。所以我們不如在法國時那樣經常在學習「新」品味。但話說回來，那樣做的必要性也沒那麼大了，因為女兒們願意吃的東西比以前多很多。

所以說，我們的飲食不算完美。可是我在法國的歲月教會我提防不切實際、過於簡易的解決辦法或完美膳食這概念。事實上，法國人教會我，偶爾可以把飲食準則暫放一邊。法國人熱愛食物，但是

他們在飲食教育上的做法很正面而樂觀，因為一切始於「快樂原則」。他們不會很在意卡路里，也不會因為孩子喜歡吃「糟糕」食物而處罰孩子。他們不是養生迷（有少數是例外）。事實上他們認為，偶爾更動規則或打破規則是很正常的，甚至暗自得意，因此他們容許孩子也這麼做。這一點極其重要，尤其是在我們飲食極端的北美文化裡，所以我歸納出第十條法國飲食（黃金）準則：

法國飲食準則第10條（黃金準則）：

吃要吃得快樂，不要吃得有壓力。

把飲食準則看成是習慣或規律，而不是嚴格的規定；

偶爾放鬆一下無妨。

簡單來說，這條準則意謂著，法國人力求避免飲食過當。不管是過度控制飲食或過度在意健康飲食都要避免，放縱或無節制地吃品質很差的食物也一樣。事實上，兩者都是對食物過於執迷的例子，就法國人看來是很不健康的。倒不如說，適度與平衡的原則引領著法國人，在飲食準則這方面更是如此：你必須適度地遵守這些準則，不要過於熱切也不要過於嚴格。

這就是我們回到溫哥華之後所達到的平衡。但老實說，要維持這樣的平衡並不容易。在法國，學校和政府機關會積極地開創一些條件，以協助父母教導孩子如何吃得好。這包括了透過正面的強化（諸如「賞味週」的各種課程），以及在生產、行銷和販售食物上的嚴格把關，來培養孩子好的飲食習慣。法國人創造了一個現代又有效的食物系統，輔之以教育系統，協助每個家庭選擇優質食物。可是在我們現在住的這個地方，情況卻不是如此。

所以家庭本身要做出改變是很困難的。無論如何，我打定主意要放手一搏。我悄悄發起了一個聯盟，提倡在蘇菲的學校供應「真正」熱食午餐，雖然我不曉得這樣做是否會成功或何時會成功。但我懷抱著希望，因為我在法國的所見所聞讓我體會到，孩子**如何**吃食大半受到家長們**認定**他們能夠吃什麼、如何吃所影響。所以改變我們當爸媽的的態度和信念，才是幫助我們的家庭吃得更好的長久之計。

我們對孩子吃的食物有何想法？很多北美父母認定孩子不愛吃青菜。我們以為孩子不愛吃辛香的食物、不吃多滋多味的食物、不吃色彩豐富的食物、不吃質地特殊的食物、不吃模樣怪異的食物或陌生食物。基本上來說，我們認定孩子不愛吃真正的食物。我們也想當然地認為，孩子愛吃的不出以義大利麵、洋芋片和蘇打餅為首的那寥寥可數的幾樣食物。

要是情況與我們所認定的相左呢？法國父母相信他們的孩子將來長大後會吃得跟他們一樣：喜歡嘗新，樂於選擇均衡飲食，願意吃蔬菜，適度地享受食物——所有的食物。法國父母和老師鼓勵孩子一步一步來，相信他們的孩子終究會變成健康的吃食者。除了讓孩子從在校吃營養午餐學習飲食概念，法國政府和學校也提供適當的課程和規定，作為家長和老師的後盾。法國人知道真正的飲食教育要從家裡著手，而家庭的飲食教育則始於相信你的孩子天生有能力吃得好，也要相信你有能力教孩子吃得好。

那麼，祝好運，好胃口！

吃得快樂又健康的訣竅和招數、準則和規律

法國飲食規準則：

準則一：威嚴式家庭飲食教育

準則二：避免情緒化飲食

準則三：飲食時間表和飲食選擇

準則四：一同用餐

準則五：吃多樣化健康食物

準則六：嘗試陌生食物

準則七：吃零食的訣竅

準則八：營造快樂、放鬆的飲食氣氛

準則九：吃「真正」食物

準則十：吃要吃得快樂，不要吃得有壓力

這裡將概述法國飲食準則，外加一些實用的訣竅，以幫助你培養孩子的健康飲食習慣，就像法國人一樣：透過結合儀式和準則、烹飪天賦和常識來落實。

為什麼飲食準則有用呢？首先，這些準則可以簡化生活。它們畫出界線，因此你的衝動作為會減少，也不必那麼靠意志力來貫徹，或施加當爸媽的威嚴。其次，它們建立架構，因為注重這些準則往往會帶出規律。這會給孩子一種安全感，如果他們感到更安全，更可能吃得好。第三，這些準則提供了方針，指引你調整飲食習慣、選擇健康的食物——這一點非常重要，因為我們面對的事實是，大型超市裡相對便宜但往往不健康的食物過剩。以及最後但也同樣重要的一點，這些準則減少了你跟孩子的對立和爭執（以及，如果你跟我一樣的話，和另一半的對立和爭執）。

我們住法國時，試著像法國家庭那樣實行飲食準則。搬回北美後就行不通了。行不通的原因在於，譬如說，孩子在學校吃午餐總是吃得很匆忙，相對上也吃得比較少，所以我們讓孩子白天吃多一點零食。因此，我們擷取這兩個文化的優點，修改了這些準則。法國飲食文化（成文的常識和經過時間考驗的傳統）是建立家庭飲食規律很棒的基礎。他們把好品味融入準則和規律中（以及在自制和愉悅之間取得平衡），這一點是我很希望孩子能夠擁有的素養。不過我也修改這些準則，以符合北美人看重彈性和尊重個體差異的國情。

所以這些準則並非不可更改，反而比較像是目標或習慣。我也絕對不建議每個家庭都依循同樣的準則，那樣不僅不恰當，甚至是不可能的。世上沒有兩個家庭是一樣的（也沒有兩個孩子是一樣的）。我所希望的不如說是，在讀完這些準則和我們家的經歷後，能夠激發出最有益於你們家的領悟和直覺。

你可以依照自家的需求，隨意更動這些準則。舉我們家的一個例子來說，我們搬回溫哥華後，我女兒們開始很想吃速食。我大女兒用盡小孩子會用的方法以期得逞：懇求、哀求、悶悶不樂、跺腳。所以我們定出家規：只能在星期五吃速食。在我們家，速食意謂著街上的壽司館子（無可否認，在我們這個城市裡很容易找到，街上每隔三、五步就有一家夫妻經營的壽司小館）。這不代表其他速食一概被禁止，譬如披薩，而是吃速食是偶一為之的樂事。

法國飲食準則第1條：
爸媽們：孩子的飲食教育由你們作主。

當爸媽的要怎麼面對餵養孩子這件事呢？研究建議，威嚴式（而非專斷式）教養具有正面效果。例如，威嚴的父母養出來的孩子傾向吃更多的蔬菜，有更健康的體重。相反地，過度控制孩子的專斷父母養出來的孩子，**比較不**喜歡嘗試陌生食物，也**比較不**能有效地調節他們的飲食習慣。

起初我不知道怎麼拿捏這個準則，因此經常在專斷和縱容之間搖擺。往往是我的孩子全面掌控了吃飯這件事，而我面對的方式就是反應過度，然後變得過度掌控。事後我總感到愧疚，於是縱容她們，結果這循環又重頭開始。見識過法國人的做法後，我了解到有另一種方式存在：我可以有威嚴，

而不是縱容或有控制欲（「想像妳自己是虎斑貓媽而不是虎媽，」我老公建議說：「妳大概就知道怎麼做了。如果一切順利，妳會蜷縮著睡覺並滿足地嗚嗚叫，如果有人脫序，妳會毫不遲疑（溫和地）伸出貓爪。」）

那麼，什麼是威嚴式教養？威嚴的父母溫和但堅定。威嚴的父母對孩子的行為設立明確的規範，在孩子不踰矩的情況下，他們會回應孩子的需求。威嚴的父母設立明確的目標，而且幫助孩子達到目標。威嚴式教養的目標，是培養孩子健康的飲食習慣：幫助他們學會喜歡健康的飲食選項，吃適量的食物，體察飢餓的徵兆（以及吃飽的感覺）來決定吃多少。教養的目標是教育孩子成為自信的吃食者，樂於食用形形色色各類食物，樂於自在地嘗新，懂得如何在自制和愉快之間取得平衡。換句話說，教養的目標不是控制孩子吃什麼，而是教孩子如何吃得好。法國父母在這方面特別有一套，我看見他們的孩子健康地熱愛食物——所有的食物。

準則一：威嚴式家庭飲食教育的訣竅

※健康飲食關乎你**如何**吃、**何時**吃、**為何**吃，同樣地也關乎你吃**什麼**。

※訂立飲食家規，而且要身體力行。比如說，孩子想吃水果時不需要先問過爸媽，但是吃其他東西則需要徵得父母同意。

※給你孩子簡單的蔬菜選項（今晚要吃茄子還是菠菜？），但別讓他們擬菜單，也別讓他們樣樣都

可以選擇。當孩子面對選擇時，對陌生食物的恐懼會拉高。年幼的孩子通常對食物所含的營養沒什麼概念，交給他們決定菜色不太能達到均衡的餐食。

※供餐時要堅定，不能遲疑。避免說：「你現在要過來吃飯了嗎？」而是試著說：「吃飯時間到了。」避免說：「你要不要試試吃這個？」而是以溫暖堅定的口氣說：「這是我為我們煮的好吃的菜。」

※身教勝於言教。爸媽做出良好飲食習慣的榜樣，孩子就會跟進。爸媽若是吃得好，孩子很可能也吃得好。

法國飲食準則第２條：
避免情緒性飲食。
食物不是安撫物，不是用以轉移注意力的東西，不是玩具，不是誘餌、不是獎賞，也不是紀律的替代品。

法國小孩跟他們的爸媽一樣，很少基於心理學家和營養學家所說的「沒營養」的理由吃東西。換句話說，他們不會情緒性地吃東西，這多少是因為法國成人也不會這麼做。雖然他們喜歡給孩子吃美食，但他們不會拿食物來回應孩子情緒上的需求。他們不會在孩子心情不好或哭鬧或感到無聊時給孩子糖果吃。

現代科學證實了法國人在這方面的智慧。科學家（意外！）發現用特定的食物當獎賞來鼓勵良好行為，會增加孩子對該食物的偏好；由於不健康的食物經常被拿來當獎賞，孩子被教會喜歡吃它們。何不給一顆蘋果當獎品而不是給糖果呢？甚至更好的，跟法國人一樣，不拿食物來獎賞。

這裡列的其他準則（像是定時用餐、吃多樣化食物、教孩子樂於嘗新）也有助於避免情緒性飲食。想想其他的法子來安撫或獎勵孩子，他們反而會學會如何不倚靠食物來調整自己的情緒。

準則二：避免情緒性飲食的訣竅

※教你的孩子找到好食物（而不是避免「壞」食物）。這差別很微妙，但是很重要。

※教導你的孩子，雖然食物是感官愉悅的來源，但是飲食不是由情緒所驅使的。例如，孩子受傷時別給孩子糖果當鼓舞或慰藉。如果你覺得需要用食物安撫小孩，那就用他們愛吃的水果（像是蘋果）或蔬菜。

※鼓勵孩子把焦點擺在「食物是感官愉悅的來源」。法國人透過描述食物（涉及所有感官的一種飲食教育）來做到這一點。教導孩子用言語來形容食物。不是只是說「這個好吃」或「這個不好吃」，而是要描述感官感受。「這個乾乾的。」「這個辣辣的。」「這個軟軟（或硬硬）的。」問他們：「它在你舌頭上時是什麼感覺？」「你吞下它時有什麼感覺？」（注意：感官教育〔食物的口感、觸感、味道、

形貌和聲音」用在幼小孩童身上效果最好。把營養課留給年紀較大的小孩。）

※嘗試「合理的進食順序」，而不是逞罰。「我們要先吃蔬菜，然後再吃甜點。」當心，把甜點說得像獎賞（「吃你的青菜，不然可沒甜點吃哦。」）會鼓勵孩子貶低或甚至討厭青菜。法國父母建立了一套合理的進食順序，創造了「先是這個，然後那個」的簡易慣例。

※大多數的美國教養書把重點擺在食物的**供給**，強調成長發育所需的營養和能量。法國家長把重點擺在**需求**。他們的目標是教孩子如何享受健康的食物，如此一來孩子稍長之後會自行索求健康的食物。如果他們把食物和獎賞或處罰聯想在一起，就不太可能這麼做了。

法國飲食準則第3條：
父母安排用餐時間和菜單。
小孩子吃大人吃的食物：沒有替代品，
也沒有應孩子要求臨時煮出來的食物。

法國小孩就跟他們爸媽一樣：他們熱愛讚頌食物，但與此同時，他們也理當在吃什麼、何時吃、吃多少（尤其是零嘴）上，遵守規律和表現自制。就連最幼小的孩子也是如此。絕大多數的法國小孩每天吃三餐，不多不少，最豐盛的一餐是午餐（占每天攝取的卡路里四成）。全國上下大多數人每天都

在相同的時間進食：七點半吃早餐，十二點半吃午餐，七點半吃晚餐。他們不會略過某餐不吃，因為食物最優先——往往是每天最優先的事。午餐格外如此，不過其他餐也很重要：九成法國人天天吃早餐，美國人只有五成。

北美人可能很難接受定時用餐的準則。定時用餐聽起來就很專斷、過於嚴格，老實說，也有點狠心。有什麼比不給肚子餓的孩子吃東西更殘忍的？不過，重點是，法國小孩在兩餐之間通常不會覺得很餓，因為他們在正餐時間吃得很好。一些科學研究確實顯示，孩子會根據每一頓飯調節食物的攝取，端看他們吃了什麼，什麼時候吃。

就我的經驗，法國小孩的胃已經被訓練到在特定時間期待食物；在正餐以外的時間，他們被調教得願意開心地坐著等。沒錯，我是說法國小孩通常吃得比較少，但不常覺得餓。如果這聽起來很矛盾，請記得，法國小孩不會真的覺得很餓，是因為他們在固定的時間吃合理分量的飯菜，而且每一餐菜色都很均衡。他們吃高飽足感的食物，所以長時間有飽的感覺。

最後一點：定時用餐不代表飲食有個「一體適用」的方法。實行這個準則意謂著，你要根據你的目標思考什麼樣的用餐時間表最適合你們家。也許你的目標是讓孩子吃更多你在晚餐端出的健康食物，改掉吃零食塞飽肚子的情況。或者，也許你的目標是改掉孩子吃速食「零食」的需要（和你的讓步）。又或許（就像我們家目前一樣）你的目標是確保每個人吃一頓營養早餐而不在晨間吃點心。如果飲食時間表有助於你達成目標，那麼著手訂一個吧。

準則三：飲食時間表和飲食選擇的訣竅

※每天起碼要有一餐是在固定的時間吃，而且是全家一同坐下來吃（例如晚餐）。擺設餐桌（可以指派孩子去做的絕佳家務事！），盡量讓用餐的時間有個架構。

※確保餐桌上總是有道菜是孩子愛吃的。除此之外，孩子跟大人吃一樣的東西，這意謂著沒有替代食物，也意謂著沒有應孩子要求臨時煮出來的食物。沒錯，這代表你的孩子可能不時會餓著肚子離開餐桌（但他們不會挨餓）。法國人相信，這麼一來孩子在下一餐自然會多吃一點。

※看看你的行程，包括你孩子的課外活動。你忙碌的生活形態是不是讓你沒辦法好好吃頓飯？能夠妥善規畫行程，以便有充裕時間享用健康的飲食，是孩子需要學會的重要技能。

※在適當的範圍內提供選項。對於年紀較大的孩子，可以訂定每週菜單，好比立「飲食契約」一樣。也可以提供一週菜單選項給孩子選。一旦選定，當週菜單就不再變動。

※別強迫孩子一定要吃完盤裡所有的東西。至於食物的分量，不妨給少一點，如果孩子喜歡吃，讓他們主動開口跟你再多要一些。對飲食保有控制感的孩子，長大後會是更健康的吃食者。

法國飲食準則第4條：
飲食是一種社交。
和家人坐在餐桌旁一同用餐，心無旁騖。

法國人相信，飲食本來就是一種社交活動。家庭聚餐是凝聚家人情感的日常儀式。在今天，飲食是一種社交這一點，不僅代表你們一家人要一同用餐，也代表著交流、學習、分享觀念。在全家人圍坐在餐桌旁這樣的時刻裡，法國小孩可以認識這世界（透過聽爸媽談論自身的經歷），也可以學會重要的社交技巧（如何提出見解但又不會冒犯他人、如何問出好問題、如何等待時機發言）。這是交談在法國餐桌上如此重要的原因。

一同用餐也意謂著，食物的選擇不僅僅關乎個人偏好。父母會明確地期待孩子學會自在地吃多樣化的食物。法國家長相信，從孩子年幼起（打從嬰兒時期）就要慢慢建立孩子和食物之間的健康關係，而且這一點很重要。在法國，表現出個人對食物的偏好是沒有禮貌的行為。因此，從很小的時候開始，法國小孩就要坐下來跟爸媽一同吃飯，而且每個人吃同樣的飯菜，對孩子的品味有著深遠的影響。這多少是因為大多數法國成人傾向吃健康的飲食，也就是說，吃「真正」（而不是加工）食物。這也多少是因為，如果孩子看見大人率先嘗試，他們更可能嘗試陌生食物。

一同進餐不代表一同毫無選擇地吃**任何東西**。如果我們想要孩子學會喜歡吃健康食物，他們需要盡早開始一而再地、正面地體驗這類食物，外加經常看見其他人吃這類食物。孩子不見得會聽大人的話，但會有樣學樣。所以父母要以身作則，採取健康的飲食習慣和正面的飲食態度，當孩子的榜樣。

準則四：一同用餐的訣竅

※飲食不止是不可或缺的生理作為，也是共享的社交活動，孩童可以從中獲得樂趣、領悟和健康。

※用餐時不看電視、不聽廣播、不使用其他電子產品：吃飯時間是家庭時間。

※在用餐時間，孩子會得到你全部的注意力。餐桌上有多少不守規矩的表現純然是為了贏得你的注意力？

※交談可以吸引你孩子的注意，使他們留在餐桌邊，讓他們以正面的心態看待飲食。一旦我孩子在餐桌邊坐定，我就會馬上入座並且開始說話。

※建立儀式。我們家最喜愛的一個儀式是每個人輪流談談當天發生的事。

※邀請爺爺奶奶（或其他長輩）一同用餐。他們常常有的是時間和人生閱歷，而且很樂意分享。

※年紀稍大而且喜歡吃得好的孩子，對我女兒有一種魔力。邀請這類孩子來家裡吃飯，看看正面的同儕壓力是否奏效！

※想方設法，加足馬力：包括在餐飯裡加一些孩子喜歡的小東西。

法國飲食準則第5條：

吃彩虹七彩的蔬菜。

同樣的主菜一星期不吃超過一次。

全世界的小孩（法國的也不例外）天生愛吃甜的或鹹的、卡路里高的食物。當今的問題是，在我們的文化裡這類的食物供應過剩，我們的飲食習慣以及教養慣例也沒有因應的方法。因此，大人們不管是在家或在外都得教導孩子如何培養健康的飲食規律。

多樣化的重要性就在這裡。我們都知道，吃多元的全食物很重要，可是要怎麼讓孩子做到呢？法國人的答案是：建立營養的基本概念。在他們的觀念裡，小孩子要學習生活所需的基本能力：閱讀、基本的算術、如何吃食。因此，教孩子學會吃形形色色的食物，以開放的態度嘗試陌生食物，是父母最重要的職責之一。學會吃得好的關鍵期在幼年，尤其是兩歲之前，在這期間孩子會更勇於嘗新（如果你起步晚了，別擔心：我在兩個女兒分別是五歲和兩歲時才開始著手，法國取向在我們家還是發揮了作用。不過如果你早一點起步，效果會更好）。

法國父母相信，孩子的味覺可塑性很高；品味是後天而不是天生的，所以是學得來的（也教得來）。大人要做的，是幫助孩子漸漸脫離稚氣的味覺，發展出成熟的品味能力。從法國人的觀點，恐新症不過是一時的發展現象，很快就會過去。法國人深信，如果你投合孩子有限的食物偏好，孩子的品味發展就會「卡住」。這就是準則五很重要的原因。

準則五：吃多樣化健康食物的訣竅

※讓「多樣化」變得有趣！對你孩子試試「賞味訓練」。鼓勵他們不要光靠食物的顏色或外觀就

下判斷——運用他們其他的官能感受來鑑賞食物。「尋寶袋」是法國學校裡很常玩的遊戲：把某樣「神祕食物」放入袋裡讓孩子觸摸，然後猜猜它是什麼。結果往往讓大人吃驚，小孩也一樣。或者試試矇眼品嘗食物。大人也加入一起玩！

※自訂你們家在多樣化方面的飲食準則：同樣的東西（多久）不吃超過（幾次）。例如，我們家是同樣的主菜一星期不吃超過一次。

※以孩子愛吃的東西為基礎來培養多樣化飲食。如果他們喜歡吃某種乳酪，就讓他們試試別種乳酪。如果他們喜歡義大利麵，不妨一天拌青花菜，另一天拌菠菜。

※北美的多重種族熔爐使得多元而美味的料理很容易取得（在法國就不見得如此）。何不全家試試異國料理？微辣的印度菜、中國菜和泰國菜，通常是小孩子的最愛。

※你孩子愛吃的菜也要有變化。義大利麵這次用橄欖油來做，下次就用菜籽油，下下次換用奶油。或者，這次撒店裡買的乳酪粉，下次讓孩子動手現磨你買的帕瑪森乳酪。今晚的熟胡蘿蔔加一點歐芹調味，下一次換加一點蒔蘿。變化的可能性無窮，全都可以幫你教導孩子接受多樣化飲食。

※別遮遮掩掩地實行多樣化飲食：讓「健康」食物既明顯且誘人。試著做「笑臉」拼盤（我常常用番茄當眼睛，半顆葡萄當鼻子，一片蘋果當嘴巴，胡蘿蔔絲當頭髮）當開胃菜。

※要是你的孩子抗拒多樣化飲食怎麼辦？例如，一見餐盤裡有各色食物就大驚小怪，或對食物的口感大驚小怪。溫和地鼓勵孩子脫離這種習慣。試著把他們喜歡的兩種食材加在一起。或者讓他們自己來，方法如下：在孩子情緒穩定而且準備好要吃飯的時候（有點餓又不會太餓的情況下），分別用兩

個碗盛著兩樣輔助食物（例如：優格和果醬，或義大利麵和乳酪），擺在孩子面前。給孩子第三個碗，一個空碗，鼓勵他們自己動手搭配食材。你可以先示範給孩子看，拿你的碗混裝你要吃的食材，然後看看孩子有沒有跟進。

法國飲食準則第6條：
應付挑食的人：你不必喜歡它，但你必須嘗嘗它。
應付挑食的人：你未必要喜歡吃，但你必得吃。

北美在教養方面的很多建議，使得父母和孩子之間形成一種分工。根據這個觀點，父母決定何時用餐以及吃些什麼；孩子可以決定是不是要吃以及吃多少。對此，法國人可能會不以為然。就他們的看法（也是有科學研究支持的看法），孩子必須被堅定地鼓勵去嘗試陌生食物。大多數小孩必須實際去嘗嘗（而不是光用眼睛看）陌生食物，之後才會慢慢接受那食物。研究顯示，孩子至少必須嘗到十二次，才會真正願意去吃。這情況很正常：所以別只試了幾次就急著對孩子的食物偏好下結論。很多家長常常沒試幾次就放棄了。假使孩子某天「喜歡吃」某樣東西，隔天卻「討厭吃」也不用覺得奇怪。這都是學習過程的一部分。

準則六：嘗試陌生食物的訣竅

目標是要讓孩子對陌生食物感到好奇，對吃陌生食物感到自在，以及他們真不想吃時，知道如何委婉地回絕。看見陌生食物時要保持鎮定，這是他們應該學會的能力，另一項能力是實驗性地進行嘗味，好讓自己最後會喜歡吃那樣食物。

※盡早開始。很多嬰幼兒很樂意嘗新。趁恐新症（對新奇食物的恐懼）在孩子兩、三歲出現之前，好好利用這一點。

※別強迫孩子吃（或甚至更糟的，強迫孩子吃光光），而是單純嘗嘗爸媽準備的食物就好。

※說「吃吃看，這個你會喜歡的」，比「吃吃看，這個對你很好」來得好。

※如果你的孩子不喜歡某樣菜，鼓勵他讓他相信他終有一天會喜歡。我會跟我女兒說：「喔，妳不喜歡哪？沒關係，妳只是吃的次數還不夠多，妳長大後會喜歡吃的。」

※別單獨端上陌生食物。讓它成為好吃的一餐的一部分。確保餐桌上至少有一樣東西是你孩子喜歡吃的。

※鼓勵孩子吃陌生食物時，分量上不要給多，這樣做比給出大分量的效果要好。

※別端出陌生食物，除非你心情上充分放鬆，也可以充分把注意力放在孩子身上，好讓你和孩子愉快地品嘗體驗它。

※從單純的質地下手。我們通常把陌生食物打成泥或做成湯，就連給大女兒吃的也是如此。孩子習慣了那味道之後，才會願意進一步接受那食物的「真正」質地。

※有些孩子的味蕾真的比較敏感。耐心地等待孩子進步；孩子可能要嘗試過十二次以上才願意吃新食物。

※試著以間接、不太給孩子壓力的方式端出陌生食物。用小碟子盛小分量的陌生食物，放在餐桌上靠近孩子的地方，但又不是直接放在他們眼前。你先吃個一、兩口，表現出很享受的樣子。然後不做任何處理。很有可能發生的情況是，你的孩子會跟著舀一小口吃看看。如果沒有的話，一會兒之後撤走你孩子沒去碰的東西，別大驚小怪。最重要的是，別用其他東西來取代。

※要引介陌生食物給幼兒時，避免用太多不一樣的方式來呈現。在新奇感和熟悉感之間巧妙拿捏，這樣你幼小的孩子才會感到安心。例如，如果你成功地引介了一樣新食物，試著用同樣的煮法再做一、兩次。之後再用不一樣的方式來煮，免得你「陷」在一成不變的做法裡。

法國飲食準則第7條：

限制零食，最好一天一次（頂多兩次），而且晚飯前一小時絕對要避免。

在兩餐之間感到肚子餓其實無妨。

吃正餐時，吃到滿足而不是吃到飽。

法國人最看重的飲食準則之一是「不吃零食」。官方的法國飲食指南建議，成人每天一定要吃三餐，此外不再進食。孩童每天一定要吃四餐，此外不再進食。七〇年代的北美小孩就是這麼吃的，而目前大多數當爸媽的都生於那個年代。相較之下，當今的美國小孩每天幾乎吃三次零食，每五個小孩就有一個每天吃零食高達六次。

在今天，科學界對你一天應該吃幾餐並未達成共識。有些專家建議三次，有些認為要更多。到底是每天少量多餐好，還是每天飽餐三頓好，科學家也仍在辯論。至於用餐的時間以及卡路里在餐餐之間的分配（午餐吃得豐盛比較好，還是晚餐？），專家們也是眾說紛紜。基本上，科學界對吃零食一事沒有明確的答案。法國人的折衷做法是每天吃三餐外加一大份點心。這樣做給了孩子吃點心的好處，同時降低了潛在的負面影響。這麼做包括了心理和生理上的好處：法國人認為，如果父母容許孩子想吃零食就吃，孩子就學不會自制，而且要面對肚子裡塞滿了不健康食物的風險。

法國人也對少量多餐的做法很謹慎。不定時的、想吃就吃的飲食方式，只對那些對飢餓和飽足感很敏銳的人有效。幫助你的孩子培養這種感知，可能意謂著把他們的零食減至最少，不管是每一次的量或是總額。「不隨時隨地吃零食」的準則，也有助於你教導孩子避免基於情緒上的理由吃東西（像是覺得無聊就吃東西）。此外，你的孩子在吃正餐時也會吃得更好，因為他們的胃口更好。而且記得，安排吃點心的時間，重點不是不讓孩子吃點心，重點在吃得適度。

孩子會自行調節一整天下來所攝取的卡路里總額。所以，如果他們早餐吃不多，晨間的零食就會吃多。或者，如果他們放學後的點心吃很多，晚餐就會吃不多。安排（或減少）吃零食的目標，是要讓孩子在正餐時間（此時的食物很可能健康得多）攝取大多數的食物。

準則七：吃零食的訣竅

※教孩子辨別**滿足感**和**飽足感**的差別。鼓勵孩子在飽得很舒服的時候（而不是吃到撐）停止吃東西。大多數的小小孩天生對「飽的感覺」很敏感，所以不要迫使他們去忽略或壓抑它。

※鼓勵孩子去體察自己的身體，問他們：「告訴我你什麼時候覺得半飽？什麼時候覺得差不多飽了？」鼓勵他們在差不多飽了的時候停止進食，等個一、兩分鐘後，問他們想不想再多吃。

※把零食想成迷你餐：零食絕大多數應該要是健康、未加工的食物，就跟正餐吃的食物一樣。而且也只在餐桌上吃。

※訂定適合你們家的零食規則：譬如，孩子想吃水果時不需先問過爸媽，但是想吃其他東西時則需要徵得爸媽同意。

※如果你的孩子某一餐沒有吃很多，你可以把下一次吃飯的時間提前，而不是給額外的點心。

※水對法國人來說也是食物。在點心時間喝水。教孩子分辨渴的感覺和餓的感覺。

※記錄全家人一週的飲食日誌，追蹤你的孩子吃些什麼，吃了多少。仔細看看紀錄的結果。你們應該重新調整零食和正餐？你們應該多吃某些食物，少吃其他食物？

法國飲食準則第8條：
不管是下廚或用餐，
一切慢慢來，
慢食即樂食。

法國父母訓練孩子當「用心的飲食者」。這對法國人來說是基本的心理原理，他們教孩子學會把胃發出的「餵我東西吧」訊息和大腦裡決策的「指揮部」連結起來，因此孩子（像大人一樣）在感覺滿足（未必是吃飽）時便能停止進食。

法國小孩也被教導我們都知道（但往往會忘記）的所有常識：細嚼慢嚥；專注於我們正在吃的食物（也就是說，同時間裡不做其他事，譬如看電視、開車或閱讀）；吃的分量少一點。如果孩子沒從家庭裡學會這些原則，他們也會在學校裡學到，這些原則每天落實在學校的食堂裡。我發現，這些正是我應該教會我女兒的事情。

相反地，美國小孩從小就習慣超大分量的飲食。他們所處的文化，鼓勵人吃得過飽、吃得匆忙、把食物視為能量，因而形成一個惡性循環，也就是人們衝動地吃下卡路里過多的食物卻又沒有滿足感，結果讓人更想吃更多以滿足口腹之欲。餐廳裡供餐分量不斷增加，以及超市裡加大容量的盒裝食物，也在鼓勵我們吃得過飽。後果就如同營養師警告的，很多國家的孩童，「飲食的生理基礎一直被打

亂」。

一個簡單的矯正方式是，吃飯時放慢速度。這麼一來，你的大腦有時間趕上你的胃。只要我孩子在餐桌旁坐定，我會馬上入座並開始和她們交談或是說說當天的事。這樣會吸引她們的注意力（她們也會更想留在餐桌旁），通常也會讓她們的心情更好（因此她們會更願意吃東西）。此外，這樣也可以讓我放鬆——經過一整天長時間工作，這一點真的很重要。生小孩之後，晚餐時間向來是我每天壓力最大的時候；現在我的新目標是，讓這段時間變成放鬆的時刻（我承認我們沒有時常做到，但值得繼續努力！）。

準則八：營造快樂、放鬆的飲食氣氛的訣竅

※孩子天生吃得慢。把你吃飯的速度放得跟他們一樣慢，就像你走路要配合他們的速度而放慢一樣。

※基於保持良好健康和用餐樂趣來選擇食物，而不是一味地擔心過重。用正面的心態來面對食物，長遠來說效果比較好。

※讚美吃得好的人，勝於處罰吃得糟的人。

※避免營造負面的情緒氣氛（給壓力、催促孩子吃快一點、批評、緊張）。

※讓餐桌變得歡樂。用很「普通」的桌巾，要孩子幫忙裝飾布置。運用你的想像力！

※別焦慮：別緊盯著孩子、別擔心、別急躁，保持鎮定（這一點是我的罩門）。放鬆地盡情享受，你孩子就會跟進。

法國飲食準則第9條：
盡量吃真正的、自製的食物，
把零嘴留給特殊場合。
（提示：只要是加工的東西都不算「真正的」食物。）

美國在兒童飲食方面最出名的作家之一艾琳·薩特（Ellyn Satter），主張父母應該協助孩子成為「自信的飲食者」。這是從另一方面來思考法國的飲食準則：他們建立孩子的自信。不過法國人也強調快樂（不是毫無節制地作樂，不是大吃大喝，而是簡單的感官享受）和均衡的重要，營養和心理上皆然。吃太多或吃太少都是飲食失衡的徵兆。從食物獲得太多或太少樂趣也是失衡的徵兆。只吃「超健康」的食物或只吃垃圾食物亦然。

因為力行適度飲食，因為遵循有助於達成營養均衡餐食的慣例與規則，法國人可以自由地把焦點放在享受大夥兒同桌共飲上。不過這不代表法國人就不吃零食。相反地，他們相信，適度吃點零食可以幫助所有人（不止是孩童）培養健康平衡的飲食態度。

準則九：吃「真正」食物的訣竅

※每星期只在以F開頭的那一天（即星期五）吃速食（有一陣子，我老公的另個版本實行得滿成功的：每星期只在以Z開頭的那一天吃速食，不過蘇菲學會用英文和法文拼星期一到星期日之後就失效了）。

※在孩子吃零食之前，先用「真正」食物填飽他們的肚子。譬如說，吃完主菜還沒吃甜點之前，給孩子吃新鮮水果。

※試著用一小塊奶油來搭配蔬菜，而不是用番茄醬。脂肪是很重要的營養素（人人都需要少量脂肪），而法國人相信，（適度的）奶油最好。此外，小孩子很愛看奶油融化的過程！

※每週可以吃一次少量的垃圾食物、速食和「假」食物。

※每個法國家庭平均花四分之一的伙食預算（不包含甜點）買蔬菜。如果你也這麼做，你家每週的菜單看起來會如何。

※如果你的孩子愛吃你認為不健康的食物，不必說服他們不要吃。不如告訴他們：「那是小孩子吃的，你長大就不會喜歡吃它了。」

法國飲食準則第10條：
吃要吃得快樂，不要吃得有壓力。
把飲食準則看成是習慣或規律，而不是嚴格的規定；
偶爾放鬆一下無妨。

「飲食準則」一詞聽在北美人耳裡總讓人有點毛毛的，因為它隱含著控制某人（某事）的意味。不過法國人不是這麼看的，他們把準則視為良好習慣和規律的基礎。「飲食準則」的目標不是監督孩子的飲食，不如說是幫助你孩子習得健康食物的觀念和飲食習慣。

事實上，有些研究發現，過於控制（專斷式）的教養方式會產生反效果。例如，強迫孩子要吃光餐盤裡的食物，會干擾孩子內在對飢餓感和飽足感所發出的信號與回應——等於是教孩子吃過量。強迫孩子吃青菜實際上可能增加他們對青菜反感，降低他們對於接受陌生食物的意願；研究也顯示，會嚴格控管孩子的家長教出來的小孩吃更少的蔬菜、更多的高脂食物。嚴格地只讓孩子吃健康、低脂肪食物，會讓孩子更偏愛高脂食物。在關乎青少女的研究裡特別指出，家長施加的壓力和養成不健康的飲食習慣具有關聯性，這正是憂心的父母最不樂見的結果。

檢視你是不是在正軌上的一個簡單方法，是問問自己，你現在在做的事會不會引起孩子長期的焦慮。法國人相信，健康飲食習慣只會在沒有焦慮的情況下培養出來。食物是快樂的來源，不是擔憂的

來源。這會令很多人感到吃驚。對我們來說，飲食往往充滿焦慮：畢竟，飲食不是讓你生病，就是讓你健康。所以我們傾向於關注營養素和維他命，把食物當準藥物來看待。對法國人來說，飲食的重點在於享受：食物是共享的生活樂趣之一。他們不去計算卡路里（絕對不會為孩子這麼做），而是靠直覺去實行均衡合理的飲食。

沒錯，這聽來很矛盾（而且有點不公平）。我們操心得多，卻吃得比較不好。法國人操心得少，卻吃得比較好。不過，如果你還記得「飲食是有趣的」這個原則，這一切就會顯得合理。這道理也適用於飲食準則：假使這些準則偶爾偏了或被打破也不用擔憂。把它們想成是你們家通常會遵守的慣例（但也許不見得總是如此），你們就會待在正軌上，因為沒有人是完美的，不是嗎？

給孩子的法國食譜：快速、簡單、健康又美味

這些食譜，說不定簡單到令你吃驚。大多數法國家庭每晚吃的不是藍帶料理，也不會花好幾個鐘頭在爐前忙活。一般的法國家庭做的菜不但美味健康，而且做法都很簡單，這一點讓我這個白天要上全職班、在家又沒有幫手的媽媽非常欣賞。因此這裡列的食譜，做起來快速又輕鬆，每道菜平均有四樣主食材。

食譜簡單的另一個好處是：這樣做出來的菜可以勾起孩子對食物的興趣，同時不會令他們的味蕾受不了。所以法國家庭為孩子做菜時，不會過度調味。他們一般會用的調味品不出幾樣，像是奶油、新鮮辛香草和檸檬汁。食物自然的原味才是重點。事實上這是法國料理的核心原則之一：保留食物的天然風味和質地。

食譜如此簡單，還有另一個務實的理由：由於大多數孩童每天分量最多的一餐是在學校裡吃的，而且大多數法國媽媽都會外出工作，下班後沒什麼時間下廚，所以她們選擇的菜色，不僅很容易準備，而且味道清淡的多，濃厚的少。使得法國料理揚名世界的經典醬汁，比方說，都非常濃厚而且製作上很耗時，不適合日常晚餐。從講究新鮮食材和烹理的簡易性來說，法國家庭料理比較近似**新料理**，而不是醬汁濃郁、做法繁複的**高級料理**，即從前使得法國廚師享譽國際的那些料理。

說到廚用設備，法國人也是極簡主義者。你不需要任何花俏的炊具或機器。蔬菜都是蒸煮的居多，如果不是用壓力鍋，就是用蒸籠放到一般鍋子裡蒸。手持式攪拌器（有搖桿的）在製作蔬菜泥或濃湯上很方便，但是電動攪拌機也一樣好用。我還是要力推副食品調理機，蒸煮和攪拌都適用。我們認識的每個法國家庭都備有一台。

因為最最強調的是食物本身的滋味，所以找到高品質的新鮮食材是很值得的。根據哈佛醫學院健康暨全球環境中心所言，在地生產的食物通常含有更高的營養價值。在地生產者在挑選栽種品項上也傾向於以口味多樣化來考量，而不是著眼於可以大量生產，或耐得了運送過程折騰的產品。這是法國人之所以喜歡上當地市場買蔬菜、水果，甚至肉品的原因。

在此也有必要談談奶油，因為書裡的很多食譜都要用到它。很介意使用奶油的人，不妨改用植物油，不過我還是偏好用奶油。法國人從不真的認為奶油對身體不好；相反地，使用乳瑪琳的法國家庭相對上很少見，因為他們不喜歡那不自然的味道，對過度加工的東西也很提防。法國人始終相信營養科學如今證實的事：少量的脂肪是成人必要的營養素，對於發育中的孩童來說更是關鍵。無論如何，就像面對富含油脂的食物，法國人在使用奶油時也很審慎。所以你可以用少少的，但盡情去享用！

同樣地，在所有的食譜裡，鹽可加可不加。傳統上關於嬰幼兒營養的建議，無不強調年紀太小就習慣吃太鹹的可怕後果。所以我從不在嬰兒的蔬菜泥或湯裡加鹽。對於年紀稍大的孩童以及成人，我發現，加一小塊含鹽奶油在蔬菜泥或湯上面效果很棒——鹽明顯地讓食物更可口，不過在用量上我盡可能地少。這事實上是我對兒童食物的一般原則。如果要加鹽，我會在菜上桌後、吃之前撒一小小撮少到不能再少的鹽。鹽用越少，菜的味道越好。我用的是細海鹽，它溶解得比較慢，但滋味更圓潤飽滿。

最後，我也要提到裝盤這件事。法國人深知食物的外觀**如何**影響我們的食欲。分量少的食物通常對孩子更有吸引力；我發現，給孩子少量食物，讓他們吃得意猶未盡再跟你要第二盤，好過給他們滿

滿一盤卻令他們倒胃口。試著用小巧的蛋糕模子或小碗來鼓勵不吃的孩子。如果你沒有這些器具，用其他的小型容器，像是蛋杯或奶凍杯（小的百麗玻璃製品），把蔬菜、沾醬、泥狀食物各別盛起來；有些小孩發現這樣用餐更有趣。記得，盡量每餐都準備某樣孩子愛吃的東西，如此孩子會比較安心，也會更願意嘗試陌生食物。最重要的是，你自己也要盡情享受其中；吃飯就像其他很多事一樣，孩子會有樣學樣，所以當爸媽的要以身作則，身教勝於言教。

祝你胃口大開！

蘇菲的菠菜驚喜

準備：2分鐘
烹煮：3分鐘
分量：6～8個「寶寶副食品罐」容量，或4個兒童

我們想出這道簡單的菜，是為了鼓勵女兒習慣吃綠色的食物。她們倆至今還是很愛這道菜，即使她們已進展到其他綠色蔬菜。

這道菜很溫和，而且非常順口，可以很輕鬆地把綠色蔬菜引介給孩子。櫛瓜提供了清爽、幾乎是鬆軟、入口即化的口感，因而使得菠菜吃起來輕薄，而且幾乎是甜的。假使你覺得這道菜還是有苦味（雖然我從不覺得），吃之前加一丁點蜂蜜進去（或減少菠菜的量，增加櫛瓜的量）。

上菜時用小碗裝；我發現，這小量的菠菜泥，效用可是很驚人。你可以用小小塊的少許奶油在湯面勾勒出笑臉；你孩子會很喜歡看著奶油融化。

・1根中型偏大的櫛瓜，削皮切塊（約2杯）
・1杯水

・2或3大把嫩菠菜葉（約莫1杯，塞滿的狀態）

・依個人喜好而加：1茶匙奶油，假使菠菜稍微有點苦，可加1小匙蜂蜜

1. 把櫛瓜放入鍋底，加1杯水（別放太多！）開大火煮滾，然後轉小火煨煮，煨到櫛瓜變透明，約需2分鐘。隨即加入菠菜葉，煮到萎軟，約莫1分鐘左右。小心別把菠菜煮過頭。瀝出煮蔬菜的水備用。

2. 把鍋子從爐火上移開，把鍋中蔬菜攪打到綿滑柔順的地步，盡量利用煮菜水，讓蔬菜泥達到你想要的稠度。

Tip

這道菜可以冷凍備用，重新加熱也很快。重新加熱時要加少許的水，因為冷凍過後會稍稍變稠。

寶寶的維琪濃湯（白韭蔥湯）

準備：5分鐘
烹煮：7～8分鐘
分量：4個「寶寶副食品罐」容量，或2個兒童

傳統上，法國孩子從很小的時候就接觸到韭蔥。韭蔥幼嫩的白色部分（做這道湯只用這個部分）溫和可口，比較為老硬的綠色部分更易於消化。如果是做給更大一點的孩子吃，則增加馬鈴薯的量，減少梨子的量，這樣做出來的馬鈴薯韭蔥湯，更近似經典的法國維琪濃湯。

這道湯已經成了我們家的慰藉食物。我們通常在寒冷的冬夜喝這道湯。夏天時，可以把這道湯放涼，降到室溫後涼涼地喝，或冰鎮後冰冰地喝。

- 1顆小型馬鈴薯，削皮切小丁（約½杯）
- 2根小（或大）韭蔥，仔細洗淨，去外皮，切片（只用白色部分，約1杯）
- 1顆梨子，削皮，去核，切塊
- 1茶匙蜂蜜或楓糖漿

・依個人喜好而加：1小撮細海鹽

1. 馬鈴薯和韭蔥加水（約半杯）淹過表面蒸軟（如果你有壓力鍋），或是放到一般鍋裡煨煮到軟（6～7分鐘），在最後2～3分鐘時加進梨子。瀝出煮菜水備用（你需要¾～1杯的水量）。

2. 把蜂蜜（或楓糖漿）加入蔬菜中，把蔬菜攪打成泥，攪打時加入煮菜水，直到湯汁達到你想要的稠度。

注意：做給小寶寶吃時，你可以去掉馬鈴薯。他們會很喜歡只有梨子和韭蔥的混合（它的稠度很像蘋果醬）。

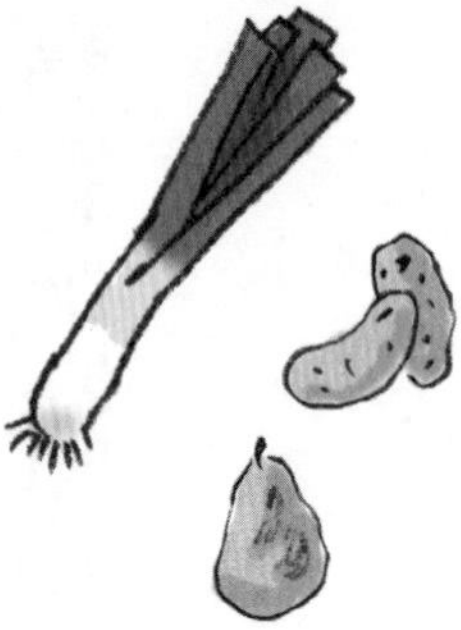

Tip

太多馬鈴薯會讓這湯變得淡而無味。馬鈴薯切太大塊也會讓湯變得「黏糊」，因此要切細一點，而且別煮過頭。

克萊兒的甜菜根泥

準備：5分鐘
烹煮：10分鐘
分量：8個「寶寶副食品罐」容量，或4個兒童

這道食譜能溫和地把甜菜根引介給你的孩子，甜菜根是法國小孩愛吃的蔬菜。我們頭一次吃到甜菜根泥是在克萊兒的幼兒園，當時甜菜根泥是酥皮餅的沾醬（我就是在那裡頭一次在法國飲食上出糗，錯把它當成是給大人吃的精緻小點）。甜菜根泥是幼兒園菜單上的人氣品項，雖然它通常是盛在小碗裡溫溫地吃。後來我開始在家裡做這道菜，它變成我們家最愛吃的菜之一。

法國小孩稍大之後，會進展到吃煮熟的甜菜根，不管是在家或在校都常吃，通常是切成小塊當冷沙拉的配料，佐上歐芹末和經典的自製油醋醬（見第三〇一頁）。

這食譜做的甜菜根泥，滋味溫和，呈現寶寶最喜歡的亮粉紅色。櫛瓜增添了清爽、鬆綿的口感，也使得甜菜根更美味好消化。一段時日過後，你可以減少櫛瓜的量，增加甜菜根的量。不過，別讓未滿一歲的寶寶吃甜菜根泥，因為甜菜根（就像其他的根類蔬菜）有時候含有高量的土肥，諸如硝酸鹽，年紀稍大的兒童的肚子才應付得了。

・1顆中型甜菜根，削皮切丁（約1杯）
・2顆中型櫛瓜，切塊（約3杯）
・1大匙奶油

1. 把甜菜根放入一只小鍋內，加水淹過表面，開中火煨煮到軟，煮到最後的3～4分鐘放入櫛瓜。把櫛瓜煨煮到透明。瀝出煮菜水備用。把鍋中蔬菜攪打成絲絨般綿滑，加入足夠的煮菜水，攪拌成你想要的質地。
2. 上菜時在湯面加一小塊奶油，熱熱地喝。也可以冷凍起來備用。

注意：甜菜根會讓孩子的尿液（或甚至糞便）變成粉紅色，所以不用緊張。事實上，這個效果可能會令某些孩子更愛吃它。

Tip

甜菜根的污漬很難清除，所以一定要備妥圍涎和擦布。

扁豆杏桃湯

好吧，這道湯事實上不太算是法國料理，但是具有濃濃的法國味：做起來簡單又快速，而且把滋味超棒的兩種食物美妙地混合在一起。

按照建議來料理，它會是很可口的蔬菜泥（適合滿一歲或更大的寶寶吃）。稍微用水稀釋後，它就是冬夜裡的完美湯品。未經硫化處理的杏桃（比傳統的種類更美味得多，值得你花大錢去買）的淡淡甜味，沖淡扁豆的核果味。攪拌的時間一定要夠久——這道湯可能會綿密到幾乎起泡沫。

這湯很適合冷凍備用，是我們家自製的「速食」之一（沒錯，我有時會拿冰寶寶食物泥的冰塊盒來冰這道湯），需要的時候拿出來加熱就可以喝了。

準備：5分鐘
烹煮：40分鐘
分量：8～10個成人

- 2杯乾的紅扁豆
- 7～8杯水
- ¾杯未經硫化處理的杏桃，整顆（它們會是暗褐色而不是橘色的）

・依個人喜好而加：1大匙菜籽油或橄欖油

1. 漂洗扁豆2次（如果沒預先洗過的話），或直到漂洗的水變乾淨。把扁豆放入鍋內，接著倒入7～8杯水（別用漂洗扁豆的水！），端看你想要湯有多濃稠。最後把杏桃放在最上面。

2. 開大火煮滾，然後轉小火煨煮40分鐘，或煮到扁豆和杏桃都變軟，每隔幾分鐘就要攪動一下。

3. 攪打到起泡沫似的綿密。自行斟酌：加一點點菜籽油會使得湯稍微濃郁和醇厚（此外，菜籽油是omega-3a的良好來源）。

另外的變化：若想要稍微複雜的成熟風味，加洋蔥末和匈牙利紅椒粉進去。把洋蔥放入加了些許橄欖油的長柄平底煎鍋內，開小火煎炒。等到洋蔥末變透明，加入匈牙利紅椒粉拌勻。接著把洋蔥料加入扁豆混物裡，繼續上述其餘的步驟。

Tip

千萬別把杏桃放在鍋底，同時一定要經常攪動，否則杏桃會沉到鍋底，黏在鍋底上。

菊苣和奇異果沙拉

法國家庭吃大量的菊苣，生的、煮熟的都吃，菊苣似乎是很多法國小孩愛吃的蔬菜之一。切細的菊苣，質地像萵苣心，只是味道稍強烈些。有些小孩一開始會覺得菊苣有點苦，但還是會習慣它的味道。因此在這個食譜裡，油醋和酸酸甜甜的奇異果就是用來沖淡苦味的，同時利用一點點的酸汁來讓葉子看起來更鮮亮。

這道菜是很棒的夏日沙拉，或是平日餐食的「前菜」，而且放冰箱冰一整天沒問題。如果你沒有奇異果，用你孩子愛吃的任何新鮮水果都行。

準備：5分鐘

分量：4份小大人的「沙拉配菜」

- 4顆菊苣心，去掉硬梗，橫切（越薄越好）
- 4大匙油醋醬（見下則食譜）
- 2顆奇異果，削皮，切片後再切成4份
- 依個人喜好而加：新鮮細香蔥末

取一只大碗，混合菊苣和油醋醬。喜歡的話，撒上細香蔥末。把奇異果塊散布在最上面。

Tip

如果你們家沒吃過油醋醬的話，把油醋醬當沾醬用。

油醋醬（經典法國沙拉醬）

準備：2分鐘

分量：少於1杯，足供全家分量的沙拉

油醋醬捉住了法國料裡的精神：製作簡單、健康、便宜、美味。法國小孩從很小的時候起便習慣了醋的味道（北美小孩想加番茄醬的時候，法國小孩加的是油醋醬）。為了適應不太習慣酸味淋醬的味蕾，我稍微更改過這份食譜，讓它帶有加拿大的風味。

這沙拉醬放在冰箱可以保存一星期。

- ½杯特級初榨橄欖油（或菜籽油）
- ¼杯紅酒醋或白酒醋
- 1又½杯第戎芥末醬
- 依個人喜好而加：1大匙楓糖漿，1大匙紅蔥頭末、青蔥或洋蔥

1. 把所有材料裝入有蓋子的罐子裡，蓋緊蓋子，使勁搖晃。

2. 使用前先嘗嘗味道，根據你的喜好調整材料的用量（我婆婆偏愛酸一點，我喜歡稍微甜一點、溫和一點）。

Tip

小孩子喜歡用它當沾醬。晚餐上主菜之前，我會端上用個別的小碗盛著的油醋醬和生菜，諸如胡蘿蔔條和小黃瓜條。這油醋醬也可以用來當煮熟蔬菜（像是甜菜根）或胡蘿蔔絲沙拉（法國小孩的另一個最愛，往往在學校午餐裡供應）的淋醬。

可麗餅（鹹味和甜味煎薄餅）

準備：5分鐘
靜置：1小時（自行斟酌）
烹煮：每片可麗餅2分鐘
分量：8～10片

布列塔尼以可麗餅（薄煎餅）出名，四處可見可麗餅店。包著火腿、菠菜或蛋等鹹料的可麗餅是很飽足的一餐（可以把它想成是法國版的墨西哥烙餅）。我們的女兒超愛「可麗餅之夜」，期待甜點可麗餅時也讓她們心情超好。我發現，每當我把它當晚餐的前菜時，她們更願意試吃鹹味可麗餅裡陌生的餡料。

一旦你把握到製作可麗餅的竅門，做起來就很快速、輕鬆又好玩。做麵糊通常簡單得很，但是要做出薄得恰恰好的可麗餅（手腕在對的時間點輕輕一抖），需要多練習幾次才行。如果你是頭一次做的話，我會建議你先上網找一、兩段相關的影片來看看。

麵糊

- 3顆雞蛋，輕輕攪打
- 2杯中筋麵粉（可以的話，事先篩過）

・3杯牛奶（全脂或乳脂少於百分之二的牛奶，但別用脫脂牛奶），外加½杯水
・2大匙融化的奶油（或植物油）
・奶油或蔬菜油，煎製用
・依個人喜好而加：1小撮鹽
・製作甜味可麗餅：2大匙糖，1茶匙香草精

1. 麵粉倒入攪拌盆裡，麵粉中央挖個洞，打入雞蛋。接著徐徐倒入牛奶，繼而倒入水，然後持續地輕輕攪拌。不要過度攪拌。麵糊的稠度應該像濃的鮮奶油一樣（如果不是，多加一些牛奶，稍微稀釋）。可以的話，讓麵糊靜置一旁至少1小時，或者，更好是放冰箱冷藏一夜（這樣你的可麗餅質地會更細緻滑順）。

2. 另取一個攪拌盆，撥出部分的麵糊（大約⅓～½），用以製作甜味可麗餅；拌入糖和香草精。

煎可麗餅

這裡的祕訣是煎的方法要對，這樣餡料才會夠燙，而可麗餅皮酥脆但不會燒焦。我的方法如下，是我婆婆教的。

1.開中大火預熱一口中型長柄平底不沾鍋（要燙到可使一滴水「噴濺」的地步）。使奶油（或蔬菜油）平順地融化在煎鍋表面（我會用一小塊紙巾把油抹均勻）。倒入麵糊（每片可麗餅約¼～⅓杯的量，端看你想要的厚度），同時手抓著長柄扭轉手腕以轉動鍋子，好讓麵糊擴散形成大圓形（覆蓋整個鍋面）。做這道步驟時動作要快（因為麵糊幾乎立時會收乾），所以使用方便倒出麵糊的器具很重要。可麗餅應該要薄，這樣煎的時候外緣才會酥脆。

2.在30～40秒之內，可麗餅的外緣會開始呈金黃色。當它底部焦黃時，用抹刀小心地從邊緣掀起，讓它從鍋面鬆脫，然後翻面。另一面開始要焦黃時，把餡料放到半邊的餅皮上，然後把餡料抹勻。等到另一面煎好，餡料應該也熱了。將餅皮對折，把餡料夾在其中，然後讓可麗餅滑入盤子（或在烤箱內預熱過的溫熱平底鍋）內，趁熱享用。

推薦的鹹味菠菜餡

在布列塔尼，傳統的餡料非常豐盛：一片火腿、一顆蛋（像是荷包蛋，夾在可麗餅內），和乳酪屑。不過我喜歡這個較清淡的做法：

・2杯嫩菠菜葉
・2大匙奶油

・依個人喜好而加：一小撮鹽，一小撮肉豆蔻，½杯硬質白乳酪屑

製作菠菜餡時，輕柔地洗淨菠菜葉，放入一口小鍋內（不要加水！），開大火，攪動鍋內的菠菜，直到菜葉萎軟（約1分鐘或不到）。接著拌入奶油，喜歡的話，撒上鹽和肉豆蔻。把菠菜料舀到每片可麗餅中間，整理成長條狀後，卷起可麗餅，把兩端往下折疊，就像卷餅一樣。如法炮製，把其餘的餅皮一一捲好。然後把可麗餅卷放入烤盤，撒上乳酪屑（視個人喜好而加），烤約2～4分鐘。趁熱吃。

注意：若想節省時間，也可以用第二九一頁的菠菜泥當餡料。

推薦的甜餡料

既然你已經享用過當晚餐的鹹可麗餅，是時候該試吃甜點了！甜味可麗餅的經典餡料是甜奶油：1茶匙的奶油撒上些許糖混勻。以下是幾種經典的法式餡料：

・檸檬、蜂蜜：1匙蜂蜜，擠些許檸檬汁
・巧克力：在可麗餅表面融化1塊黑巧克力
・莓果：新鮮藍莓、覆盆子或黑莓
・果醬：任何果醬都可以，不過我們覺得黑莓醬最搭

注意： 如果你希望所有的可麗餅一次端上桌，可以把做好的可麗餅放到烤箱內保溫，直到你做完全部的可麗餅（當主菜的話，通常是小孩子一人一片，大人一人兩片，外加當甜點的一人一片）。

Tip

基於唯有法國灶神才曉得的原因，第一片可麗餅總是個災難。把它扔一邊去吧，需要的話，鍋面上再抹一點奶油，繼續做下去。

沒有派皮的鹹派

這道特別為忙碌的大人設計的食譜，刻意省略派皮，但一樣好吃。

準備：5～7分鐘
烹煮：30～40分鐘
分量：4～6個小大人

鹹派是法國的經典菜，很容易做，老少都愛。鹹派可說是法國家常菜裡最變化多端的料理之一，它可以當熱食也可以當冷食，可以當中飯也可以當晚飯，而且你想得到的任何蔬菜組合，做出來都會很棒。法國家庭通常會事先做好備用，因為它放冰箱裡冷藏一、兩天不成問題（甚至是放在菜櫥裡幾小時也不成問題——我婆婆會盡量避免把鹹派送進冰箱，認為這樣口感會改變）。在別無選擇的情況下，我發現冷藏的鹹派省時又方便，雖然大多數法國人不這麼做。

這裡的食譜是做給孩子吃的，所以比起做給大人吃的，這裡用了較大量的牛奶和較少量的雞蛋。這樣做出來的派比較鬆軟、比較沒那麼厚實，也比較沒有蛋香，但是比較討年輕的味蕾喜歡。若是做給年紀稍大的孩子和成人吃，牛奶的量減少半杯，蛋多加一顆（或者調整蛋和牛奶的比例，找出你家人最愛的口感）。

關於鹹派，大多數的法國廚子都有自己的獨家做法。有一陣子，我最愛的食譜是普羅旺斯燉雜蔬式的鹹派，餡料以茄子和番茄為主。對我婆家那邊的親戚簡單做過調查後，我發現每家的鹹派都不一樣：有加櫛瓜的、有加青花菜的、有加胡蘿蔔的——你想得到的幾乎都有人加。大部分蔬菜都要切碎或處理成細絲，甚至不需事先煮過。

- 8顆大的雞蛋
- 1又½杯牛奶（或¾杯牛奶和¾杯鮮奶油）
- 鹽和胡椒，想加的話
- 1杯麵粉

推薦的餡料（這些都是我們家人愛吃的，你們可以盡情變化出你們自己的）

洛林鹹派：1杯切丁或切片的火腿，和1杯乳酪屑（用葛呂耶爾乳酪做出來的最棒，不過用切達乳酪也可以）

雜蔬鹹派：1顆小型洋蔥，切小丁，½杯蔬菜絲（我會用菠菜或唐萵苣，但不用羽衣甘藍，因為它吃起來太韌），½杯紅甜椒丁

普羅旺斯鹹派：1杯燉雜蔬（這是消耗剩菜的最佳方法）

1. 烤箱轉華氏三百二十五度預熱。取一只大攪拌盆，打入雞蛋；倒入牛奶（或牛奶和鮮奶油），拌勻。喜歡的話，加一小撮鹽和胡椒。用一根叉子或攪拌器持續攪拌（以避免結塊），一次加一點地將麵粉拌入。混入乳酪屑，接著是你用的餡料。

2. 把混液倒入9吋或12吋、內面抹了油的派盤裡，烤30分鐘，或是烤到鹹派變得蓬鬆，表面呈金黃色。取出稍微放涼一下，5分鐘後再上菜（這樣鹹派會稍微扎實些，你比較容易切得俐落）。

注意：當心別把派盤裝太滿，因為烤的時候鹹派會膨脹。我會在烤箱裡鋪一張烘烤紙，以防它噴濺。從烤箱取出後，鹹派的表面會稍微扁塌一點。這很正常！小孩子很愛看這種舒芙蕾效果。

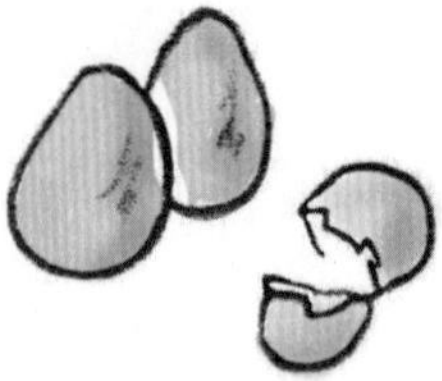

Tip

改變鹹派的材料是引介陌生食物的絕佳方式：那熟悉得令人安心的外觀，即使是戒心最強的吃食者也會上鉤。

填鑲番茄

這也是我們家很愛的一道食譜。填鑲番茄很能填飽肚子又有趣。番茄被挖空後塞入東西（以這食譜來說，塞了鹹的牛絞肉餡），然後烤到完美。烤好後內餡會稍微凸出，好似有點兒嬌羞地往外偷看的樣子，孩子很喜歡移開番茄的「帽子」看看底下有什麼。配上可以吸附美妙汁液的東西（米飯和庫斯庫斯是我們的最愛）一起吃。這本身就是完整又好吃的一餐。

準備：10分鐘
烹煮：20分鐘
分量：4個小大人（或大孩子）

- 2大匙橄欖油
- 1小顆洋蔥，切末
- ½磅牛絞肉
- 4大顆番茄
- ¼杯麵包屑
- ¼杯帕瑪森乳酪屑

・依個人喜好而加：1顆黃甜椒或紅甜椒，切末，2小匙乾的歐芹和／或奧瑞岡香草，鹽，胡椒

1. 烤箱轉華氏三百七十五度預熱。

2. 取一口大的長柄平底煎鍋，開小火加熱橄欖油。油熱後加入洋蔥末，煎成金黃色，約需5分鐘。把火轉成中大火，快速地放入牛絞肉（好「鎖住肉汁」），使勁攪動1分鐘，然後把火轉成中小火。將牛肉徹底煨熟，約需6～8分鐘。

3. 趁煨牛肉時準備番茄：片下番茄頂端，置一旁備用，用一根小湯匙把番茄挖空，用個碗裝挖出來的果肉果漿（挖空的番茄像個小碗似的）。把番茄碗倒扣在盤子上，讓裡頭的汁液流出來。將挖出來的果肉果漿剁碎，加進正在爐火上煨的牛肉混物（喜歡的話：把紅甜椒丁或黃甜椒丁連同番茄果肉一起加進去）。

4. 把麵包屑、辛香草和香料放入一口大攪拌盆裡混合均勻（我用一些些歐芹和奧瑞岡香草、鹽和胡椒，我小姑則加匈牙利紅椒粉。自行發揮創意吧！）。

5. 將麵包屑混料加入煨肉的鍋子裡，充分攪拌後即是餡料。將餡料舀入番茄碗裡。灑上帕瑪森乳酪。把「小帽子」似的番茄頂端蓋回番茄上。

6. 番茄一一放到烤盤上，烤20～25分鐘，或直到它們好吃到化在你口中。取出後放涼5分鐘再上桌。

Tip

這道菜可以預先輕鬆地準備好，放冰箱冰著，用餐前再送入烤箱。如果你從冰箱取出後直接送入烤箱，烤的時間要拉長為25或30分鐘。

焗烤白花椰菜

準備：10分鐘
烘烤：10分鐘
分量：4個大人

這道菜吃起來比聽起來好吃，我保證！

憑良心說，我不是那麼喜歡白花椰菜，但我很愛這道菜，白花椰菜浸在經典的法式貝夏美白醬裡烤。經典的法國焗烤料理通常是用馬鈴薯做的（法文叫 gratin dauphinois），但是幾乎任何蔬菜都可以用來做焗烤料理。

- 1顆白花椰菜，切成適口大小
- 4大匙奶油
- 3大匙麵粉
- 2杯牛奶
- ½杯麵包屑
- ½杯帕瑪森乳酪屑
- 依個人喜好而加：鹽，胡椒，1小撮肉豆蔻或肉桂

1. 將一鍋水放到爐頭上煮滾，烤箱轉華氏三百五十度預熱，將一口中型砂鍋抹上奶油。

2. 趁煮水之際，把白花椰菜切成適口大小。等水煮滾後，把切好的白花椰菜放入滾水中。把火燒微轉小些，煮約5分鐘，同時著手做白醬。

3. 製作白醬：在一口中型鍋子內以中火融化奶油。奶油融化後灑入麵粉，充分攪拌（直到麵粉完全被吸收），這時把火開大，攪動30秒。接著倒入牛奶，不停地攪拌，直到混物變稠，約需3～4分鐘。最後拌入鹽、胡椒、肉豆蔻或肉桂（如果想加的話）。置一旁備用。

4. 製作配料：把麵包屑和帕瑪森乳酪屑放入一只小碗裡混勻。

5. 製作焗烤：撈出白花椰菜瀝乾（這時它會是軟而不爛），放入砂鍋內。接著倒入白醬，最後灑上麵包屑混物，烤10分鐘，或烤到表面金黃酥脆。

五分鐘紙包魚

準備：5分鐘
烹煮：10分鐘
分量：1個大人加2個小孩，或每份魚排可做成4個小小孩的分量

我們在法國認識的家庭很多都是雙薪家庭。所以每當我們受邀到這些家庭裡吃晚餐，看見這些夫妻（好吧，通常是當媽媽的）竟有辦法火速搞定一頓飯，總是很佩服。部分的祕訣在於，她們找出了一套料理流程。這道魚料理，就是如何快速備妥好吃又優雅的一道菜的最佳寫照。

紙包料理意謂著把某個食材（通常是魚）用烘焙紙緊密地包妥後送入烤箱烤。紙內的食材用本身的汁液來蒸，它的滋味被美妙地濃縮了。

享用這道魚的過程也很有趣。法文Papillon一字的意思是蝴蝶，美妙地捕捉了這道魚料理帶來的視覺效果。當這道烘烤料理上桌，你打開外包的紙讓裡頭多滋多味的蒸氣散溢出來時，看看每個人臉上的表情就會懂了。

・1大匙橄欖油或菜籽油
・1人1份魚排（鮭魚、鰈魚、大比目魚是我們家的最愛）

- 1顆中型櫛瓜（每2塊魚排），切薄片（不需削皮）
- 1顆檸檬的汁液
- ½杯原味優格（或美乃滋或法式酸奶，如果你有的話）
- 2杯新鮮的細香蔥末
- 依個人喜好而加：鹽和胡椒

1. 烤箱轉華氏三百七十五度預熱。
2. 取一個足以讓所有魚排平鋪在上面的大烤盤。在廚台上，攤平一張大小是烤盤2倍大的烘焙紙或鋁箔紙。在一半的紙上撒上橄欖油，把魚排放在油之上（魚皮向下，如果魚有帶皮的話）。
3. 把櫛瓜片鋪在魚排上。
4. 將檸檬汁、優格（或法式酸奶）、細香蔥（和鹽及胡椒，如果想的話）混勻，淋在魚排上。
5. 把紙緊密地封合，免得蒸氣逸散（我通常會把兩側貼合折個兩、三折，再把兩端塞在下面）。以最厚的魚排的厚度來計算，每1吋需烤10分鐘。（別偷看！）當你拿一根叉子輕輕插入，抽出時魚肉可以輕易地剝落，那就是熟了。

Tip

小孩子很喜歡幫忙做這道菜：把魚包在它的「繭」裡送入烤箱烤很有節慶的氣氛，很像包一份可愛的禮物。

寶寶的馬賽魚湯（喬琪奶奶的魚湯）

準備：15分鐘
亨煮：20～30分鐘
分量：4～6個小大人

法國最知名的海鮮湯——馬賽魚湯，源自法國南方的普羅旺斯。不過普羅旺斯有它獨有的滑順綿密的魚湯，不巧這個版本的魚湯更適合寶寶和小小孩。傳統上，馬賽魚湯是漁人妻子做出來的湯。當漁船入港，漁人的妻子會仔細地把漁獲分類。「高級」的魚會被運往市場，其餘的（通常是比較小、沒有經濟價值的魚）會被帶回家裡煮。我有個內弟的雙親住在艾克斯－普羅旺斯，會用他們在地中海捕來的魚做這道湯。喬琪奶奶的做法改自法國最古老、已發行百年的食譜書（超過一世紀之久）：《普羅旺斯料理》（*La cuisinière provençale*）。

- 2大匙橄欖油
- 2顆中型洋蔥
- 1瓣大蒜，壓碎
- 6顆大型番茄，切碎

- ½磅去骨白魚（見下頁）
- 2片月桂葉
- 3枝茴香莖，整枝
- 1片柳橙皮（沒上蠟的）
- 鹽和胡椒調味
- 1茶匙番紅花絲

1. 在一口大型煎鍋裡，開中小火用橄欖油煎洋蔥。等洋蔥開始呈金黃色，約莫3分鐘後，加入大蒜。等1分多鐘之後再加入番茄。這時把火轉大，繼續煨煮2分鐘。
2. 接著加入魚肉、月桂葉、茴香莖、柳橙皮。以中大火煮5或10分鐘，然後倒入2升的滾水，同時（如果想的話）放一點點鹽和胡椒。放入番紅花絲，煨煮（接近滾沸的狀態）20分鐘。
3. 撈除月桂葉、茴香莖和柳橙皮。用手動的攪拌機攪打湯汁（如果有殘留的魚骨頭的話，這會兒也小到融解了）。

注意：洋蔥可以降低番茄的酸味，也會使湯頭更綿密。相信我：別把它去掉！

Tip 1

如果是要給幼兒喝的話，你可以用細篩網把湯汁慢慢篩過一遍後（以檢查是否有骨頭）再倒入攪拌機攪打。大部分的魚肉已經煮到化開，可以輕易地通過篩網。

Tip 2

純粹主義者主張，要煮出這湯的獨特滋味一定要用魚頭，但我本身是不用魚頭的。傳統上，法國家庭會把白肉魚和味道強烈的小魚，像是沙丁魚，混合起來一起煮。我建議你，以適合你家人的口味來組搭魚肉。問問你當地的魚鋪有什麼存貨：我在地的魚販通常有煙燻鮭魚碎肉，和鰈魚及其他白肉魚的碎肉。請他們給你沒有骨頭的肉塊，不過你也別擔心，煨煮的過程會讓細小骨頭充分軟化到化入湯裡。

帶皮的柳橙沙拉

準備：5分鐘
分量：4個大人（或8個兒童）

這道甜點沙拉是將新滋味引介給孩子的絕佳方式。柳橙的甜味沖淡了柳橙皮的苦味。孩子在熟悉事物（柳橙塊）帶來的安心保證下，會如我們所期待的更願意嘗試新東西：薄而幾乎是捲曲的、樣子很好玩又帶有甜味的柳橙皮。

邀請你的孩子看你準備這道沙拉，如果他們很好奇的話，就讓他們嘗嘗每樣食材的滋味。沙拉上桌時，記得，飲食有時候是為了嘗試新滋味，而不是為了吃下一大盤。

在你有時間坐下來和孩子討論食材的安靜時刻裡端出這道菜。問問題通常很有幫助（但願也可以轉移他們對苦味的注意力）：這柳橙「皮」嘗起來如何？吃得出任何柳橙味嗎？你細細咬一小口時嘗到什麼滋味？把小小一片放在舌頭上呢？它聞起來像什麼？如果你的孩子一口都不肯吃，那也沒關係，但試著鼓勵他們嘗一嘗味道。

我們女兒已經從這道沙拉進展到吃葡萄柚，而葡萄柚是她們現在會去享受的早餐「甜點」。么女克萊兒會抿著嘴說：「喔呵，媽咪，這苦苦的！」然後繼續開心地吃。

・4顆去籽柳橙
・4大匙糖

1. 製作柳橙皮：把一顆柳橙洗乾淨並擦乾，然後用一把小削刀小心地把皮的外層削下來，只取最外緣的皮，避開底下的白色襯皮。把削下來的皮切成細絲。
2. 製作糖漿：在一口小深鍋裡倒入½杯的水和糖，以中火煮到冒泡。放入柳橙皮，煮約10分鐘，或煮到柳橙皮變軟而糖漿呈金黃色但尚未變焦黃或焦糖化。
3. 將剩下的柳橙削皮，去除外皮和襯皮，只留下果肉。將果肉隨意切塊，放入小沙拉碗裡，把帶有皮絲的糖漿淋在上面。立即享用！

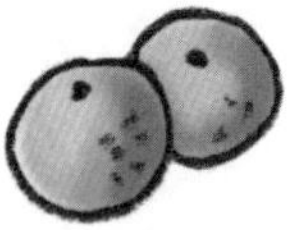

Tip

因為是甜的，法國人會把它當甜點，儘管它被稱為「沙拉」。

香料麵包

準備：10～15分鐘
烹煮：50分鐘
分量：一整條

這「香料麵包」（吃起來像蛋糕）是法國人最喜歡的放學後點心。大人也吃，不過是當開胃小點，切片烤過後疊上肥鵝肝薄片吃。這道甜點深受法國人喜愛，在阿爾薩斯（北法）甚至有間以香料麵包為主題的博物館。布列塔尼版的香料麵包摻了高比例的蜂蜜（有時重達半個麵包！），而且我們當地市場的蜂蜜攤每星期都賣新鮮的香料麵包。蜂蜜有助於麵包的保存（如果我仔細包裹好放入冷凍庫，可以保存好幾個星期）。

傳統上，香料麵包是用黑麥粉和深色的蕎麥蜂蜜（buckwheat honey）製成，所以麵包帶有濃郁的堅果味。

- 1又½杯中筋麵粉
- 1又½杯全麥麵粉（或黑麥粉或蕎麥粉）
- 2又½茶匙小蘇打粉
- 1又½茶匙肉桂粉

・依個人喜好而加：¼茶匙肉豆蔻，¼茶匙丁香粉，1茶匙大茴香籽，¼茶匙薑
・1又½杯蜂蜜（用芳香的深色蜂蜜，或用1杯蜂蜜加½杯糖蜜）
・3大匙含鹽奶油，室溫狀態（或用無鹽奶油，然後加1小撮鹽）
・1大匙柳橙皮細末
・1又½杯牛奶（可用加了1大匙蔬菜油的水代替）

1. 烤箱轉華氏三百二十五度預熱。將9吋（23公分長）的麵包烤模抹上奶油後撒上麵粉。
2. 將所有麵粉、小蘇打粉和香料過篩到一個大攪拌盆內。
3. 在一個中型鍋內，混合蜂蜜、牛奶、奶油和柳橙皮，慢慢地加熱。從火上移開。加入一半的麵粉混料，輕柔地攪拌，接著再加入剩下的乾性材料，攪拌到剛剛好拌勻。不要攪拌過度。
4. 將麵糊倒入烤模內，烤50～60分鐘，或烤到拿一把刀插入中央後，抽出時刀面是乾淨的。麵包表面呈深褐色。
5. 冷卻10分鐘，然後取出麵包置於冷卻架上。麵包徹底涼了之後才切片。

儲存：香料麵包可用塑膠袋包裹起來，並存放至少一星期，在這期間它的滋味會更融合，質地也會更扎實。它也可以冷凍保存，烤過後抹上鹹或甜的抹醬都很美味。

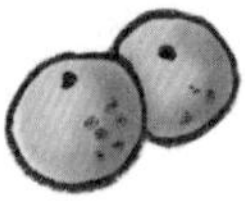

Tip

這蛋糕做好後往往放了數個鐘頭才端上桌：這樣蛋糕更好吃、更濕潤，也比較容易切片。

烤香料蘋果

準備：10～15分鐘
烹煮：25分鐘
分量：每人1顆蘋果

這道菜超省時的，也是我們家在冬天喜歡吃的甜點。我下班回到家，第一件事就是把烤箱預熱，然後把蘋果放進去。等到晚餐準備好時，蘋果的香氣充滿室內，吸引孩子們到餐桌來（至少，理論上是這樣！）。我通常會利用便利的烤箱在晚餐時做烘烤料理（見第三一六頁的紙包魚，或第三一四頁的焗烤白花椰菜）。

在布列塔尼，我們用又甜又脆的Dalinette蘋果。在溫哥華，我用富士蘋果或加拉蘋果的各種變異種（麥金塔蘋果、五爪蘋果和史密斯蘋果烤過後沒那麼好吃）。

只要在烤盤的底部加一點水，就能避免蘋果變乾。吃之前我會在每顆蘋果上淋一點楓糖漿，不過不加也一樣好吃。

- 每人1顆蘋果，用叉子在表面戳一些小孔，去梗去核
- 每顆蘋果1茶匙楓糖漿（或1大匙糖和1大匙奶油）

· 依個人喜好而加：肉桂粉

1. 烤箱轉華氏三百五十度預熱。
2. 用叉子戳完後把蘋果放到烤盤上，在每顆蘋果中央去核後的小洞內淋一些楓糖漿，或者像法國人那樣，加糖和奶油。喜歡的話撒一點肉桂粉上去。
3. 烤約25分鐘，或烤到蘋果達到你想要的口感。

警告：蘋果從烤箱取出後至少要等5分鐘後再吃，因為蘋果內部還是滾燙的，會燙傷舌頭。蘋果的外皮溫度會降得很快，不能憑蘋果表面的溫度來判斷它會不會燙到嘴巴，果肉的溫度比外皮要高很多。若是做給孩子吃，我們會把蘋果切開，放涼之後再端上桌。

Tip

這道食譜可用來幫助嬰兒習慣吃較硬質的食物。烤得夠久的話，蘋果的質地會像蘋果醬一樣軟綿。烤的時間減少，質地就會硬些。

奶奶的巧克力夾心棍子麵包

準備：2分鐘
分量：每條棍子麵包可做4份

早在成包的零食出現在架上之前，法國家庭就會自製美味的點心給孩子吃。這道點心依然是我們女兒上奶奶家時最喜歡的一樣。她們會圍在餐桌旁看著奶奶切麵包準備這道點心，聞著巧克力和新鮮麵包的香味。

雖然這點心聽起來有點縱欲，其實它相對上很健康，尤其是你限制抹在麵包上的奶油用量。巧克力提供了重要的營養素，像是銅、鎂、鐵。奶油提供了維他命D和脂肪——兩者都是孩子發育不可或缺的營養素。麵包提供碳水化合物，這是孩子在好動年紀所需的能量來源，而且沒有任何防腐劑和添加物。

- 3～4片黑巧克力（可可含量百分之七十或更高）
- 1支新鮮棍子麵包，切成4等份
- 奶油

在每一截棍子麵包上縱劃一道相對淺的口子（沿著側面劃，不是從上面劃）。把開口稍微撥開到一半（不要全部撥開！），把抹奶油的刀子滑入裂口中順一下，然後抹上奶油。

把巧克力扳開，以便塞入裂口中。將長方型的巧克力片平行地塞入棍子麵包的長口子內。這樣一來，你的孩子每一口都咬得到巧克力，但又不會吃得太多。

巧克力慕斯

準備：10～15分鐘
等候：2～3小時
烹煮：不需要
分量：6人

慕斯類甜點（不管是檸檬、巧克力或任何一種）三兩下就能做好，快速得驚人。我的法國親戚只需5分鐘就能搞定，我這裡估的時間算是相當充裕。它大概可以說是我所知的甜點食譜裡，耗時最短但獲得的快樂最大的一款。

慕斯的食譜之多，多到家家戶戶都有自己的一套。你可以用這裡的食譜作為起點，試著嘗試各種小變化：喜歡的話配著些許發泡鮮奶油吃，或是根據你的口味調整糖的用量。不過我最喜歡以下最極簡的版本：美味的黑巧克力。

順道一提，法國人不像我們那樣害怕吃生雞蛋。我終究還是甩不開那一絲絲的疑慮，所以為了避免沙門氏菌中毒，我都跟信得過的店家買雞蛋。

- ½磅半糖的烘焙家牌巧克力
- 4茶匙奶油

・6顆雞蛋，蛋白和蛋黃分開
・半顆柳橙的皮
・1小撮鹽

1. 隔水加熱融化巧克力和奶油（快速的替代方式：用微波爐，用一口很大的碗裝巧克力，我會在碗底加一點牛奶，免得巧克力沾黏碗底）。讓巧克力稍微冷卻，否則馬上打入蛋的話，蛋會變熟。等巧克力融化（但是溫度不會太高），加進蛋黃和柳橙皮拌勻。
2. 用電動攪拌機（或用一口大碗和攪拌器），把蛋白打發，打到蛋白可以堅挺豎起（在一開始時加一小撮鹽有助於蛋白變得堅實）。
3. 輕輕地把⅓的蛋白拌入巧克力混液裡。輕柔地拌勻，然後再把剩餘的蛋白拌進去，拌的時候動作放輕。把拌好的慕斯舀入小盛杯裡，冷藏2～3小時，或直到堅實。配莓果或小脆餅吃。

Tip

也可以用一口大碗來盛巧克力慕斯，這樣擺上桌更令人驚豔。不過用小盛杯分裝看起來更優雅（而且慕斯更能保持堅實），吃的時候也整潔得多（況且，不會有誰分的多、誰分的少的爭執！）。

克拉芙緹（甜櫻桃舒芙蕾）

準備：10分鐘
烹煮：40～43分鐘
分量：6大份

克拉芙緹（Clafoutis）是法國版的水果餡餅，傳統上用櫻桃（或用其他多汁的水果，譬如李子、棗子、覆盆子或黑莓）來做，裹在簡單的蛋糕麵糊裡。水果像小圓點似地散落在蛋糕裡的有趣模樣很受小孩子喜歡，連這糕點的名稱唸起來都有趣：克拉—芙—緹。

傳統上做這糕點時，櫻桃是不去核的（純粹主義者深信，這樣一來蛋糕更濃郁）。我會把櫻桃去核（或者時間不多的情況下，我會用小型李子代替，它比較好去核）。

我們用的櫻桃來自菲利浦姑姑家的一棵老櫻桃樹。那櫻桃樹是我見過最多產的一棵；結滿櫻桃的枝幹沉甸甸地幾乎要垂到地面。每到六月末，整個家族會動員起來開始摘櫻桃、做櫻桃醬和吃櫻桃（這還用說）。每年的櫻桃季，我女兒最愛吃的就是克拉芙緹。

- 2杯去核櫻桃或去核李子（或其他多汁的水果）
- ¾杯砂糖

- ½杯麵粉
- 鹽少許
- 3顆雞蛋
- 1又¼杯牛奶
- 1大匙香草
- 1大匙糖霜（或黑糖——我喜歡黑砂糖）

1. 把水果連同一半的砂糖放到一口盆子裡，攪拌均勻，置一旁備用。
2. 烤箱轉華氏三百五十度預熱。將9吋長的烤盤抹上奶油。
3. 把麵粉、鹽和剩下的砂糖過篩到一口大攪拌盆裡。在另一個中型攪拌盆裡，把雞蛋和牛奶打勻。加入香草。然後把蛋液倒入麵粉混物中，攪拌均勻。把水果均勻地擺在烤盤內，接著倒入麵糊。櫻桃這會兒可能會浮到表面（或在等會兒烘烤時浮到表面）。
4. 烤約40～45分鐘，或直到表面堅實並呈金黃色。取出放涼，灑上糖霜。立即享用。

注意：女廚神茱莉雅·柴爾德（Julia Child）建議分兩次烤（先暫時在烤盤底部烤出薄層蛋糕體，然後擺入櫻桃並倒入剩下的麵糊，再烤到全熟）。不過我認識的法國父母都用我這個「快捷」方法，效果很棒！

Tip

直接用烤盤把克拉芙緹端上桌，因為它「軟嫩很會晃動」，移到盤子上容易崩塌。剛出爐時，蛋糕蓬鬆呈金黃色，隨著溫度下降就會稍微扁塌一些些，不過這很正常。

國家圖書館出版品預行編目資料

法國餐桌上的10堂食育課：教出愛吃、懂吃、不挑食的健康孩子 / 凱倫．勒比永(Karen Bakker Le Billon)著；廖婉如譯. -- 二版. -- 臺北市：商周出版：家庭傳媒城邦分公司發行, 2018.06
面； 公分. -- (商周教育館；16)
譯自：French kids eat everything：how our family moved to France, cured picky eating, banished snacking, and discovered 10 simple rules for raising healthy, happy eaters
ISBN 978-986-477-495-1(平裝)

1.飲食風俗 2.小兒營養 3.法國

538.7842 107009849

商周教育館 16
法國餐桌上的10堂食育課：教出愛吃、懂吃、不挑食的健康孩子

作　　者／凱倫．勒比永（Karen Le Billon）
譯　　者／廖婉如
企劃選書／羅珮芳
責任編輯／羅珮芳

版　　權／黃淑敏、吳亭儀、邱珮芸
行銷業務／周佑潔、黃崇華、張媖茜
總 編 輯／黃靖卉
總 經 理／彭之琬
事業群總經理／黃淑貞
發 行 人／何飛鵬
法律顧問／元禾法律事務所王子文律師
出　　版／商周出版
台北市104民生東路二段141號9樓
電話：(02) 25007008 傳眞：(02)25007759
E-mail：bwp.service@cite.com.tw
發　　行／英屬蓋曼群島商家庭傳媒股份有限公司城邦分公司
台北市中山區民生東路二段141號2樓
書虫客服服務專線：02-25007718；25007719
服務時間：週一至週五上午09:30-12:00；下午13:30-17:00
24小時傳眞專線：02-25001990；25001991
劃撥帳號：19863813；戶名：書虫股份有限公司
讀者服務信箱：service@readingclub.com.tw 城邦讀書花園：www.cite.com.tw
香港發行所／城邦（香港）出版集團
香港灣仔駱克道193號東超商業中心1F E-mail: hkcite@biznetvigator.com
電話：(852) 25086231 傳眞：(852) 25789337
馬新發行所／城邦（馬新）出版集團【Cite (M) Sdn Bhd】
41, Jalan Radin Anum, Bandar Baru Sri Petaling,
57000 Kuala Lumpur, Malaysia.
電話：(603) 90578822 傳眞：(603) 90576622 Email: cite@cite.com.my

封面設計／日央設計
美術設計／楊菁穗
內頁排版／立全電腦印前排版有限公司
印　　刷／前進彩藝有限公司
總 經 銷／聯合發行股份有限公司
地址：新北市231新店區寶橋路235巷6弄6號2樓
電話：(02)2917-8022 傳眞：(02)2911-0053

■2018年7月3日二版一刷 ■2021年3月12日二版1.5刷
定價350元 Printed in Taiwan

城邦讀書花園
www.cite.com.tw